MES RÔLES D'OPÉRA

Placido Domingo en Canio dans *Paillasse*
Photo Fritz Fayer

PLACIDO DOMINGO

HELENA MATHÉOPOULOS

MES RÔLES D'OPÉRA

Traduit de l'anglais
par
FLORIANNE VIDAL

BERNARD GRASSET
PARIS

L'édition originale de cet ouvrage a été publiée par Little, Brown and Company, en 2000, sous le titre :

MY OPERATIC ROLES

Dans le rôle de Cavaradossi *(Tosca)* qu'il chanta pour la première fois à Mexico en 1961, et avec lequel il fit ses débuts en Europe à l'Opéra de Hambourg en 1967 puis comme on le voit ici, en 1971.

Photo Fritz Fayer

Note de Helena Mathéopoulos

Quand m'est venue l'idée d'écrire un livre pour le 60e anniversaire de Placido Domingo et le 40e de ses débuts dans un premier grand rôle (Alfredo dans *La Traviata,* en 1961), il m'apparut que cette entreprise devait revêtir un aspect original. Je ne souhaitais pas me lancer dans une biographie traditionnelle, par trop « linéaire », et encore moins dans une analyse critique de son art et de sa carrière.

Placido Domingo s'est toujours beaucoup impliqué dans ses rôles ; aussi la solution m'apparut-elle comme aller de soi. Cet ouvrage serait un portrait de l'artiste par lui-même, à travers ses interprétations des divers héros auxquels il a donné vie de manière si saisissante et fascinante au cours des années et qui l'habitent de façon si mystérieuse.

Je lui ai donc demandé de m'accorder une série d'interviews. Ces rencontres s'étalèrent sur plusieurs années, et me conduisirent aux quatre coins du monde – de Séville jusqu'à New York en passant par Vienne et Acapulco où il possède une ravissante maison de vacances. Quand on connaît Domingo, on ne doit pas s'en étonner. Nous avons de la sorte reconstitué le passionnant voyage dont les étapes furent marquées par chacun de ses 62 grands rôles. Et pour le plus grand bien des chanteurs actuels et futurs, nous avons réussi à faire apparaître pour chacun d'entre eux les aspects vocaux qu'il considère comme significatifs.

Tous ces rôles sont assortis d'une brève introduction

que j'ai cru bon de rédiger afin de permettre au lecteur de les replacer dans leur contexte. Les titres des opéras sont cités *in extenso* en tête de chapitre ou la première fois qu'ils sont évoqués dans le texte. Ensuite, on les désigne en utilisant l'abréviation usuelle, cela afin d'éviter les lourdeurs. Par exemple, *Les Vêpres siciliennes* deviennent *Les Vêpres*, *Un Bal masqué* devient le *Bal*, et ainsi de suite.

Ses rôles secondaires, de même que ceux qu'il a chantés en concert, sont consignés dans une liste jointe en annexe.

août 2000.

A Marta Domingo,
avec ma plus profonde affection et toute mon admiration.

GLOSSAIRE

arpeggio : tiré du mot italien signifiant la harpe « arpa », ce terme désigne le fait de chanter ou de jouer sur un instrument à cordes des notes qui se succèdent rapidement.

bel canto : littéralement, « beau chant ». Ce terme se rapporte à l'art vocal qui s'est répandu au XVIIIe et au début du XIXe siècle, périodes où la virtuosité prévalait sur l'aspect dramatique du chant. Les compositeurs de bel canto les plus souvent cités dans ce livre sont Bellini, Donizetti et Rossini.

cabaletta : dans l'opéra du XIXe siècle, ce terme désigne la dernière section d'une aria ou d'un ensemble. Au début du XXe siècle, il s'agit d'une aria séparée, donnée sur un tempo entraînant.

cantabile : littéralement, « chantant ». Désigne un chant expressif, *legato*.

da capo : retour au début.

a cappella : chant dépourvu d'accompagnement musical.

cavatina ou cavatine : terme technique désignant une aria courte, il s'applique aujourd'hui à des types très différents de chants et a donc perdu sa signification première.

comprimario : indique un second rôle.

coloratura *ou colorature* : chant revêtu d'une brillante ornementation. Ce terme s'appliquera par la suite à des chanteurs spécialisés dans les rôles requérant une grande virtuosité.

« couvrir » une note : chanter avec la gorge « fermée », c'est-à-dire faire en sorte que le larynx s'abaisse.

diminuendos : exercice qui consiste à diminuer progressivement l'intensité de la voix.

fioratura : chant « fleuri », abondamment orné.

legato : du verbe italien « legare », signifiant lier ou attacher. S'applique au passage coulant d'une note à l'autre, au contraire du *staccato*.

lirico-spinto : du verbe italien « spingere », signifiant pousser. Désigne une voix lyrique tendant vers le registre dramatique.

messa di voce : *crescendo* et *diminuendo* appliqués à une phrase ou à une note.

mezza voce : littéralement, « à mi-voix ». Désigne un chant doux, mais n'allant pas jusqu'à la légèreté du *piano*. Façon de chanter à voix basse, dont la particularité ne tient pas seulement au volume de la voix mais à sa qualité même, qui se différencie du chant à pleine voix.

passaggio : les notes *mi, fa et sol* qui se situent entre les registres de tête et de poitrine.

piano : terme qui s'applique à un chant doux ; voir aussi :

pianissimo : très doux,

forte : fort,

fortissimo : très fort.

portamento : du verbe italien « portare », signifiant porter. Pratique par laquelle les chanteurs glissent d'une note à l'autre sans marquer de césure.

récitatif : passages déclamatoires imitant le discours et précédant les arias, les duos et les ensembles. On les trouve couramment dans l'opéra du XVIIIe siècle.

registre : terme désignant une certaine aire ou portée vocale, « poitrine », « milieu », « tête ».

rubato : littéralement, « temps volé ». Façon de chanter sans adhérer parfaitement au temps donné par la musique.

solfège : méthode élémentaire permettant d'enseigner la lecture et l'écoute de la musique et dans laquelle les notes *(do, ré, mi...)* sont prononcées et chantées sans accompagnement. Cette méthode fort répandue en France et en Italie est connue en anglais sous le nom de « tonic *sol-fa* ».

tessiture : littéralement, « texture ». Terme employé pour désigner la hauteur moyenne d'une aria ou d'un rôle. Une partition peut être ardue même en l'absence de notes aiguës ou graves, en raison de la tessiture qui la caractérise.

verismo : littéralement « réalisme ». S'oppose au *bel canto*. Dans le vérisme, l'aspect dramatique est aussi important que la beauté du chant. Terme qu'on applique aux œuvres des compositeurs italiens venant après Verdi, comme Puccini, Mascagni, Leoncavallo, Zandonai et Giordano. On rencontre aussi l'adjectif « vériste », signifiant réaliste et qu'on applique à la manière dont sont chantées les œuvres de ces compositeurs – c'est-à-dire plus librement et moins précisément que celles de compositeurs tels que Mozart, par exemple.

vocalise : exercice de la voix. Peut désigner un chant spécialement composé sans paroles.

Introduction

Le phénomène Domingo

L'ART

Quand on se penche sur l'histoire de l'opéra au XXe siècle, on constate la présence de deux géants. Deux immenses chanteurs qui ont façonné et influencé de manière définitive le rôle et le statut du ténor : dans le premier quart du siècle, Enrico Caruso, « le Grand Caruso » dont la renommée s'est répandue dans le monde entier et qui s'imposa comme le prodigieux rival des prime donne ; et dans son dernier quart, Placido Domingo qui a largement mérité son surnom de « Grand Domingo ». De même, lorsqu'on analyse l'art de l'interprétation dramatique appliquée à l'opéra, dans la seconde moitié de ce siècle, deux noms nous viennent aussitôt à l'esprit, Maria Callas et Placido Domingo, les deux chanteurs qui ont élevé l'opéra jusqu'à une unité musico-dramatique sans laquelle il aurait peut-être difficilement survécu dans une époque qui privilégie des critères de crédibilité dramatique essentiellement basés sur les modèles proposés par le cinéma et la télévision.

Domingo est à la fois un acteur consommé dont la qualité des interprétations relève du théâtre pur – « Ce fumier le joue aussi bien que moi *et,* en plus, il faut qu'il le chante ! », s'écria le regretté Lawrence Olivier après l'avoir vu dans le rôle d'Otello – et un musicien consommé dont le don pour le phrasé, selon Sir Georg Solti, « confine au miracle ». Le « Lion de Madrid », comme on l'appelle parfois, a répandu la révolution initiée par la Callas – mouvement dont elle était la figure de proue, inspiré par des metteurs en scène tels que Luchino Visconti et Wieland Wagner, qui rendirent les opéras plus crédibles sur le plan de la dramaturgie – en l'appliquant au répertoire ténor. Pour dire les choses plus simplement, si Pavarotti est, comme sa compagnie de disques l'a désigné, le Roi du *contre-ut*, alors Domingo est sans aucun doute le Roi de l'Opéra.

« La contribution de Domingo à l'opéra, et particulièrement au statut du ténor – qu'on avait tendance à considérer tantôt comme un imbécile, tantôt comme une personne n'éprouvant aucun intérêt pour ce qui se passe autour d'elle, quelqu'un qui ne comprend rien à rien –, cette contribution est inestimable », déclara Sir John Tooley, l'ancien directeur général du Royal Opera House, Covent Garden. « En effet, Domingo possède une belle prestance, un magnifique organe vocal, une extraordinaire musicalité, et je pèse mes mots, plus la capacité d'utiliser sa voix à des fins dramatiques comme *personne* d'autre ne sait le faire. Et, quand il est au mieux de sa forme, on peut l'entendre former ses phrases d'une manière différente d'une représentation à l'autre. Les résultats qu'il obtient sont incomparables. Il explore très profondément ses personnages et les modèle par son chant et son jeu d'une façon fort remarquable, imaginative et vraiment irrésistible. »

Domingo, qui a eu 60 ans le 21 janvier 2001, est parvenu à l'apogée d'une carrière qui s'étale sur quatre décennies. En plus il se consacre à la direction d'orchestre et, aujourd'hui, poursuit alternativement sa double carrière de chanteur et de chef d'orchestre, en changeant parfois de casquette d'un soir sur l'autre ! En fait, quand il entra au

Conservatoire de Mexico, ce fut pour y étudier le piano, la direction d'orchestre et la composition. Il n'était guère question de chant à cette époque-là. Aussi ne doit-on pas s'étonner que la plupart des chefs qui travaillèrent avec lui aient remarqué sa capacité à aborder et à pénétrer la musique selon des points de vue bien plus profonds et tridimensionnels que la moyenne des chanteurs. « Placido, tu as le cerveau d'un *chef d'orchestre* », lui lança James Levine, il y a plusieurs années de cela, en allant le saluer dans sa loge après une représentation de *Tosca*. « Par bonheur, tu n'as pas le cerveau d'un ténor ! », rétorqua Domingo avec cet humour spontané qui lui est propre.

Comme si cela ne suffisait pas, il est également directeur artistique de l'Opéra de Washington et de celui de Los Angeles. Sa première expérience en ce domaine remonte à 1984, date à laquelle il entreprit de diriger la compagnie de l'Opéra de Los Angeles. On lui confia le poste de conseiller artistique auprès de Peter Hemmings, auquel il succéda au début de l'année 2000, après avoir exercé pendant quatre ans la fonction de directeur artistique à Washington. Son travail dans la capitale américaine fut à ce point couronné de succès que son contrat fut prorogé de quatre années. Quand les gens en général, et les journalistes en particulier, font remarquer que son emploi du temps vertigineux – qui épuiserait un homme ayant la moitié de son âge – relève de la folie, il réplique : « Il n'est pas fou, il est parfaitement planifié ! Je pense que la quantité de travail que vous pouvez assumer dépend de votre résistance – et il se trouve que j'ai la résistance nécessaire », confia-t-il à *Opera Now* l'année dernière. « Quand je travaille, je me sens comme un enfant à qui on offre un bonbon – tout m'excite et je me sens vraiment heureux et impatient de m'atteler à la tâche. Voilà ce qui me porte. La carrière que j'ai choisie est si merveilleuse ; le chant, la direction d'orchestre et maintenant ces fonctions de directeur que je suis tellement content d'être en mesure d'assumer. »

Il reconnaît pourtant que lorsqu'il décida d'étendre ses responsabilités à Washington et Los Angeles, il n'aurait jamais pensé être encore capable de chanter en l'an 2000 ! Il y a quinze ans, il m'avait confié qu'il avait l'impression que la majeure partie de sa carrière de chanteur – il en était alors à plus de deux mille représentations dans plus de quatre-vingts rôles – était derrière lui et que, bien qu'il eût *aimé* continuer à chanter pendant dix ans encore, si jamais cela devait se révéler impossible il se retirerait « satisfait » et deviendrait chef d'orchestre. Mais quinze ans et neuf cent vingt représentations plus tard, « comme vous le voyez, je chante encore[1] ! ».

Jamais dans l'histoire de l'opéra le répertoire d'un chanteur n'a couvert autant de rôles : pas moins de 114 – 81 sur scène et le reste en concerts et en disques – comprenant quasiment tout le répertoire pour ténor de l'opéra italien et français, plus Wagner (Lohengrin, Parsifal et Siegmund sur scène, Walther, Tannhäuser et le jeune Siegfried en disque), Tchaïkovski et des pièces contemporaines. Sa faculté d'adaptation éclipse jusqu'à celle de Caruso qui, ayant toujours redouté Wagner, mourut sans réaliser son rêve d'interpréter Otello sur scène. (Pourtant Domingo est le premier à préciser que Caruso est mort à 48 ans et que, s'il avait vécu, personne ne sait à quelles hauteurs il aurait pu porter son art.) Soulignons en outre que Domingo – qui aime passionnément les chiffres et les anniversaires en tout genre, les débuts dans tel ou tel théâtre, ville, pays ou rôle spécifique, et qui consigne tout ce qui concerne ses diverses activités dans de petits journaux noirs (tenant à jour le nombre de ses représentations au fur et à mesure) – battit un nouveau record en automne 1999, quand il inaugura la saison du Metropolitan Opera pour la dix-huitième fois (Caruso le fit dix-sept fois), dans le rôle de Paillasse, le

1. *Bravo : Today's Tenors, Baritones and Basses Discuss Theirs Roles* par Helena Mathéopoulos (Weidenfeld 1986, Harper and Row, 1987).

27 septembre 1999, journée que Giuliani, le maire de New York, baptisa « Jour de Placido Domingo ».

Cet honneur est largement mérité puisque Domingo, durant ces vingt dernières années, occupa une place de premier plan dans le monde de l'opéra. L'un des facteurs déterminants de son ascension et de la position qui est la sienne aujourd'hui dans l'histoire de l'opéra tient à la qualité exceptionnelle de la plupart de ses interprétations. Je ne parle pas seulement de rôles comme ceux d'Otello ou de Hoffmann, sur lesquels il a imprimé sa marque personnelle, mais aussi de Cavaradossi, Des Grieux, Dick Johnson, Don José, Samson, Alvaro, Gustavus, et tant d'autres. C'est le *degré* de qualité, à la fois vocale et dramatique, qu'il instille dans tous ces rôles qui a fait de lui l'artiste exceptionnel que l'on connaît.

Avant d'amorcer l'analyse de sa carrière et d'étudier ses interprétations l'une après l'autre, on doit d'abord prendre le temps de parler de sa voix : ce son *lirico spinto* glorieux, doré, hyper-expressif, immédiatement reconnaissable. On l'a qualifiée, et moi-même je ne fus pas la dernière à le faire, de « sombre, sensuelle et veloutée, pareille à la résonance d'un violoncelle[1] »; on l'a dite « mielleuse », « de bronze » et « polie ». Domingo, lui, préfère la description qu'en ont faite certains critiques italiens. « En Italie, ils prétendent que ma voix est " brune ". J'aime cela. Si je devais la comparer à un liquide, je ne choisirais pas une boisson alcoolisée mais plutôt du chocolat noir. J'aime aussi la rapprocher d'un instrument lyrique comme le violoncelle – en fait, lorsque je répète, je me surprends souvent à me pencher sur un violoncelle imaginaire. »

Bien que sa couleur essentielle soit sombre, la voix de Domingo est richement colorée, telle une palette sur laquelle il choisit des ombres et des nuances, en fonction de la lumière dont il souhaite l'enrichir. Selon lui, cette capa-

1. Opus cité.

cité à colorer sa voix est l'un des plus importants attributs de l'art du ténor, et même de tout chanteur. « La couleur reflète l'émotion et le caractère; vous devez donc colorer votre voix aussi subtilement que possible. Le fait que vous soyez un ténor ne signifie pas que vous devez chanter avec la même voix tout le temps. Certes, vous ne disposez que d'une seule voix, mais sa couleur peut, et doit, changer du tout au tout selon le personnage, le style de musique et surtout l'orchestration qui, en opéra, est primordiale. Les génies qui ont créé les chefs-d'œuvre que nous tentons d'interpréter et ont travaillé si intensément sur leurs livrets, le climat de leur pièce et la psychologie de chaque personnage, choisirent en grande partie leur instrumentation en fonction de l'ambiance et de l'atmosphère dont ils souhaitaient assortir telle ou telle scène. Ils le font d'une manière si efficace que nous, chanteurs, n'avons plus qu'à rehausser cette atmosphère, au moyen de notre voix[1]. »

Le remarquable don de Domingo pour les nuances, l'ombre et la couleur, ressort avec autant d'évidence dans ses enregistrements discographiques que sur scène; dans ses albums solo, il fait à ce point chatoyer ses couleurs vocales et jusqu'à la texture du son, d'une aria à l'autre, d'un personnage à l'autre et d'un compositeur à l'autre, qu'il est impossible d'éprouver le moindre ennui en l'écoutant.

L'art vocal de Domingo possède une autre qualité remarquable : sa manière unique de prononcer les mots. Ce talent n'a pas échappé à certains de ses collègues, comme le baryton Sherrill Milnes avec lequel il a chanté durant tant d'années. Milnes, grand musicien lui-même, précise que par l'expression « don des mots », il ne veut pas uniquement parler de bonne diction. « La plupart des grands ténors ont une très bonne diction. C'est ce que Placido fait des mots, la façon dont il les mâche, les caresse, les mord, les expulse et exploite chaque infime nuance de

1. Opus cité.

leur signification qui le rend exceptionnel. Il investit ces mots d'une telle rigueur musicale et rythmique qu'ils finissent par revêtir une puissance totalement nouvelle. En effet, si vous les chantez sans un rythme sous-jacent – qui ajoute à leur vibration – ils n'ont aucun mordant. Les ténors qui sont venus après lui ont dû tenir compte de la puissance des mots. Ce don faisant partie intégrante de son extraordinaire musicalité, découle sans doute de sa connaissance du piano – comme vous le savez peut-être, il joue admirablement de cet instrument. Ajoutée au frisson viscéral produit par le timbre de sa voix, sa façon de se servir des mots engendre une prodigieuse émotion. »

Quand on passe du registre vocal à l'aspect proprement dramatique de l'art de Domingo, il convient d'évoquer un trait qui stupéfia la plupart des metteurs en scène ayant travaillé avec lui : sa capacité à s'immerger et à s'abandonner dans les personnages qu'il interprète, corps et âme, jusqu'à l'identification totale. Sur scène, il se coule littéralement dans la peau de ses héros. Il ne réfléchit plus, se contente de *ressentir*. Tel est le secret de son talent pour l'improvisation; ce qui explique peut-être aussi pourquoi le jeu théâtral ne le fatigue pas. Dans l'analyse qu'il nous donne plus loin de l'un de ses rôles, il déclare que lorsqu'il est enrhumé ou affligé d'un autre malaise physique, le plus horrible pour lui est qu'il doit chanter en *pensant* à la technique au lieu de se laisser porter par le personnage, et cet exercice est à la fois épuisant et frustrant. En revanche, les soirs où il est vraiment lui-même, on n'a pas l'impression de voir Placido Domingo évoluer sur scène, mais Cavaradossi, Otello, Siegmund ou n'importe quelle autre de ses incarnations.

« Sa générosité est totale, sans limites, et sa capacité mystérieuse à s'investir corps et âme dans ses personnages. Je n'ai jamais rencontré une telle chose chez un autre chanteur, sauf peut-être chez Ruggero Raimondi », dit Piero Faggioni, le metteur en scène immensément talentueux avec lequel Domingo a travaillé sur certaines productions de *Carmen*, de *La Fille du Far West*, d'*Otello*, de *Tosca* et de *Francesca da Rimini*. « Il plonge dans chaque rôle comme un taureau dans l'arène et, à chaque représentation, semble vivre une sorte de transe, un processus d'autolibération par le chant. Je n'ai jamais l'impression que le chant le fatigue ou lui impose une quelconque tension physique. Il s'agit simplement d'une délivrance, de l'explosion d'une énergie qui, je pense, ne peut être libérée *que* par le chant, comme un volcan ne peut être libéré que par une éruption. » L'immersion de Domingo dans ses rôles et sa faculté de s'identifier à ses personnages sont encore plus grandes lorsque les personnages en question souffrent énormément. « J'atteins ainsi plus facilement leur être intérieur. »

Mais bien qu'il s'abandonne totalement dans ses rôles, contrairement à certains de ses prédécesseurs, Domingo ne chante pas sans réfléchir, avec ses tripes, comme on dit, mais établit un équilibre parfait entre l'instinct et l'intellect. L'abandon est tempéré par un sens inné de la mesure et, avant tout, par le bon goût. Le Bon Goût avec majuscules – pour paraphraser une expression employée par Domingo lui-même, quand il décrit la musique de Verdi comme du Bel canto avec un B majuscule – a toujours été sa marque en tant qu'artiste. (Et aussi en tant qu'individu.) En cela, comme en tous les aspects de ses interprétations, il se laisse toujours guider par la musique. Quelque pervers que soient les personnages ou les situations qu'il est appelé à jouer, il n'ira pas plus loin que ce que lui dicte la musique. En fait, comme l'a fait remarquer Elijah Moshinsky, qui l'a dirigé dans *Otello*, *Samson et Dalila* et *La Dame de Pique*, Domingo refuse de s'enfoncer dans des dimensions de cruauté et de vice dépassant ce qui est décrit par la musique. Il ne s'aventurera jamais sur ce terrain. « C'est le *seul* domaine qu'il n'explorera jamais, alors qu'en général il est totalement ouvert, et presque trop. »

Il ressent et « vit » ses rôles à tel point qu'il est capable de réagir à ses partenaires de scène d'une manière organique qui rehausse l'intensité de la représentation. Contrairement à beaucoup de chanteurs qui ne s'intéressent qu'aux moments où ils chantent effectivement, la concentration de Domingo lui permet d'être « présent », complètement concentré, du début jusqu'à la fin de l'œuvre. Comme le note le fameux baryton, aujourd'hui à la retraite, Kostas Pascalis, il est « pareil à un émetteur quand il chante et pareil à un récepteur très sensible quand c'est aux autres de chanter. C'est une chose qu'il convient de souligner. Le fait qu'il soit présent à 100 %, écoutant, réagissant et participant à tout ce que nous, ses partenaires, faisons, nous est d'un grand secours. Vous ne pouvez imaginer l'effet que cela peut produire en vous. Vous campez Iago, par exemple, vous êtes derrière Placido et lui parlez du rêve de Cassio, et soudain vous voyez les muscles de son dos se contracter. Vous avez alors l'impression que vous êtes tous les deux en train de créer la pièce, en direct ».

L'art de Domingo nous paraît encore plus remarquable quand on sait qu'il est devenu ténor de sa propre volonté et qu'il est presque autodidacte. Il n'est pas né ténor mais baryton léger comme ceux qui peuplent les zarzuelas (opérettes espagnoles) – un genre musical que pratiquaient ses parents et dans lequel il a grandi. Selon ses propres dires, il a dû se battre et travailler sa voix pour arriver peu à peu à la tessiture du ténor. « Beaucoup de ténors, comme Pavarotti et Kraus, sont nés ainsi. Ils ouvrent la bouche et obtiennent la bonne tessiture », confia-t-il au *Sunday Times*. « Moi j'ai dû lutter pour y parvenir, j'ai dû franchir les étapes les unes après les autres. »

Mais il est parvenu à transformer cet inconvénient en avantage et, ce faisant, s'est enrichi d'une expérience que les autres ténors n'ont pas : « lorsqu'ils rencontrent des problèmes vocaux, il arrive qu'ils ne sachent pas les résoudre. » Domingo, lui, a dû résoudre ce genre de problèmes dès ses débuts à Mexico, quand il travaillait sa voix pour accéder à la tessiture de ténor. D'abord, il s'est contenté d'alléger la sonorité pour atteindre les notes les plus hautes. Puis graduellement, il a construit son souffle, en travaillant chaque jour pendant deux ans et demi, à Tel-Aviv où il a fait l'apprentissage de sa technique phénoménale, avec l'aide de sa femme, Marta, elle-même soprano, et le baryton Franco Iglesias, qui deviendra professeur de chant et possédait déjà une profonde connaissance du phénomène vocal. A la fin de cette période, sa voix était devenue homogène et ses notes aiguës aussi rondes et pleines de couleur et de brillance que le reste de sa voix qui, contrairement à celles de nombreux ténors, se présente comme une colonne de largeur égale du bas jusqu'en haut, et non comme une pyramide.

« Placido est parvenu à contrôler le réflexe physique consistant à faire circuler l'air dans son corps comme dans un accordéon », dit Eugene Kohn, le chef d'orchestre et accompagnateur qui travaille souvent avec Domingo sous ces deux casquettes, et lui fait également répéter ses rôles wagnériens. « Bien qu'il ne soit pas né avec une tessiture assez large pour lui permettre d'accéder au contre-ut et au contre-ré, il a développé sa capacité de chanter des notes merveilleuses, sonnantes et hautes dans le registre – le si bémol, le si bécarre et, de temps en temps, le contre-ut – que maîtrisait Caruso. Certains grands chanteurs dominent les aspects physiques de leur chant à un degré tel qu'ils sont capables d'interpréter des rôles qui normalement ne conviennent pas à leur voix. Placido utilise son souffle efficacement et activement; ce savoir-faire lui a permis d'aborder Otello et Samson à un âge précoce et d'accroître sa richesse vocale par la même occasion. » (Kohn avance que le terme même de *spinto* peut désigner une voix capable de chanter des rôles plus dramatiques quand elle est « poussée » par le souffle plus que par la gorge.)

Le fait que Domingo ait dû trouver sa tessiture de ténor avant de développer et de maîtriser sa voix, rend l'éclat de celle-ci et l'accomplissement artistique qu'il a connu ensuite, encore plus étonnants. La future génération devrait en tirer un grand enseignement. De fait, comme l'indique la fameuse mezzo Grace Bumbry, cette particularité constitue sans doute l'une des parties les plus importantes de son héritage. « Placido a contribué à créer le désir pour l'artiste de s'améliorer, de développer et de maîtriser sa voix pour qu'elle devienne un outil bien aiguisé, placé sous l'entier contrôle du chanteur. Je pense que la maxime " si on veut on peut ", on *peut* trouver le moyen d'atteindre la façon désirée de chanter, est une partie très importante de son héritage artistique. »

L'HOMME

Placido Domingo est né à Madrid le 21 janvier 1941. Cette date, souvent controversée, est inscrite non seulement sur son bulletin de naissance et sur sa carte d'identité espagnole – ces deux documents, comme le prétendent les esprits chagrins, pourraient être des faux – mais aussi sur le certificat de baptême conservé dans l'église de son quartier. Ce dernier papier ne saurait être sujet à caution puisque le nom de Placido Domingo y figure au milieu de nombreux autres, dans une longue liste inscrite au registre de la paroisse *(v. photo)*.

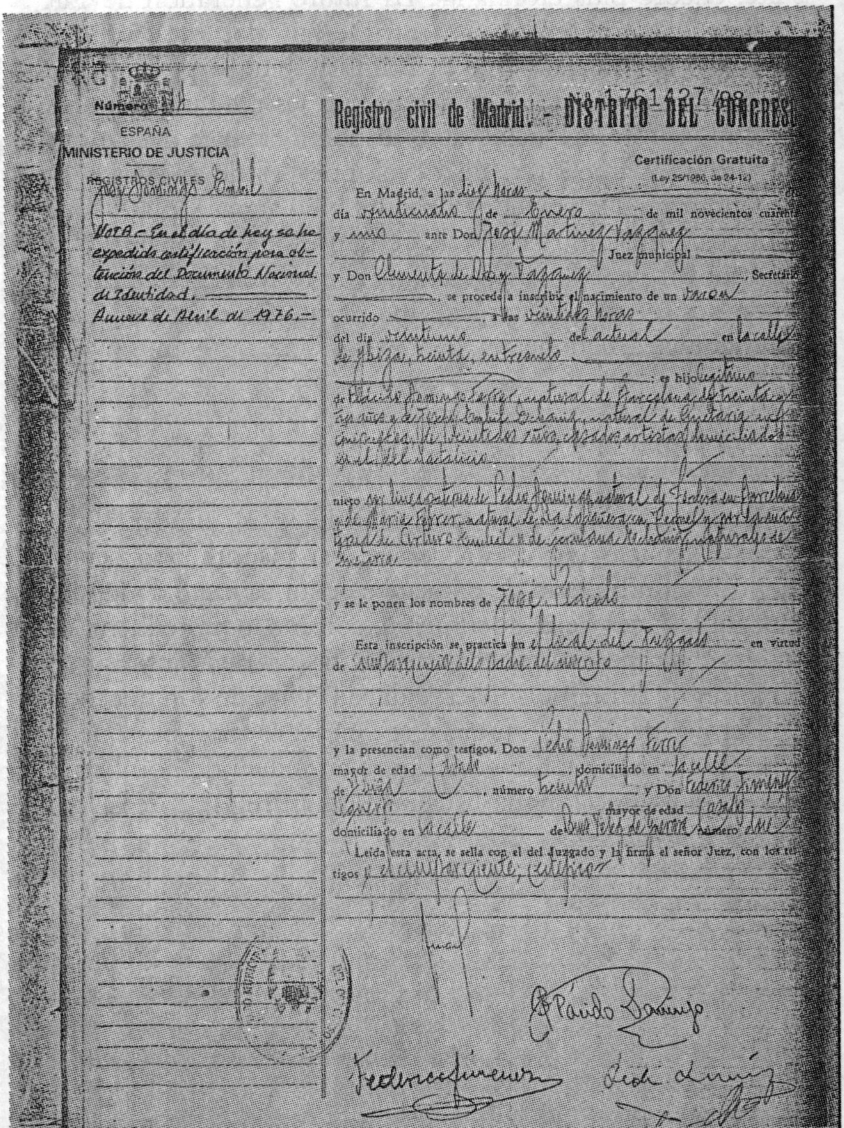

Número

ESPAÑA

MINISTERIO DE JUSTICIA

REGISTROS CIVILES

Nota. – En el día de hoy se ha expedido certificación para obtención del Documento Nacional de Identidad.

nueve de Abril de 1976.–

Registro civil de Madrid. – DISTRITO DEL CONGRESO

Nº 1761427/98

Certificación Gratuita
(Ley 25/1986, de 24-12)

En Madrid, a las diez horas día veinticuatro de Enero de mil novecientos cuarenta y uno ante Don José Martínez Vázquez Juez municipal y Don Clemente de Díaz Vázquez, Secretario, se procede a inscribir el nacimiento de un varón ocurrido a las veintidós horas del día veintiuno del actual en la calle de Ibiza, treinta, entresuelo; es hijo legítimo de Plácido Domingo Ferrer, natural de Barcelona, de treinta y tres años y de Pepita Embil Echániz, natural de Guetaria, de veintidós años, casados, artistas líricos, domiciliados en el del nacimiento.

nieto por línea paterna de Pedro Domingo, natural de Fredes, en Barcelona y de María Ferrer, natural de La Espluga; y por la materna de Arturo Embil y de Josefa Echániz.

y se le ponen los nombres de José, Plácido.

Esta inscripción se practica en el local del Juzgado en virtud de manifestación del padre del nacido.

y la presencian como testigos, Don Pedro Domingo Ferrer mayor de edad, domiciliado en la calle de Ibiza, número treinta y Don Federico Jiménez Cuevas mayor de edad, domiciliado en la calle de ... número ...

Leída esta acta, se sella con el del Juzgado y la firma el señor Juez, con los testigos y el compareciente, certifico.

P. Plácido Domingo

Federico Jiménez

Pedro Domingo

MUTUALIDAD DEL CLERO ESPAÑOL DE PREVISION

C. 540634

CERTIFICACION DE PARTIDA DE BAUTISMO

Parroquia ...

Población ...

Diócesis ...

Provincia ...

(Sello: PARROQUIA DE NTRA. SRA. DE COVADONGA — Francisco Silvela, 2 — Tel. 726 ... — 28028 MADRID)

Libro 1º parroquial

Folio 359

Núm. 322

Notas marginales

Ninguna

Don *Isaac García Martín*

Encargado del Archivo Parroquial de **Covadonga**

Diócesis de **Madrid**

CERTIFICA: Que según consta del acta reseñada al margen, correspondiente al Libro de Bautismos,

D. *José Plácido Domingo Embil*

fue BAUTIZADO el día *22* de *marzo* de *1941*

Nació el día *21* de *enero* de *1941*

en la calle *Ibiza* n.º *30*

siendo natural de **Madrid**, Diócesis de **Madrid**

Provincia de **Madrid**

PADRES: D. *Plácido Domingo Ferrer*

natural de *Barcelona*

y de D.ª *Josefa Embil Echániz*

natural de *Guetaria (Guipúzcoa)*

ABUELOS PATERNOS: D. *Pedro*

natural de *Tordera (Barcelona)*

y D.ª *María*

natural de *La Codoñera (Teruel)*

ABUELOS MATERNOS: D. *Arturo*

natural de *Guetaria*

y D.ª *Germana*

natural de *idem*

PADRINOS: *D. Francisco Embil Echániz*

D.ª Enriqueta Domingo Ferrer

MINISTRO: *José de la Cruz Herrero*

Madrid, a *25* de *noviembre* de *1998*

(Firma del Encargado del Archivo)

(Sello)

(Para otras Diócesis)

Obispado de ...

V.º B.º

El Vicario General.

(Sello: PARROQUIA D. NTra. SRA. D. COVADONGA — MADRID)

Ses parents, Placido Domingo père et Pepita Embil, étaient des artistes connus qui se produisaient dans ces opérettes typiquement espagnoles qu'on appelle les zarzuelas. Domingo a donc bu la musique au sein maternel, pour ainsi dire. Don Placido et Doña Pepita étaient des parents affectueux autant que des artistes doués. Dans une large mesure, c'est à eux que Domingo doit son assurance et sa sérénité qui, alliées à son caractère optimiste, jouent en faveur de sa renommée universelle et de sa manière décontractée de vivre sa célébrité. Selon Eugene Kohn, qui les connaissait bien, « c'étaient des parents affectueux, stricts et pourvus de principes moraux. Leur amour pour Placido paraissait inconditionnel et ils accueillirent ses succès et la popularité qui en découla comme des choses naturelles, comme s'ils avaient toujours pensé que cela arriverait un jour ».

En 1946, lorsque Placido avait cinq ans, ses parents sont partis pour une grande tournée au Mexique avec la compagnie Federico Moreno Torroba. Ils les confièrent, lui et sa jeune sœur Maria José dont il est fort proche, à leur tante Augustina. Encouragés par le succès de cette tournée, ils décidèrent de s'implanter à Mexico où ils constituèrent leur propre compagnie de zarzuela. Environ deux ans plus tard, dès qu'ils s'estimèrent bien installés, ils firent venir leurs enfants qui arrivèrent accompagnés de leur tante bien-aimée, laquelle s'établit chez eux. Domingo – qui s'amusa beaucoup durant cette traversée d'un mois – vécut une enfance très heureuse. En tant qu'« enfant de la balle », il passait le plus clair de son temps libre dans la Compagnie de ses parents où il jouait de petits rôles. Plus tard, il accompagna les chanteurs au piano. Donc, sans même en être conscient, il se mit à considérer la scène comme son second foyer et, jusqu'à ce jour, ainsi que le signale Eugene Kohn, « il se sent bien avec ceux qui l'entourent et nulle part mieux que lorsqu'il est sur les planches ».

Durant toute son enfance, il a suivi des cours de piano

et c'est en tant que pianiste et non en tant que chanteur qu'il fut admis au Conservatoire National de Musique de Mexico, où il a également étudié le solfège, l'harmonie et la composition. Le Conservatoire connaissait alors une période florissante. Le célèbre compositeur Carlos Chavez et le chef d'orchestre Igor Markevitch – aux cours desquels Domingo assistait en tant qu'auditeur libre – y enseignaient. Mais ses études musicales furent interrompues à l'âge de 16 ans, lorsque, jeune homme romantique et ardent, il profita de l'absence de ses parents, en tournée en Europe, pour se marier en grand secret avec la jeune fille qu'il fréquentait alors. Un fils, José, leur naquit en 1958. Pour l'aider à entretenir son foyer, ses parents l'embauchèrent dans leur compagnie et il arrondissait ses fins de mois en jouant du piano dans des night-clubs et en chantant des airs pour baryton dans des comédies musicales comme *My Fair Lady* dont il donna cent quatre-vingt-cinq représentations, en espagnol, chaque jour et même deux fois par jour le dimanche. Un an plus tard, il divorçait.

Domingo qui, entre-temps, avait commencé à s'intéresser sérieusement au chant et à considérer l'opéra, quand il était bon, comme la plus belle chose au monde, se sentit assez sûr de lui pour passer une audition à l'Opéra national de Mexico, en tant que baryton. Pour cette grande occasion, il avait travaillé le Prologue de *Paillasse* et le « Nemico della Patria » de Gérard, tiré d'*André Chénier*. Les membres du jury, bien qu'impressionnés, déclarèrent qu'il n'était pas baryton mais ténor. Ils lui demandèrent s'il connaissait des airs de ce répertoire. Comme il n'en connaissait pas, il finit par déchiffrer la partition de « Amor ti vieta » de *Fedora*. Il échoua sur le la bécarre, mais, à son grand plaisir, fut officiellement déclaré ténor. On lui signa un contrat équitable aux termes duquel il devait interpréter des rôles *comprimario* lors de la saison internationale.

Il débuta le 17 mai 1959 dans *Rigoletto* où il incarnait

Borsa, avec Cornell MacNeil dans le rôle-titre. Durant les saisons suivantes – tout en étudiant et travaillant sa voix afin de la pousser vers le registre ténor – il eut l'occasion d'interpréter de nombreux petits rôles dans des œuvres où figuraient en vedette Giuseppe di Stefano et le grand baryton espagnol Manuel Ausensi. Il joua donc Remendado dans *Carmen*, Spoletta dans *Tosca*, Gastone dans *La Traviata*, Goro dans *Madame Butterfly* et l'empereur Altoum dans *Turandot.* Puis le 19 octobre 1961, à Monterrey, il fit ses débuts dans un premier rôle : Alfredo. Quelques mois plus tard, il débutait sur la scène internationale à Dallas, dans *Lucia di Lammermoor* où il incarnait Arturo, aux côtés de Joan Sutherland dans le rôle de Lucia, de Renato Cioni dans celui d'Edgardo et du grand baryton Ettore Bastianini (qui hélas mourut prématurément en 1967) dans celui d'Enrico. Il chanta encore Arturo à La Nouvelle-Orléans et enfin Edgardo dans *Lucia* à Fort Worth avec Lily Pons (qui avait chanté ce rôle pour la première fois avec Gigli) dans le rôle-titre – une expérience qu'il décrit avec affection dans les pages consacrées à cette œuvre.

Ayant acquis une certaine expérience de la scène d'opéra et une grande renommée dans son pays en tant qu'animateur d'une émission musicale régulièrement diffusée à la télévision, il osa enfin proposer le mariage à Marta Ornelas, une jeune soprano fort douée qu'il courtisait assidûment depuis quelque temps et dont la carrière était plus avancée que la sienne. (Entre autres, elle chanta Suzanne dans une mise en scène clinquante des *Noces de Figaro,* avec Teresa Stich-Randall dans le rôle de la comtesse.) Comme il le fait remarquer dans plusieurs des chapitres consacrés à ses premiers rôles, à l'époque, Marta et lui chantaient souvent ensemble et, quand il repense à cette période, elle lui apparaît comme la plus heureuse de sa vie.

Néanmoins, ils étaient tous deux parfaitement conscients que le Mexique ne leur offrait que de maigres opportunités, à la fois sur le plan artistique et en termes d'évolution de carrière. Aussi, à l'automne 1962, quelques mois après leur mariage, décidèrent-ils de rejoindre l'Opéra National de Tel-Aviv, alors dirigé par Edis de Philippe. Moyennant un salaire mensuel de 333 $ pour deux, ils devaient participer à dix productions minimum chacun. Ils changèrent d'appartement plusieurs fois durant les deux ans et demi qu'ils vécurent là-bas ! Pourtant leur séjour fut heureux, insouciant – en dépit de quelques fausses notes ! Comme le décrit Domingo, avec une pointe de nostalgie, dans la partie consacrée à *Cavalleria,* on le trouvait couramment en train de bavarder et de traînasser dans un café voisin du théâtre, cinq minutes avant la représentation ! Comme on l'a déjà mentionné, et comme cela sera repris en détail plus tard, c'est durant son séjour à Tel-Aviv que Domingo a acquis sa légendaire technique respiratoire dont découlent en grande partie son étonnante longévité vocale – surtout si l'on considère que Domingo a toujours chanté davantage que la plupart de ses confrères, passés ou présents – et la condition parfaite de sa voix à la veille de son soixantième anniversaire. Deux choses dont il est le premier surpris.

Après avoir donné 280 représentations dans onze rôles, les Domingo quittèrent Tel-Aviv à l'été 1965. Marta attendait leur premier fils, Placi. Ils s'installèrent à New York – ou plus exactement, dans une banlieue du New Jersey nommée Teaneck. Quand il vivait encore à Tel-Aviv, Domingo avait auditionné pour Julius Rudel, le directeur musical du New York City Opera, qui, impressionné par sa prestation, l'avait engagé pour *Madame Butterfly*, *Carmen* et le rôle-titre de *Don Rodrigo* de Ginastera. « S'il chante aussi bien qu'il présente, nous sommes tombés sur un numéro gagnant », fut la première réaction de Rudel lorsque Domingo pénétra dans l'auditorium pour passer son audition. Il décrit ses impressions en détail dans l'introduction aux pages consacrées à Pinkerton, rôle dans lequel il fit ses débuts à New York avec le NYCO à l'automne 1965. « Une jeune voix d'une grande beauté naturelle et une heureuse acquisition de la compagnie », lut-on dans les colonnes du *New York Times*. Quatre jours après ce début, lors de sa première représentation de *Carmen* dans le cadre de la Compagnie, le fils aîné de Domingo, Placi, naissait. C'était le troisième membre de la dynastie Domingo à porter ce prénom !

Depuis qu'ils avaient quitté Tel-Aviv, Marta Domingo avait abandonné sa carrière pour se consacrer à son mari et à son bébé. (Trois ans plus tard, le 11 octobre 1968, la famille s'agrandit de nouveau avec l'arrivée de leur deuxième fils, Alvaro.) On n'insistera jamais assez sur le rôle primordial qu'a joué cette extraordinaire musicienne dans le succès de Domingo. Totalement dévouée à l'homme et à l'artiste, elle possède l'une des plus fines oreilles de ce métier (aucun détail, même le plus insignifiant en apparence, ne lui échappe). Elle a une profonde connaissance de la voix, des techniques vocale et scénique, et possède un sens aigu de la critique. Ses conseils, dont Domingo fait grand cas, sont toujours pertinents. « Elle sait tant de choses sur tant de sujets : le chant, le jeu d'acteur, l'esthétique, que je peux me rendre aveuglément à ses avis. Et croyez-moi, elle me dit franchement ce qu'elle pense de mes prestations ! »

La première grande percée de Domingo eut lieu quelques mois plus tard, le 22 février 1966, quand il chanta Don Rodrigo dans une nouvelle mise en scène, pour l'inauguration des locaux du NYCO au Lincoln Center. Ce fut un grand événement international auquel la presse et les professionnels du monde entier furent invités. Le triomphe de Domingo en cette occasion marqua le début de sa carrière internationale. En effet, était présent, lors de la première de *Don Rodrigo*, Rolf Liebermann, directeur de l'Opéra de Hambourg, qui invita Domingo à faire ses débuts sur cette scène, le 1er janvier 1967, dans le rôle de Cavaradossi. C'est ainsi que commença la proche collaboration qui le lia à cet Opéra pendant près de quinze ans.

Ensuite, en mai 1967, ce furent ses débuts à Vienne dans le rôle de Don Carlos, à Berlin dans celui de Riccardo du *Bal masqué* et, en septembre 1967, au Metropolitan Opera dans le rôle de Maurice d'*Adrienne Lecouvreur*, aux côtés de Renata Tebaldi. Ses débuts sur la scène italienne datent de l'été 1969. Aux Arènes de Vérone, il tint le rôle de Calaf aux côtés de Birgit Nilsson interprétant Turandot et, au mois de décembre de la même année, il ouvrit la saison à la Scala dans le rôle d'Ernani. En mai 1969, il avait fait ses débuts à Londres dans le *Requiem* de Verdi, au Royal Festival Hall, sous la direction de Carlo Maria Giulini. C'est là que j'entendis Domingo pour la première fois, et je n'oublierai jamais le frisson qui parcourut le public au moment où il entonna les « Hostias » – le chant murmuré le plus exquis que j'aie jamais entendu et que je n'entendrai probablement jamais plus. Enfin, il fit ses débuts au Covent Garden durant la saison 1971-72, dans le rôle de Cavaradossi.

A cette époque, c'est-à-dire au début des années 70, Domingo commençait à être reconnu comme l'un des plus grands ténors de la jeune génération. En 1973, il entrait dans la liste des artistes touchant les plus gros cachets – 4 000 $ par représentation – au Met. On l'accusait déjà de chanter trop et d'hypothéquer sa future carrière. Son emploi du temps – tout comme aujourd'hui – était tellement rempli qu'il donnait le vertige à tous ceux qui y jetaient un œil. Sa carrière semblait déjà marquée par ce que Bernard Holland du *New York Times* appela « un appétit insatiable, presque une gloutonnerie qui le pousse à interpréter toujours plus de rôles, à donner toujours plus de représentations, à chanter dans toujours plus de salles ». « Quand j'ai découvert l'opéra, j'ai dit : Voilà la carrière que je souhaite entreprendre, à condition que je puisse en faire quelque chose de *grand* », déclara Domingo. « Aussi me suis-je fixé une limite. Je devais faire mes débuts au Met et à la Scala avant mes 30 ans. Les choses se sont bien passées. J'ai eu de la chance. J'ai fait mes débuts au Met à 27 ans, et à la Scala à 28. »

Pourtant certaines personnes, dont Maria Callas qui l'admira lors de l'ouverture de la saison 1972-73 au Met, se demandèrent s'il ne mettait pas en péril sa santé vocale. Le hasard voulut qu'ils déjeunent un jour dans le même restaurant. Elle s'approcha de sa table pour le complimenter sur sa prestation. « Vous étiez le seul à être bon, Placido. Mais vous chantez trop ! », se risqua-t-elle à lui déclarer. Une publication rapporte que Birgit Nilsson, une de ses ferventes admiratrices avant même qu'ils ne chantent ensemble à Vérone, aurait dit de lui : « Placido, qui chante admirablement en six langues, n'a pas encore appris à dire " Non " dans aucune d'entre elles ! » Un professeur de chant et critique alla même plus loin : « Placido dispose de cinq ans pour ramasser le paquet. Les managers s'en fichent, les compagnies de disques s'en fichent, et c'est pareil pour les théâtres. A ce moment-là, ils auront déniché un autre ténor. Quant à Domingo, il pourra toujours engager un imprésario d'Indianapolis qui lui trouvera des contrats à 7 500 $, qu'il soit capable de chanter ou pas ! » Eh bien, comme Birgit Nilsson a la bonne grâce de l'admettre, « il nous a démontré que tout cela était faux. A presque 60 ans, il est toujours là, et il chante encore ». Domingo répond à toutes ces remarques en affirmant que plus il chante, mieux il se porte, que personne ne comprend mieux sa voix que lui – et que pour personne elle n'est aussi importante. Il a dû supporter ce genre de critiques durant toute sa carrière, mais il s'est vengé en prouvant qu'il avait raison ! Comme il fut prouvé qu'il avait raison lorsqu'il interpréta le rôle d'Otello pour la première fois, à l'âge de 34 ans seulement, en 1975 à Hambourg, contre le soi-disant avis autorisé de tout un chacun. Otello est un rôle dramatique et Domingo un ténor *lirico spinto*. Mais depuis le début, il semblait évident que ce rôle était fait pour lui – d'ailleurs, il a toujours estimé que sa voix était devenue plus lyrique après qu'il eut chanté Otello ! “ Il valait mieux s'y mettre trop tôt que trop tard. Si c'est trop tôt, comme dans le cas de Lohengrin, vous pourrez toujours attendre. Si c'est trop tard, vous aurez raté le coche. ” Pour résumer, nul ne devrait juger Domingo à l'aune de ses propres capacités.

En fait, si Domingo s'est révélé capable d'accomplir tout cela, c'est d'abord parce qu'il est doté d'une excellente santé et d'une constitution exceptionnelle. Son médecin new-yorkais, le Dr Andrew Werner, s'émerveille : « Je me demande parfois s'il possède des qualités surhumaines. Ses cellules doivent produire quelque substance chimique que les autres individus n'ont pas. » (Soit dit en passant, Domingo ne prend pas de vitamines, ni aucun produit de complément ou d'entretien.) Un jour, en 1972, alors qu'il jouait au football, il a reçu un choc et s'est presque évanoui. On l'a conduit à l'hôpital, mais il en est sorti à temps pour se rendre au théâtre et chanter dans *Cavalleria* et *Paillasse.* Coup double !

En second lieu, la légendaire capacité de Domingo à assimiler toute une mise en scène en une seule répétition, si besoin est (ce qui a pu gêner certains de ses confrères moins doués qui ont *besoin* de prendre leur temps pour répéter avec leurs partenaires) a également contribué à cette accumulation de rôles et de représentations. « Une séance de trois heures avec lui apporte plus au metteur en scène qu'une répétition deux fois plus longue avec d'autres chanteurs. Il écoute le metteur en scène et il est loin d'être aussi vaniteux que certains de ses collègues ! » disait le regretté Auquest Everding. Troisièmement, notons que ses grandes qualités de musicien et de pianiste lui permettent « d'étudier mes rôles avec mes doigts » au lieu de gaspiller ses réserves vocales en ayant recours à des répétiteurs. Et pardessus tout, grâce à sa prodigieuse mémoire, il apprend ses rôles à une vitesse vertigineuse : dans sa jeunesse, il mémorisa en trois jours les rôles de Don José et de Riccardo dans le *Bal* et, aujourd'hui encore, il est capable de préparer un rôle – sauf ceux écrits en langues allemande et russe – en l'espace d'une semaine sans l'aide de personne ! (Sa prodigieuse mémoire s'étend à toutes choses. Domingo n'oublie jamais un visage, un nom ou une conversation ; il peut s'en souvenir des années plus tard.)

Dans les années 80, Domingo était parvenu à l'apogée de sa carrière : il avait chanté dans tous les grands théâtres du monde, abordé la conduite d'orchestre avec un succès remarquable ; il était apparu dans des émissions de télévision très populaires et le monde entier lui avait décerné maintes récompenses et décorations. Néanmoins, ce fut dans la seconde moitié de cette décennie qu'il amorça sa transition cruciale vers son statut de superstar, processus qui culmina avec le concert des Trois Ténors à l'été 1989, dans les Thermes de Caracalla à Rome. Dorénavant, il fut en mesure de dicter les termes de ses contrats, aussi bien du point de vue financier qu'artistique, sachant parfaitement que, selon les termes employés par Herbert von Karajan, « ils s'arrachent tous ma personne ». Il tourna en outre dans trois opéras filmés : *La Traviata*, réalisée par Franco Zeffirelli, avec Teresa Stratas dans le rôle-titre ; le *Carmen* de Francesco Rosi avec Julia Migenes Johnson dans le rôle-titre, et Ruggero Raimondi dans celui d'Escamillo ; et *Otello*, également mis en scène par Zeffirelli, avec Katia Ricciarelli dans le rôle de Desdemona et Justino Diaz dans celui de Iago.

Toutefois, au milieu de la décennie qui vit Domingo s'élever au rang de superstar, la tragédie frappa : le tremblement de terre qui ébranla le Mexique en 1985 causa la mort d'une tante et d'un oncle, d'un cousin et son jeune enfant. Avec la très généreuse permission d'Ardis Krainik, Domingo s'échappa d'une importante première d'*Otello,* donnée au Chicago Lyric Opera, et se précipita à Mexico. On l'y vit creuser les décombres de ses mains nues, profondément traumatisé. Submergé par le chagrin, il annula toutes ses représentations pour une durée de six mois – le geste de deuil le plus éloquent qu'on puisse offrir à la mémoire de ceux qu'on a sincèrement aimés – et ne donna plus que quelques concerts pour les victimes du tremblement de terre. (Inutile de dire que ce contretemps perturba considérablement les calendriers de tous les grands opéras mondiaux – tant sont rares, pour ne pas dire totalement inexistants, les grands ténors à notre époque.)

Pour lui, la famille a toujours revêtu une grande importance. « Je me sens en sécurité parce que je suis soutenu par ceux que j'aime » – ses parents, hélas décédés, Marta et ses fils bien-aimés, sa sœur, son beau-frère, la famille de Marta, ses neveux et nièces. Quand on voit Domingo au milieu des siens, et surtout chez lui à Acapulco, on comprend mieux d'où il tire sa force et son extraordinaire confiance en lui.

Mais il plonge également ses racines dans une autre source : son inépuisable centre intérieur, où il puise l'inspiration, la puissance et la vérité spirituelle qu'il apporte à tous les personnages qu'il incarne. Domingo est un homme profondément religieux et pieux, un catholique tolérant (il dit une prière à sainte Cécile, la patronne de la musique, avant chaque entrée en scène) et, comme tous ceux qui ont eu affaire à lui, à tous les niveaux, en témoigneront, il est profondément bon – d'une bonté à la fois spontanée et consciente. Un être humain pour tout dire. En fait, tandis que j'apprenais à le connaître et que je l'observais mieux, je repensais à ce que Carlo Maria Giulini m'avait confié presque vingt ans auparavant, lors de la rédaction de mon premier livre, *Maestro. Encounters with Conductors of Today*[1]. Quand je lui avais demandé quelle qualité il admirait le plus chez un être humain, il avait répondu : « La bonté. » Remarquant ma surprise (« Comme c'est banal », avais-je été assez stupide et puérile pour le

1. Hutchinson, 1982, Harper & Row, 1983.

penser), il m'expliqua que « dans son expression suprême, la bonté contient toutes les autres qualités humaines. Parce que vous ne pouvez être bon si vous n'êtes pas courageux ; vous ne pouvez être bon sans être aussi intelligent. Et il va sans dire que vous ne pouvez être bon si vous n'êtes pas généreux et altruiste ». Puis il ajouta que, bien entendu, il est impossible d'être vraiment bon à cent pour cent. Eh bien, je peux dire que Domingo se rapproche de la vraie bonté plus que n'importe quel autre individu que j'aie jamais rencontré. C'est ce que ressent le public – au-delà de l'admiration qui lui est due en tant qu'artiste – et c'est pourquoi il est apprécié et aimé de façon aussi universelle, à la fois par son public et par les gens qui le connaissent personnellement et travaillent avec lui. « Il a toujours eu un contact formidable avec le public. Son sourire, son rire viennent tout droit de son cœur et touchent immédiatement le vôtre », dit le baryton Kostas Parkalis. Selon Caruso, cette « qualité de cœur » est une condition *sine qua non* du grand chanteur...

L'ÉTUDIANT

Il semblerait légitime d'imaginer qu'un tel artiste, parvenu à cet âge et à ce stade de sa carrière, ayant connu tant de succès, pût désormais se reposer sur ses lauriers et parcourir le monde en interprétant quelques rôles familiers, profitant d'une adulation universelle bien méritée. Pas Domingo ! C'est un homme constamment mû et consumé par le besoin de relever des défis, de se renouveler. Il doit toujours avancer et découvrir de nouveaux univers musicaux, de nouveaux personnages à creuser.

En fin de compte, on pourrait appeler les années 90 « Décennie de l'Auto-Renouvellement de Domingo ». Durant ces dix années, il a appris plus de nouveaux rôles que dans les dix premières de sa carrière, à peu de chose près :

on n'en dénombre pas moins de dix – dont Parsifal, Siegmund, Idoménée, le Jean de *Hérodiade* et celui du *Prophète,* Lucero dans *Divinas Palabras*, Gabriele Adorno dans *Simon Boccanegra*, le rôle-titre du *Cid*, Don Juan dans *Margarita la Tornera* et Gherman dans *La Dame de Pique*. « Au fond, c'est la seule manière de grandir. M'atteler à un rôle comme celui de Gherman, par exemple, m'a fait découvrir un monde musical, celui de Tchaïkovski, extrêmement différent à la fois du point de vue musical et stylistique, de tous ceux des compositeurs dont j'ai chanté les œuvres jusque-là. Bien sûr, il m'a fallu produire un immense effort, parce que je l'ai chanté en russe, une langue que je ne parle ni ne comprends. J'ai donc dû l'apprendre note après note, mot après mot, avant de mêler musique et paroles. »

Très peu de grandes stars de la stature de Domingo se sont souciées et se soucient encore d'accomplir une telle prouesse à ce stade de leur carrière. Le fait de le regarder répéter assidûment son rôle au Met, avec l'humilité d'un débutant, attentif à la prononciation de chaque syllabe et à la projection correcte de chaque mot fut pour moi une révélation. J'ai compris d'où venait sa grandeur. C'est précisément cette tournure d'esprit qui le pousse à tenter l'inconnu, à s'aventurer sur des chemins non balisés pour le développement de son art, qui fait de Domingo le gigantesque personnage qu'il est ; un artiste planant au-dessus de tous les autres dans le firmament de l'opéra contemporain.

Yelena Kurdina, la distinguée répétitrice russe du Met, avec laquelle Domingo prépara le rôle de Gherman en alternance, pendant une année, jusqu'aux représentations de mars 1999, fut aussi surprise que moi de constater la nervosité de Domingo durant les répétitions. Il redoutait que tout ne fonctionne pas comme il le fallait lors de la première. « J'ai été stupéfaite de découvrir, dit Kurdina avec la plus extrême admiration dans la voix, qu'à ce stade de sa carrière et au faîte de sa renommée, il soit encore *in-*

quiet. Il se sent redevable envers la musique, envers le public, envers tout le monde, comme lorsqu'il était un débutant. J'ai trouvé cela pour le moins étonnant. Parce que, dans mon métier, on voit tant d'artistes, certes merveilleux et talentueux, se maintenir à un certain niveau en se disant que cela suffit bien. Ils ne peuvent ou ne veulent pas donner davantage. Là, en l'occurrence, vous avez quelqu'un qui, estimez-vous, pourrait se laisser aller, vous voyez ce que je veux dire, se reposer sur ses lauriers, et qui pourtant ne cesse d'avancer vers des choses toujours plus grandes.

« Il m'a permis de comprendre, pour la première fois, qu'une superstar n'est pas seulement une expression, un mot, mais une super super-personne, avide d'apprendre et, assez étrangement, à l'écoute d'autrui. Il étudie d'une manière très spéciale, différente des autres chanteurs qui, eux, ont tendance à beaucoup parler durant les séances de répétition. Ils s'expliquent et se défendent pour justifier toutes les fautes qu'ils commettent. Mais Placido, lui, se contente d'écouter et emmagasine vos moindres remarques dans la banque de sa mémoire. Une foule de pensées lui traversent l'esprit entre ces séances, que ce soit dans l'avion ou n'importe où ailleurs. Au début, je ne voyais pas que ce travail intérieur ne cessait jamais. Mais c'est bien le cas et, par conséquent, avec lui des tas de choses ayant trait à l'interprétation fonctionnent d'elles-mêmes, sans qu'on en discute. Le faire travailler fut à la fois une expérience et un apprentissage. »

Un autre facteur, qui a peut-être aidé Domingo à conserver sa fraîcheur artistique, c'est la variété et la simplicité de ses relations avec les grandes cantatrices. En manière de plaisanterie, il fit remarquer qu'à ses débuts, il chantait avec des femmes qui avaient l'âge de sa mère, puis avec le temps, l'écart se réduisit. Ses partenaires auraient pu être ses sœurs aînées, puis ses sœurs cadettes, et finalement ses filles. Contrairement à d'autres chanteurs passés ou présents qui chantent systématiquement avec telle ou telle diva (comme Pavarotti qu'on associe étroitement à Joan Sutherland et Carreras à Katia Ricciarelli), Domingo ne s'est jamais réservé à une partenaire exclusive, mezzo ou soprano, mais a toujours apprécié de collaborer fructueusement avec les nombreuses prime donne des quarante dernières années, exceptée, à son grand regret, celle avec qui il avait le plus d'affinités : Maria Callas. « J'estime que l'une des choses les plus merveilleuses qui me soient arrivées dans ma carrière est qu'on ne m'ait jamais associé directement à un soprano ou à un mezzo en particulier, ce qui d'habitude fait dire aux gens : “ Voilà *le* couple. ” Ces couples de chanteurs d'opéra ont toujours existé : Callas et Di Stefano, Tebaldi et Del Monaco, Björling et Albanese. Mais ce ne fut pas mon cas. J'ai travaillé avec toutes – et en parfaite harmonie. Chaque soprano possède ses propres qualités. »

Je crois que le seul souhait non réalisé de Domingo en tant que chanteur est d'incarner Tristan. Il était sur le point de le faire voilà trois ans, puis il y a deux ans, mais pour une raison inconnue, il n'a jamais sauté le pas et aujourd'hui, il sait qu'il est trop tard pour tenter d'interpréter ce personnage sur scène. Toutefois, il prévoit de l'enregistrer en 2001. « C'est un rôle très difficile et très dangereux, d'un bout à l'autre. Pas seulement en raison du troisième acte, qui est réellement “ *massacrante* ”, mais de chaque acte ! Le duo d'amour du deuxième acte recèle des moments terriblement délicats : phrase après phrase, le chant est implacable et la tessiture très difficile. Et même le premier acte, où la partition de Tristan est relativement courte, comporte des moments terribles, juste avant que le bateau n'accoste. En tant que personnage, Tristan me plaît beaucoup, même si, en termes scéniques, il est plutôt statique. Il n'a pas une grande expressivité corporelle. Tout se passe dans l'esprit, c'est un type de rôle très intellectuel, ésotérique... A la fin de ma carrière, ce sera peut-être le seul rôle que je regretterai de n'avoir pas incarné sur scène. »

En dehors de cet unique mais important regret, Domingo aborde l'avenir hors de la scène avec sérénité, profondément conscient que, longtemps après qu'il aura cessé de se produire, il continuera d'apporter sa contribution à l'opéra et à l'art du chant en tant que chef d'orchestre et de par ses fonctions de directeur artistique des Opéras de Washington et de Los Angeles.

En dehors des planches, l'enthousiasme de Domingo se porte vers le sport – c'est un fanatique de football et de Formule 1 qui suit chaque match et connaît le nom de tous les joueurs et coureurs en activité. Quand il prend l'avion de New York pour rejoindre Acapulco, par exemple, il téléphone régulièrement à l'un de ses fils pour qu'il l'informe du déroulement de telle course automobile et lui demande impérativement de lui en rapporter chaque minute. Il apprécie également toutes les bonnes choses de la vie : la nourriture (comme tout bon Méditerranéen), le cinéma, la mer, les bains de soleil. En fait, loin de la scène, Domingo est une personne très à l'aise et tout à fait normale... Mais on ne sait jamais quel « travail intérieur » peut lui passer par la tête à tout moment. Car le vrai mystère de Domingo, en tant qu'homme et en tant qu'artiste, commence sur scène. Telle est, en fait, la *raison d'être* de ce livre. Je suis convaincue que le seul moyen d'apprendre à connaître et de décrire le « vrai » Domingo consiste à passer par ses rôles, dans chacun desquels il apporte l'essence de sa richesse émotionnelle et de sa réalité spirituelle.

H.M.

PLACIDO DOMINGO

ses grands rôles sur scène

LE COMTE DANILO

Lehár, La Veuve Joyeuse

Domingo est un intime de cette œuvre pétillante et populaire de Lehár. Il adore l'opérette depuis la fin des années 50 et le début des années 60, époque à laquelle il conduisait le chœur, interprétait à la fois Danilo et Roussillon, et faisait feu de tout bois sur la scène de Mexico. Il chanta de nouveau Danilo, le charmant roué, en février 2000, au Metropolitan Opera, en langue anglaise cette fois, dans un spectacle de Tim Albery dont la mise en scène laissait grandement à désirer.

Curieusement, c'était la première fois que cette pièce passait au Met et, quand on y repense, il est fort dommage qu'on n'y ait pas réussi à créer une atmosphère plus authentique. Néanmoins, on y trouvait quelques moments très drôles et amusants – comme la première entrée d'Hanna Glawari, descendant un grand escalier qu'elle balayait de sa longue robe, sous une imposante tour Eiffel.

Danilo n'est pas un rôle « vocal » habituel. Il n'a presque rien à chanter. Ce rôle repose bien plus sur l'allure, la présence sur scène, l'élan et la légèreté d'esprit. Autant de choses que Domingo sut y apporter. On peut dire qu'il a l'opérette dans le sang – connaissant à la fois la zarzuela, l'opérette espagnole et le genre viennois –, puisque telle était la spécialité de la troupe de ses parents, et cela se voit. (Cela se voit aussi dans sa façon de diriger

Die Fledermaus.*) Pourtant, il faut noter qu'il éprouva un plaisir particulier à exécuter les nombreuses danses prévues dans cette mise en scène. Ce qui prouve que, même aujourd'hui, il continue d'apprendre ! Tous ceux qui liront ce livre prendront conscience qu'il s'agit pour lui d'une bouffée d'air frais. (Même si certains esprits chagrins se dirent insatisfaits de sa manière de danser !) Toutefois personne n'a rien trouvé à reprocher à son chant ni à son jeu de scène !*

« Je suis un familier du personnage de Danilo, et ce depuis l'enfance. C'est le héros d'opérette par excellence. A Mexico, dès 1960 – je n'avais alors que 19 ans – j'ai chanté Danilo et Camille de Roussillon en espagnol, avec ma mère puis Marta dans le rôle-titre. En fait, je pense avoir campé Roussillon quelque 160 fois. J'ai aussi fait répéter le chœur, je l'ai dirigé, et bien sûr j'ai chanté Danilo. On peut donc affirmer que je connais *La Veuve Joyeuse* par cœur. Je me rappelle qu'après m'avoir vu diriger *La Chauve-souris* (*Die Fledermaus*) à Vienne, les gens ont constaté avec surprise que le style viennois était loin de m'être étranger. Ils ignoraient pour la plupart que j'y avais été plongé depuis l'enfance et qu'il faisait partie de ma formation.

« L'opérette viennoise est un genre créé uniquement pour le divertissement. L'atmosphère y est toujours gaie, optimiste ; tous les grands compositeurs d'opérettes – Johann Strauss, Lehár, Kalman, etc. – n'ont eu d'autre prétention que d'amuser leur public. Le genre fait partie intégrante de l'histoire de l'empire austro-hongrois et de sa décadence. Il se nourrit de la vie viennoise : les fêtes, les ragots d'ambassade, les tsiganes, etc. ; si bien que les livrets sont pénétrés d'un esprit typiquement viennois. La seule opérette qui va un peu plus loin et ne connaît pas de fin heureuse est *Le Pays du Sourire* (*Das Land des Lächelns*). A cette exception près, elles reflètent toutes un besoin profond de s'échapper des terres « ruritaniennes », avec ces absurdes et nonchalants potentats... les zarzuelas, les opérettes espagnoles, sont plus proches de la terre, plus ancrées dans la vie réelle.

« Danilo est un rôle gai et désinvolte, dont il n'y a pas grand-chose à dire sur le plan vocal. En effet, contrairement à Alfredo dans *La Chauve-Souris,* qui est difficile, Danilo est facile à chanter. Il vous suffit d'être charmeur et un peu blasé... Pour moi, ce fut un merveilleux contraste. J'ai éprouvé un grand calme et un certain soulagement à camper ce personnage drôle et léger, en 2000, après tous mes rôles graves et dramatiques. J'aimerais faire une autre opérette avant la fin de ma carrière. Je voudrais jouer le Prince Sou Chong dans *Le Pays du Sourire*, et j'espère réaliser mon rêve à Washington dans deux ans. »

L'AMANT

Menotti, Amelia goes to the Ball

Domingo chanta l'amant dans cet opéra en un acte de Gian Carlo Menotti, le 28 juin 1961, à Mexico puis à Monterrey, avec la Chamber Orchestra Company qu'il avait créée avec Marta et Franco Iglesias. Amelia goes to the Ball, *œuvre optimiste et très mélodique, composée longtemps avant les opéras sombres et fort réputés de Menotti,* Le Medium *et* Le Consul, *fut donnée pour la première fois à Philadelphie en 1937, sous la baguette de Fritz Reiner, puis au Metropolitan Opera en 1938. Bien que le livret original soit en italien, les deux productions citées plus haut furent données en langue anglaise.*

Amelia, l'héroïne de cet opéra, une femme du monde rousse et désinvolte, veut à tout prix et par tous les moyens assister au bal qui se déroule le soir même. Tandis qu'elle s'habille, son époux l'interrompt. Il vient de découvrir une lettre d'amour signée « Bubu » et, décidé à tuer ce rival, il lui demande de lui révéler son identité ! Après avoir savamment nié, Amelia accepte de tout lui dire – en contrepartie, son mari promet de l'accompagner au bal sans attendre. L'amant en question, qui habite au deuxième étage de leur immeuble, a l'habitude de glisser la nuit le long d'une corde jusqu'au balcon de sa belle. C'est ce qu'il fait ce soir-là. Amelia le met au courant de la visite et des intentions de son époux, et lui propose de le cacher à condition qu'il l'accompagne au bal. Mais le mari voit la corde pendre au balcon et découvre l'amant chez sa femme. Il veut tirer, son pistolet s'enraye, et finalement les deux hommes s'assoient tranquillement pour discuter de la situation. Furieuse et déçue de ne plus avoir de cavalier potentiel, Amelia fracasse le crâne de son mari avec un vase. L'homme meurt. Terrifiée, elle crie au secours. Les voisins, alertés, appellent la police. Le chef de la police lui-même se présente et demande ce qui se passe. Amelia répond que son mari a été blessé par un cambrioleur – qui ne serait autre que son amant ! On a tôt fait de le conduire en prison. Amelia use alors de tous ses charmes pour séduire le dernier homme disponible pour la conduire au bal. Elle part donc au bras du chef de la police !

« *Amelia goes to the Ball* est un opéra charmant, que j'ai adoré chanter, aussi bien à Mexico qu'à Monterrey. L'histoire d'Amelia, une femme frivole et superficielle, qui veut à tout prix se rendre au bal, est ironique et amusante. Son mari n'a pas l'intention de l'y emmener et s'en va. L'amant arrive, s'apprêtant à passer une merveilleuse soirée. Mais ce soir-là, une seule chose compte pour Amelia, c'est d'aller au bal ! Nous ne savons pas vraiment si elle aime son amant. Mais quand il se met à évoquer la délicieuse soirée en tête-à-tête qui les attend, elle répond " Non ! ". Son mari a refusé de la conduire au bal, alors ce sera à *lui* de le faire.

« Du point de vue musical, c'est une œuvre très agréable, remplie de belles mélodies, dont l'aria de l'Amant " Fu di notte ". Pourtant certaines d'entre elles – le duo et le trio – recèlent de grandes difficultés qu'on ne peut surmonter que si on a précédemment eu affaire à Rossini. Car votre chant doit être très précis et discipliné. »

Quand je l'ai chanté à Mexico, je devais entrer en scène en sautant d'une plate-forme, accroché à une corde. Mais à la répétition générale, n'ayant pu atteindre la corde, je suis resté sur la plate-forme, si bien qu'au lieu de faire l'entrée fracassante de l'Amant empressé, je me suis mis à crier : « Descendez-moi de là ! Descendez-moi de là ! » Heureusement, tout s'est bien passé le soir de la première.

ALFREDO

Verdi, La Traviata

Alfredo fut le premier grand rôle de Domingo. Il l'a interprété en octobre 1961 à Monterrey, environ un an après avoir fait ses débuts de chanteur professionnel dans Rigoletto, *le rôle de Borsa. Entre-temps, s'écoulèrent dix-huit mois durant lesquels il ne chanta que des rôles mineurs (tous répertoriés en annexe) dont, un peu avant Alfredo, Gastone, à Monterrey et à Mexico en avril 1961, avec Giuseppe di Stefano dans le rôle d'Alfredo.*

Quand on lui demande quelle mise en scène de La Traviata *reste la plus vivace dans son souvenir, il choisit spontanément et sans hésiter celle de Frank Corsaro au NYCO, en 1966, avec la regrettée Patricia Brooks, une cantatrice émouvante et une actrice accomplie, dans le rôle de Violetta. Le doyen des critiques new-yorkais, Harold Schönberg du* New York Times, *déclara que ce spectacle était « le plus intelligent et le mieux mis en scène auquel il m'ait été donné d'assister, et de loin ». En outre, cette production permit de constater, et d'une manière fort étonnante et originale, les impressionnants progrès techniques accomplis par Domingo depuis l'époque de Tel-Aviv : il se révéla capable de chanter le duo « Parigi, a cara » tout en portant Patricia Brooks dans ses bras. Fort heureusement, c'était une Violetta mince et légère !*

Pourtant, comme l'explique Frank Corsaro, ce spectaculaire coup de théâtre est arrivé par hasard, à la suite d'une erreur de timing lors d'une répétition. Domingo insista néanmoins pour qu'on l'intègre dans le spectacle. « Placido adore faire des choses différentes, originales sur scène », confia-t-il au New York Times. *« Durant une répétition, on lui avait demandé de porter Violetta mourante jusqu'à un canapé avant de commencer à chanter le duo. Domingo l'a soulevée un peu trop tard pour avoir le temps d'atteindre le canapé, aussi a-t-il commencé à chanter tout en marchant avec sa partenaire dans les bras. » Alors que la plupart des ténors reculeraient d'horreur devant une telle contrainte – il s'agissait bel et bien de chanter un duo avec une soprano dans les bras – Domingo, lui, perçut aussitôt les possibilités dramatiques amenées par cette situation inconfortable. Il proposa à Corsaro d'aller plus loin. Non seulement il la porterait mais il la bercerait doucement, comme un enfant qu'on endort d'une douce mélodie. Aussi travailla-t-il son souffle jusqu'à pouvoir chanter à son aise dans une telle position.*

Cette prouesse technique ne manqua pas d'impressionner! A la suite des remarques rapportées plus haut, Harold Schönberg indiqua dans sa revue : « Dans le dernier acte, il soulève Violetta et la porte vers un canapé, tout en chantant : " Parigi, o cara. " C'était jouer en force, la force de Placido Domingo... Ce ténor qui avait fait une telle impression l'année dernière dans Don Rodrigo *possède une voix puissante qu'il allège habilement pour ce rôle. Il nous donne un ténor bon et robuste; tout ce dont il a besoin c'est d'un peu de poli. »*

A la fin de la décennie qui vit l'avènement de sa carrière internationale, ainsi que ses débuts au Metropolitan Opera, Domingo avait acquis le poli et la patine qui sont les signes distinctifs de la grandeur. Selon moi, aucun ténor actuel ne combine à un tel point qualités expressives et techniques : dans le rôle d'Alfredo, il allie l'exaltation juvénile à la passion propre de ce personnage, l'élégance vocale et la précision musicale. Les jeunes générations auront tout loisir d'apprécier cette interprétation qui fut immortalisée par plusieurs maisons de disques – je citerai tout particulièrement l'enregistrement de Deutsche Grammophon où il chante sous la direction de Carlos Kleiber, aux côtés d'Ileana Cotrubas dans le rôle-titre – et dans le film de Franco Zeffirelli en 1982, avec Teresa Stratas dans le rôle de Violetta.

« Mon interprétation d'Alfredo en 1961 a marqué le véritable début de ma carrière, parce que c'était mon premier rôle important. Ce qui signifie qu'en 2001, cela fera 40 ans que je fréquente les scènes d'opéra ! Le fait de penser que, après tout ce temps, je suis encore là et qu'il y a encore tant de choses à accomplir, me remplit d'un sentiment merveilleux, je dois l'avouer !

« Quant au rôle d'Alfredo, une seule chose a changé pour lui au cours des nombreuses années où je l'ai incarné ; j'ai dû, au fil du temps, me montrer plus attentif à son interprétation. Je vieillissais et, bien que cela ne se voie pas tant que cela sur scène, le fait n'en restait pas moins vrai... Evidemment, cet ajustement auquel j'ai dû me résoudre ne dépendait pas tant de la mise en scène que de la personnalité de ma Violetta. En effet, quand j'incarne Otello, par exemple, mon jeu diffère selon l'âge de ma Desdemona ; il en est de même lorsque je me trouve face à Violetta. Mes partenaires peuvent être très jeunes ou d'âge plus mûr. Mais quelles que soient les adaptations apportées à l'interprétation, Alfredo n'en reste pas moins un personnage romantique. Les seuls moments dramatiques se trouvent dans le deuxième acte, quand il découvre à sa grande honte que Violetta vend ses biens pour alimenter leur train de vie, et au troisième acte où il se sent trahi par elle de la pire des manières et l'insulte avec véhémence.

« Vocalement, Alfredo est l'un des rôles de Verdi les plus difficiles. On a besoin d'une magnifique voix lyrique, mais il faut garder suffisamment de puissance en réserve pour les envolées du deuxième acte et surtout du troisième.

Néanmoins, il requiert une bonne technique parce qu'on doit y exprimer beaucoup de tendresse et chanter *piano* afin d'exprimer du mieux possible cet état d'esprit romantique. Toutefois, dans ce rôle, le principal problème vocal reste l'intonation. Il est très facile de sortir du ton, à certains moments importants où l'accompagnement orchestral est presque inaudible. Dans " Un di felice ", par exemple, il y a tellement de *pizzicati* qu'on perçoit à peine l'orchestre, et il faut faire très attention à rester parfaitement dans le ton. Dans ce duo, je dirais que les trois quarts du temps, l'un des deux – soit le ténor soit le soprano – est soit en dièse ou en bémol. On peut en dire autant de " Parigi, o cara " et même de " De miei bollenti spiriti ", et pour la même raison : il est difficile d'entendre l'orchestre. Malgré la relative facilité de ce rôle, il existe peu d'Alfredo convenables, pour la bonne raison que ce rôle nécessite de l'élégance aussi bien dans sa ligne chantée que dans son jeu théâtral et son comportement général... Il doit se montrer assez viril pour convaincre Violetta de tout abandonner pour lui. On trouve peu de ténors capables de combiner virilité et élégance et de chanter ensuite le rôle de la manière qui sied.

« C'est une histoire poignante, ce père qui brise le bonheur d'Alfredo et de Violetta. S'il n'avait pas agi ainsi, Violetta aurait au moins connu le bonheur et l'amour pendant les quelques mois ou années qui lui restaient à vivre. Et qui sait, elle se serait peut-être rétablie. On ressent toujours la même tristesse, quand arrive le dernier acte. Vous chantez, plein d'espoir : " Parigi, o cara ", Violetta vous accompagne et vous croyez tous les deux qu'elle va recouvrer la santé... puis elle s'écroule et meurt devant vos yeux.

« Violetta est l'une des plus grandes héroïnes d'opéra, un personnage absolument magnifique. Imaginez combien il est rare et difficile pour quelqu'un qui mène ce genre de vie d'avoir un cœur comme le sien, de tomber vraiment amoureuse, de tourner le dos à son passé et finalement d'accomplir le sacrifice suprême pour le bien de la famille de son amant ! Et pourquoi cela ? Pour ce père égoïste ! Non. Si elle se soumet à sa demande, c'est pour le bien de la sœur d'Alfredo ; la jeune fille ne peut se marier à cause du déshonneur qui à cause de Violetta s'est abattu sur sa famille ; elle sera peut-être condamnée à mener une vie pareille à celle de Violetta... Bien sûr, on ne sait pas si Violetta aurait consenti à ce sacrifice si elle ne s'était pas sue si malade. Elle aurait probablement réagi autrement... Mais sa maladie lui fait prendre conscience que, malgré le bonheur qu'elle éprouve, il ne lui reste sans doute plus beaucoup de temps à vivre. »

CAVARADOSSI

Puccini, Tosca

Cavaradossi fut le deuxième grand rôle de Domingo et celui qu'il a le plus souvent chanté au cours de sa carrière : deux cent vingt-cinq représentations à travers le monde, de Mexico, où il le chanta pour la première fois le 22 février 1962, jusqu'au Metropolitan Opera, en passant par Tel-Aviv. Il y eut également le Covent Garden, le Chicago Lyric Opera, les opéras de Vienne, de Bavière, de Hambourg, de Cologne, de Francfort et de Stuttgart, mais aussi ceux de Naples, Rome, Vérone, Madrid, San Francisco, Torre del Lago, Bilbao et Macerata. Et tant d'autres endroits, dont le Great Lawn de Central Park à New York où, le 1er juin 1987, selon Opera News, *personne ne s'attendait vraiment à ce qui se passa après qu'il eut chanté « E luceran le stelle ». 70 000 personnes se levèrent en hurlant leur enthousiasme. Il y eut des acclamations, il y eut des larmes. Domingo avait réalisé le rêve de Puccini quand il disait que sa musique devait « toucher cette petite poche de tristesse qui se trouve près du cœur ».*

C'est un rôle qui lui va comme un gant et, ainsi qu'il l'indique lui-même, ce n'est pas le plus difficile de son vaste répertoire. Quand on lui a demandé de remplacer au pied levé Franco Corelli au Met, le 15 février 1969, peu après qu'il y eut fait ses débuts, un samedi en matinée, il s'est acquitté magnifiquement de sa tâche. Birgit Nilsson qui tenait le rôle-titre déclara : « Il fut un Cavaradossi incroyablement bon. Son jeu de scène était superbe – il était le personnage, il vivait le personnage et, par-dessus tout, il y avait son chant magnifique. » Pourtant, bien qu'il eût régulièrement interprété Cavaradossi depuis 1961, il lui fallut attendre de le chanter à Berlin et à Munich en 1977, dans une mise en scène de Götz Friedrich, qui mourut en décembre 2000, pour bien percevoir l'essence de ce rôle.

« C'était une mise en scène très forte qui présentait Cavaradossi comme un homme à ce point torturé qu'il pouvait à peine se lever », se souvient Sherrill Milnes qui tenait le rôle de Scarpia. « Ses doigts brisés, couverts de sang, l'empêchaient presque d'écrire sa lettre à Tosca, dans le dernier acte. Ce détail montrait clairement l'implication de Cavaradossi dans la lutte politique et le mouvement libéral. Placido m'opposait toujours une forte résistance, quand à l'acte II, il criait " Vittoria, vittoria ! " de toute la force de ses poumons. C'était moi, Scarpia, qu'il défiait, pas le public. En cet instant, la tension entre nous était presque palpable. Quelqu'un qui n'aurait pas lu l'intrigue aurait tout de même compris ce qui se passait à ce moment charnière ! »

Les futures générations pourront apprécier l'interprétation à la fois noble et passionnée de Domingo grâce à deux cassettes vidéo vendues dans le commerce. Mais il y a plus excitant encore : le film d'Andreas Andermann tourné en 1992 à Rome, dans les lieux mêmes où est censée se dérouler l'histoire, et qui fut diffusé en direct aux moments du jour spécifiés par la narration – l'acte I dans l'église de San Andrea della Valle, le premier matin, le Palais Farnèse le soir du même jour pour le deuxième acte et le Castel Sant'Angelo le lendemain à l'aube pour le dernier. Ce qui signifie que Domingo et ses partenaires (Catherine Malfitano dans le rôle-titre et Ruggero Raimondi dans celui de Scarpia) ont dû passer presque deux jours sans dormir !

« Cavaradossi est le rôle que j'ai le plus souvent chanté au cours de ma carrière : 225 fois au total, dans de multiples mises en scène, avec toutes sortes de Tosca et de Scarpia ! Ce fut mon premier rôle Puccini et, comme la plupart des jeunes chanteurs inexpérimentés, j'ai trouvé que Puccini était, de tous les compositeurs, le plus facile à chanter, parce que chez lui, on dépend moins de la technique que chez Verdi ou Mozart. Les débutants peuvent chanter la musique de Puccini " spontanément ", sans posséder une grande technique vocale, parce qu'elle est écrite d'une manière qui la rend *apparemment* facile à interpréter. Mais ce que les jeunes chanteurs ne saisissent pas c'est qu'il y a un piège. En effet, même si la spontanéité peut être de mise, on a besoin d'autant de technique que chez Verdi, pour *projeter* sa voix au-dessus de l'orchestration de Puccini et s'en sortir. Sinon on risque d'endommager gravement sa voix. Le plus grand danger caché sous cette musique splendide, apparemment facile et éminemment chantable, réside dans le fait qu'on doit se battre avec une orchestration dense qui *double la mélodie.* C'est ce qui fait de Pinkerton, par exemple, un rôle bien plus ardu que ce qu'imaginent parfois les jeunes ténors. Pour me résumer, je dirais que bien qu'il soit possible de commencer à chanter Puccini sans technique, si vous n'acquérez pas cette technique au fur et à mesure, vous allez au-devant de graves problèmes.

« Cela étant précisé, j'ai toujours considéré Cavaradossi comme un rôle confortable. Bien sûr, il comporte des moments difficiles, mais il n'est pas spécialement ardu. Le plus exigeant des trois actes est le premier à cause de ses longs passages chantés : d'abord, " Recondita armonia ", puis la scène avec Tosca, suivie de celle avec Angelotti et le deuxième duo avec Tosca. Mais tout cela est tellement bien écrit que j'ai toujours éprouvé un grand plaisir à le faire. J'aime aussi beaucoup le moment où Cavaradossi crie " Vittoria, vittoria ", au deuxième acte. Et il m'est impossible d'imaginer qu'un seul ténor au monde n'adore pas chanter " E luceran le stelle " et " O dolci mani ", à l'acte III.

« En tant que personnage, je trouve Cavaradossi très intéressant et enrichissant pour son interprète. Beaucoup de ténors commettent l'erreur de le jouer comme une sorte de " M. Tosca ", un jeune joujou, " com'è bello il mio Mario ", chante Tosca. Mais il est vrai que cette phrase musicale peut se révéler fort trompeuse, surtout lorsque le rôle de Tosca est tenu, comme c'est la coutume, par une prima donna d'un certain âge (en effet, les jeunes sopranos ne peuvent chanter ce rôle) se comportant d'une manière autoritaire, donnant parfois l'impression qu'elle est sur le point de gifler Cavaradossi ! Pourtant rien ne saurait être plus éloigné de la vérité. Ces deux personnages entretiennent un tout autre genre de relation. Le fait que Tosca, par désespoir, commette l'acte fort courageux d'assassiner Scarpia ne signifie pas que Cavaradossi est un faible. Tout au contraire : c'est bien lui – l'artiste, le gentilhomme, l'intellectuel aux idéaux libéraux inspirés de Voltaire – qui, profondément impliqué dans la vie politique, évolue dans une dangereuse marginalité. La plupart du temps, il doit ménager Tosca – une jeune fille toute simple dotée d'une voix intéressante, qui certes s'est transformée en diva, en une femme superbe, mais ne peut rivaliser avec lui sur le plan intellectuel – et parfois il la traite comme une enfant, lui reproche gentiment sa jalousie morbide et les illusions qu'elle entretient au sujet de son art.

« Cavaradossi n'ignore pas que ses idées politiques le conduisent sur des sentiers périlleux. Il est tout à fait conscient de sa situation, mais n'en parle presque jamais à Tosca. Au dernier acte, il sait très bien qu'il va mourir. Connaissant les dangers de la politique, il n'attend de Scarpia aucune pitié. Dans le chant de Cavaradossi, on peut lire à la fois la certitude de sa fin prochaine et l'acceptation de cette fin. Mais il n'a pas le courage de dire à Tosca qu'elle vit dans l'illusion, que ses rêves ne sont que fariboles. Il continue donc le même jeu avec elle. Que peut-il faire d'autre? Il sait qu'ils n'en réchapperont pas et préfère profiter des cinq ou dix minutes de bonheur qu'il leur reste.

« Pour moi, le personnage de Cavaradossi est si clair, si nettement délimité, que je n'ai jamais varié mon interprétation de base pour m'adapter aux partenaires – Renata Tebaldi, Birgit Nilsson, Dorothy Kirsten, Renata Scotto, Gwyneth Jones, Raïna Kabaïvanska, Grace Bumbry, Hildegard Behrens, Catherine Malfitano, Carol Vaness, Galina Gortchakova, Maria Guleghina... – que j'ai eues aux diverses étapes de ma carrière. J'ai simplement choisi d'ajuster ma *manière* de camper le rôle en fonction de tel ou tel type de cantatrice : si la soprano jouant Tosca avait tendance à se montrer trop autoritaire, je me faisais plus dur et même plus tyrannique qu'elle! Si elle était espiègle et mutine, je devenais plus doux et gentil, plus enjôleur et je la taquinais un peu, pour lui montrer combien absurde et injustifiée était sa jalousie, tout en jouissant de découvrir chez cette femme magnifique dont Cavaradossi est follement amoureux, une jalousie aussi enfantine! En effet, Cavaradossi aime sincèrement Tosca (il le confie à son geôlier à l'acte III : " Io lascio al mondo una persona cara "). Cet homme n'a pas le temps de se disperser; il n'a dans sa vie que son amour, son travail et la politique.

« La première personne qui m'a aidé à comprendre Cavaradossi fut Götz Friedrich, avec lequel j'ai travaillé sur *Tosca* à Berlin. Il m'a mis sur la bonne piste et m'a fait remarquer que, dans cet opéra (comme nous avons eu l'occasion de le démontrer si brillamment dans le cadre du téléfilm qui fut tourné à Rome sur les lieux mêmes et aux heures exactes où l'action est censée se dérouler), tout arrive en un seul jour. Pour Cavaradossi, cette journée commence avec un curieux pressentiment. Sans pouvoir déterminer la raison de cette prémonition, lorsqu'il entre dans l'église San Andrea pour commencer à peindre, il sait que cette journée va évoluer de manière étrange... et il faut parvenir à transmettre cette vague sensation de malaise. Puis, quand Angelotti surgit et lui demande de le cacher, Cavaradossi comprend alors le pourquoi de cette prémonition. Si bien que lorsque Tosca choisit justement ce moment délicat pour lui faire une scène de jalousie, il s'irrite et son impatience à son égard s'entend presque. L'intérêt de ce rôle dépasse donc les airs magnifiques qui lui sont donnés. Le comportement de Cavaradossi, d'un bout à l'autre de l'opéra, démontre sans ambiguïté qu'il est le plus fort des deux personnages – contrairement à ce qui se passe dans *Turandot*, où le héros et l'héroïne sont aussi forts l'un que l'autre. »

RODOLPHE

Puccini, La Bohème

Rodolphe, le deuxième rôle Puccini de Domingo, est un rôle lyrique par excellence. Cela explique probablement pourquoi tous les ténors – aussi bien lyriques que lirico spinto, *des chanteurs aussi différents que Pavarotti et Domingo – semblent l'aimer passionnément. En dépit de ce que Pavarotti lui-même appelle « le monstrueux contre-ut » (que Domingo a coutume de transposer en un si bécarre) de « Che gelida manina », il est à la fois confortable du point de vue vocal et bien « réel » sur le plan dramatique.*

Je me souviens de ma surprise lorsque, il y a 17 ans environ, Domingo m'a confié au cours d'une interview préparatoire à l'écriture de mon livre Bravo : Today's Tenors, Baritones and Basses Discuss Their Art, *que s'il ne s'était pas encore risqué à interpréter Tristan sur scène c'était en partie qu'il redoutait de perdre une bonne partie de son répertoire lyrique, et surtout Alfredo dans* La Traviata, *le Duc de Mantoue dans* Rigoletto, *et Rodolphe. « Je me soucie peu de perdre les deux premiers, mais j'aimerais, dans l'idéal, être capable de chanter Rodolphe pendant un bon bout de temps encore !! »*

En fait, Domingo a interprété Rodolphe pour la dernière fois au Metropolitan Opera le 23 février 1991 – ce qui signifie qu'il l'a chanté pendant 29 ans depuis le Mexique en mars 1962 – et, depuis lors, il a aussi dirigé La Bohème *à de fort nombreuses reprises. Il demeure l'un des très rares ténors dans l'histoire de l'opéra qui a pu continuer de chanter Rodolphe après avoir interprété Otello – il a d'ailleurs continué de le chanter avec un grand succès pendant seize années encore. De nouveau, son étonnante technique lui servit d'atout. Comme il l'expliqua à l'époque – et comme il l'analyse en détail dans son commentaire sur les contraintes vocales imposées par Wagner – la chose aurait été impossible après Tristan : « Il aurait fallu un miracle ! »*

Pourtant des miracles se sont produits et ne cessent encore de se produire autour de Domingo avec une fréquence déconcertante. C'est donc une énigme dont nous ne connaîtrons jamais la solution.

« Rodolphe est l'un des rôles pour ténor les plus plaisants qui soient. La première fois que je l'ai interprété à Mexico, en 1962, quelques mois après Cavaradossi, j'étais très jeune et, s'il existe un opéra qui parle de la jeunesse c'est bien *La Bohème* ! En réalité, la chose la plus agréable dans cette œuvre est qu'elle vous permet de retrouver votre jeunesse et votre fraîcheur d'antan et la complicité de vos années d'étudiant – avec toutes ces blagues, ces farces et ces fêtes que chacun de nous garde en mémoire. Les personnages sont si jeunes et si tangibles que vous pouvez transposer cet opéra dans n'importe quelle époque, en n'importe quel endroit du monde, il sonnera toujours juste.

« Du point de vue musical, *La Bohème* est l'un des opéras les plus parfaits qui existent. C'est également une excellente initiation à l'opéra car il en rassemble tous les ingrédients : la tristesse et le drame mais aussi la joie et le bonheur, l'excitation et l'hilarité. De plus, les gens qui s'initient à l'opéra sont souvent jeunes, et comme il s'agit d'une œuvre mettant en scène des jeunes, l'identification avec les " bohémiens " est donc plus facile.

« Vocalement, Rodolphe est un rôle superbe et beaucoup plus difficile que Cavaradossi. Tout d'abord, le premier air " Che gelida manina ", que tout le monde attend impatiemment, est très exposé, bien qu'il n'intervienne pas dès le début de l'acte et que vous disposiez donc d'un peu de temps pour vous réchauffer la voix... Le duo " O suave fanciulla " est tout aussi difficile ; quant à l'acte III, la musique est si passionnée que vous devez la charger de toute l'émotion, de tout le sentiment dont vous êtes capable. Il ne s'agit toutefois pas d'un chant dramatique. Le drame se trouve plus dans l'action que dans la musique. En fait, du point de vue vocal, Rodolphe est un rôle purement lyrique. Le rôle lyrique par excellence. Même si vous lui préférez d'autres opéras, vous ne pouvez vivre sans *La Bohème !* C'est une œuvre incontournable – tout comme *Aïda*, *Carmen*, *Don Giovanni !* L'extraordinaire inspiration qui poussa Puccini à l'écrire ressort de manière évidente ; elle imprègne chaque note de la partition, chaque ligne du livret.

« Je l'ai chanté tout au long de ma carrière, avec de très nombreuses distributions et diverses Mimi, dont Irma Gonzalez à Mexico, Marta à Tel-Aviv, Mirella (Freni), Kiri (Te Kanawa), Katia (Ricciarelli) et tant d'autres. Pendant tout ce temps, j'ai tenté de préserver la fraîcheur de mon son, ce qui m'a permis de conserver la plupart de mes rôles jusqu'à aujourd'hui. Si j'en ai abandonné certains, c'est que leur tessiture commençait à me poser des problèmes et que je veux à tout prix éviter de les chanter moins bien que par le passé. Voilà pourquoi j'hésite à interpréter tel ou tel de mes anciens personnages : il existe tant d'autres rôles que je peux chanter encore !

« Vous me demandez d'expliquer les problèmes que j'éprouve avec la tessiture de certains rôles. Tout d'abord, bien que j'aie mené une carrière de ténor, cette tessiture m'a toujours causé des soucis. La plupart des ténors commencent à chanter, avec leur voix tout à fait prête, sans problème de tessiture, les notes aiguës bien à leur place.

Bien entendu, ils doivent étudier et acquérir une technique, mais leur voix est là, naturellement. Ce ne fut pas mon cas. J'ai débuté en tant que baryton – baryton léger, certes, de ceux qu'on rencontre dans les zarzuelas, mais baryton quand même. Et petit à petit, j'ai travaillé la tessiture de ténor et les aigus. C'est ce que je voulais signifier quand j'affirmais que chaque jour je devais me battre pour atteindre ma tessiture de ténor.

« Puis, le temps passant, les voix tendent à retrouver peu à peu leur centre naturel, leurs origines. Si vous considérez la grande majorité des ténors qui ont connu de longues carrières, vous découvrirez que ceux qui sont capables de monter facilement au début ne perdent pas cette faculté avec le temps. En revanche, ils perdent leur centre, leur voix médiane, ce qui veut dire qu'ils n'ont plus la même projection. Moi, j'ai exactement la même projection qu'autrefois. Mais, comme au début ma voix péchait dans les aigus, il est logique qu'avec l'âge, elle revienne vers son centre originel. De temps à autre, je m'impose la discipline de chanter des rôles qui demandent exactement le genre de voix que j'utilise depuis 30 ans, précisément afin d'éviter que ma voix ne “ plonge ”. Certains de ces rôles, comme Gabriele Adorno, sont nouveaux, d'autres pas. »

FERRANDO

Mozart, Cosi fan tutte

Ferrando, que Domingo chanta trois ou quatre fois à Mexico en mai 1962, et pour lequel, ainsi qu'il le confesse, il n'avait bénéficié d'aucune préparation, n'a eu aucune incidence sur l'évolution de sa future carrière. Toutefois, les observations qu'il nous livre sur le chant mozartien, et surtout ses souvenirs de jeune chanteur inexpérimenté, sont très précieux pour tous ceux qui se destinent à cette carrière.

En fait, ce fut Marta Ornelas, avant qu'elle ne devienne sa femme, qui a initié Domingo à Mozart. A l'époque, il se consacrait presque exclusivement aux répertoires italien et espagnol, tandis qu'elle, grâce à son professeur autrichien Ernst Romer, baignait dans l'univers musical allemand : Mozart, Schubert, Schumann, Brahms, Hugo Wolf et Strauss. En 1962, elle fut nommée Chanteuse Mexicaine de l'Année, après avoir interprété Suzanne dans une mise en scène des Noces de Figaro *qui rassemblait Cesare Siepi dans le rôle du Comte et Teresa Stich-Randall dans celui de la Comtesse. Quant à Domingo, il n'était alors nullement préparé à relever le défi mozartien.*

En fait, Mozart ne ferait jamais partie des compositeurs qu'on associe spontanément au répertoire de Domingo. Au milieu des années 60, il déclina l'offre de chanter Tamino dans La Flûte enchantée, *à Salzbourg, mise en scène par Jean-Pierre Ponnelle. Son seul rôle mozartien « adulte » est le portrait extraordinairement émouvant et impressionnant qu'il nous a donné d'Idoménée en 1994 au Met et, un an plus tard, à Vienne.*

« Ferrando fut mon premier rôle mozartien. Je l'ai chanté il y a très longtemps, à Mexico, avec Marta dans le rôle de Despina. Inutile de dire que je n'étais absolument pas préparé à tenir un rôle aussi complexe. A ce moment-là, mes grands rôles étaient Alfredo, Cavaradossi, Rodolfo et Pinkerton, tous bien plus adaptés à mon type de voix. Car, à moins de naître ténor mozartien, Mozart est le plus difficile de *tous* les compositeurs. Les jeunes chanteurs débutants peuvent probablement se débrouiller avec Puccini et quelques autres compositeurs véristes sans pour autant posséder une bonne technique, au moins pour un temps. En revanche, ils ne peuvent pas se débrouiller dans Mozart (ou Verdi), parce que chez lui on est complètement exposé. On ne peut rien cacher, on est totalement nu ! Votre ignorance se verrait aussitôt... Et il est faux de dire que Mozart ne peut pas briser les jeunes voix. Tout au contraire : si vous chantez Mozart sans une bonne technique, vous aurez tôt fait de vous étrangler. Les répétitions de certaines phrases sont écrites de telle manière qu'elles risquent de vous fatiguer la gorge. Si, par exemple, vous chantez “ Un aura amorosa ” sans une bonne technique, vous tomberez sur un bec au bout de quatre mesures !

« Alors, me direz-vous, comment me suis-je sorti de cette aria à Mexico ? Eh bien, je m'en suis sorti, voilà tout ! Ce fut très très difficile pour moi, parce que j'étais sans cesse sur le point de craquer, mais je m'en suis sorti. Je voulais à tout prix impressionner Marta, qui était déjà bien plus sophistiquée que moi sur le plan musical, et nous nous sommes beaucoup amusés dans cette mise en scène. Cela me demanda de gros efforts, mais cette époque fut la plus merveilleuse de ma vie – je ne l'oublierai jamais – parce qu'elle donna à Marta et à moi l'occasion de nous unir et de travailler ensemble.

« Bien entendu, *Cosi* est un opéra fascinant, avec ce cynique de Don Alfonso et son pari... et ces deux filles qui, selon Da Ponte, débarquent de Ferrare. Les femmes de Ferrare, à cette époque, avaient la réputation d'être très chaudes. Tout cela construit une fabuleuse comédie. Puis nous avons ce pauvre Ferrando qui croit tant dans la fidélité des femmes que, lorsqu'il découvre la vérité, sa déception est si grande qu'il en est traumatisé. Dans cette œuvre, la collaboration entre Mozart et Da Ponte fut si étroite qu'à chaque passage on peut sentir une connivence totale entre les paroles et la musique. Je ne me risquerai pas à entamer une analyse savante de Ferrando et des autres personnages. Il s'agit d'une comédie et je ne pense pas qu'il faille y voir trop de choses ni la rendre plus complexe qu'elle ne l'est. Je n'ai jamais eu l'occasion de rechanter Ferrando après le démarrage de ma carrière internationale. Mais j'aurais adoré le faire, dans une mise en scène " King Size " qui aurait rassemblé Margaret Price dans le rôle de Fiordiligi, Agnes Baltsa dans celui de Dorabella et Sherrill Milnes dans celui de Guglielmo. »

MAURICE

Cilea, Adrienne Lecouvreur

Maurice fut l'un des premiers grands rôles de Domingo. Il le chanta au début de sa carrière au Mexique, le 17 mai 1962. Puis, au fil des ans, il le reprit vingt-cinq fois, à Newark, Miami, Paris, Munich, neuf fois au Metropolitan Opera et enfin à Barcelone en 1989. Bien que ce rôle soit assez insignifiant – manquant d'intensité dramatique et d'intérêt sur le plan vocal –, il tient une place importante dans la carrière de Domingo car c'est avec lui qu'il fit ses débuts au Metropolitan Opera, le 28 septembre 1968, à l'âge de 27 ans, aux côtés de Renata Tebaldi.

Cela se passa quelques jours avant la date prévue pour ses débuts officiels. A l'époque, il chantait Canio et Luigi au NYCO et répétait Turandot au Met en tant que remplaçant. Il était d'ailleurs prévu qu'il incarne Calaf dans cette salle, lors de la saison suivante. Le 25, il avait chanté Canio au NYCO et, la veille au soir, le 27, Luigi. Dans l'après-midi du 28, il avait participé à une répétition de Turandot *au Met, après laquelle il était rentré chez lui à Teaneck, dans le New Jersey, pour le dîner. Il avait l'intention de retourner au Met plus tard dans la soirée, pour assister à la dernière représentation d'*Adrienne, *avant d'y faire ses propres débuts. Après avoir fini de dîner avec Marta, qui attendait leur deuxième enfant, et ses parents venus de Mexico* *pour assister à la naissance de leur petit-fils et aux débuts de Domingo au Met, et tandis qu'il se rasait avant de rejoindre le théâtre, le téléphone sonna. Comme il l'explique dans son autobiographie* Mes quarante premières années, *l'appel provenait de Rudolf Bing, le directeur administratif du Met. « Comment vous sentez-vous ? » s'enquit-il. « Très bien, merci », répondit Domingo. « C'est formidable parce que vous allez faire vos débuts au Metropolitan Opera ce soir même. » Franco Corelli avait annulé sa prestation quarante minutes avant la représentation. Domingo était hors de lui. « Je n'avais pas prévu d'arriver pour le début de l'opéra », murmura-t-il. « Cet après-midi, je suis rentré tard de la répétition de* Turandot. *— Venez immédiatement », répliqua Bing.*

Confiant Marta à sa mère, Domingo partit en voiture avec son père, en ignorant aussi bien les feux rouges que les limites de vitesse, et arriva au théâtre à l'heure mais furieux, persuadé que Corelli avait annulé à la dernière minute – à 19 h 20 pour être exact – dans un but bien précis : afin de ruiner les débuts au Met d'un futur rival très prometteur qui, croyait-il à tort, serait fatigué par la représentation qu'il avait donnée la veille au soir et la séance de répétition de la journée. Mais c'était sans compter sur l'énergie inégalable de Domingo, un don de Dieu ! La représentation commença avec vingt minutes de retard. Un murmure de déception parcourut la salle quand la défection de Corelli fut annoncée, et pourtant la soirée fut un triomphe pour Domingo. Tout le monde, de Tebaldi jusqu'au chef d'orchestre Fausto Cleva en passant par tout le personnel présent en coulisses, l'aida et le poussa à donner le meilleur de lui-même. En effet, le moment était crucial pour lui. Profitant d'une pause, il téléphona à ses agents, Marianne et Gerald Semon, et leur annonça : « Devinez ! Je suis en train de faire mes débuts au Met. »

La réaction du public et de la critique fut enthousiaste. Ce fut le début de la longue et glorieuse collaboration de Domingo avec ce théâtre qu'il considère comme sa deuxième maison. Il admet volon-

tiers que, si les choses s'étaient déroulées comme prévu, il aurait eu un trac terrible durant les quatre jours précédant ses débuts. Mais tout se passa de telle façon qu'il se rendit à peine compte de ce qui arrivait. Domingo eut ainsi la chance de faire des débuts à la fois officieux et officiels. La plupart des critiques n'ont pas assisté à la première. Par contre, ils étaient présents pour ses débuts officiels, le 2 octobre. « A ce moment-là », raconte Domingo dans son livre, « je me sentais calme et détendu ».

Renata Tebaldi se souvient d'avoir « attendu le début de la représentation pendant une heure. Et je dois dire que je n'ai pas été déçue ! Placido, qui avait une allure impressionnante dans son costume princier, donna à son personnage tout ce qu'il possédait en lui ; j'ai découvert un grand Maurice et un merveilleux partenaire. Sa personnalité se reflète dans sa voix et son jeu dramatique. Il exige énormément de lui-même mais, dans le même temps, il est si simple, si humble, toujours prêt et heureux d'apprendre de ses collègues, des metteurs en scène et des chefs d'orchestre. C'est un grand artiste et un grand ami avec lequel j'ai chanté plus tard Tosca et Manon Lescaut ».

« Maurice est l'un de mes premiers rôles. Je l'ai interprété au Mexique en 1962. Pourtant, ce qui importe le plus à mes yeux est que, six ans plus tard, en 1968, j'ai fait mes débuts au Metropolitan Opera dans *Adrienne Lecouvreur* aux côtés de Renata Tebaldi. J'ai beaucoup apprécié cette expérience ; ce fut merveilleux de débuter au Met dans un rôle qui n'est ni difficile ni pénible.

« Maurice est "le" personnage romantique, mais il n'est pas aussi "bon" qu'on a coutume de le croire. Il joue un jeu dangereux avec deux femmes : Adrienne et la Princesse. Il y a également un enjeu politique dans cette histoire car le jeune homme est l'héritier du trône de Pologne. Pour toutes ces raisons, je trouve qu'il s'agit d'un personnage qui prête à controverse. En termes d'opéra, néanmoins, c'est un authentique héros vériste qui se trouve coincé entre deux dames. Bien sûr, à la fin, il est désespérément triste d'avoir causé, bien qu'indirectement, la mort d'Adrienne empoisonnée par un bouquet de fleurs envoyé par sa rivale, la Princesse.

« Du point de vue vocal, ce rôle n'est pas spécialement ardu. Il comporte deux arias, " La dolcissima effigie " et " L'anima ho stanca " auxquelles j'ajouterais " Non piu nobile " parce qu'il s'agit là aussi d'une aria. Au dernier acte, arrive la moins intéressante de toutes ses arias, " Il russo Mentzikoff ", dans laquelle il décrit ses exploits lors d'une bataille dont il est sorti vainqueur. Sa plus belle musique se trouve dans les duos qu'il chante avec Adrienne et la Princesse, et surtout dans son duo du dernier acte avec Adrienne. Je ne prétendrai pas que le reste de l'opéra soit du même niveau. Toutefois, bien que je ne l'aie pas chanté très souvent, Maurice est un rôle qui m'a donné de grandes satisfactions. Après ces toutes premières représentations, je l'ai de nouveau donné à Caracas en 1983 et une autre fois au Met avec Renata Scotto. »

PINKERTON

Puccini, Madame Butterfly

Pinkerton fait partie des premiers grands rôles de Domingo. Il l'a chanté pour la première fois dans la ville mexicaine de Torreón le 7 octobre 1962, et un mois plus tard à Tampa. A cette époque, il connaissait déjà très bien Puccini – puisqu'il avait chanté Cavaradossi et Rodolphe – et Butterfly *pour avoir campé Goro, le marieur, l'année précédente à Mexico. Plus tard, durant la première année de son séjour à Tel-Aviv, il chanta Pinkerton une quinzaine de fois, avec la compagnie d'Edis de Philippe.*

Et bien que les débuts de Domingo au New York City Opera, pour l'inauguration des nouveaux locaux de la compagnie au Lincoln Center, soient toujours considérés comme la première la plus retentissante du Don Rodrigo *de Ginastera, ce fut dans le rôle de Pinkerton qu'il débuta avec cette compagnie, au Old City Center, le 17 octobre 1965, après l'avoir interprété à Binghampton quelques jours auparavant.*

Ce rôle sembla lui porter chance lorsqu'il auditionna pour Julius Rudel, le directeur musical du NYCO : « Il était clair que ce jeune homme avait tout ce qu'il fallait pour devenir un chanteur de premier ordre : de l'intuition, un sens inné de la musique, une bonne formation et, bien entendu, une voix sensationelle », rappelle Rudel. « Je l'ai engagé sur-le-champ et je lui ai dit qu'il débuterait dans Madame Butterfly, *parce que Pinkerton est une bonne épreuve pour un ténor ! J'estime en effet que lorsque vous engagez un jeune chanteur, vous prenez un risque. Mais, en même temps, vous n'avez pas le droit de mettre en péril le plaisir du public. Par conséquent, je trouve que Pinkerton est un bon rôle pour un jeune ténor, parce que avec lui, le risque est moindre. Le ténor n'apparaît pas du tout à l'acte II et vous pouvez vous arranger pour lui adjoindre une Butterfly et un Sharpless qui tiennent bien le coup. Mais avec Placido, tout se passa comme sur des roulettes ! Sa prestation fut à la fois originale et d'une grande musicalité. Ensuite, il a continué à contrôler sa voix et à travailler sa technique. Il s'est très vite épanoui durant les saisons qu'il a passées au NYCO. »*

Domingo chanta régulièrement Pinkerton dans le cadre du NYCO, à la fois à New York et en tournée, jusqu'à l'avènement de sa carrière internationale, en 1967. Puis il l'interpréta à Hambourg, en 1969, et au cinéma, dans un film musical mis en scène par Jean-Pierre Ponnelle, sous la baguette d'Herbert von Karajan, aux côtés de Mirella Freni.

« Pinkerton fut mon troisième rôle Puccini – l'un des trois que j'ai chantés au Mexique. Vocalement, il est bien plus difficile qu'on ne l'imagine. Si vous n'y prêtez pas attention, vous pouvez rencontrer plus de problèmes avec Pinkerton qu'avec Cavaradossi ou Rodolphe. Au premier acte, il comporte un grand nombre de si bémol dont l'attaque est ardue. La tessiture du duo d'amour est assez haute et la plupart du temps, l'orchestre double la mélodie. Il faut donc prendre garde à ne pas crier. Au contraire, vous devez *chanter* cette musique aussi magnifiquement que possible, tout en vous assurant que votre voix coupe l'orchestration et la domine. On trouve également un si bémol très beau mais ardu dans " Addio, fiorito asil ". Il s'agit de grimper jusqu'à lui malgré la puissance de l'accompagnement musical, au travers duquel vous devez tenter de naviguer.

« En tant que personnage, Pinkerton est relativement mal compris et couramment dépeint comme un goujat un tantinet raciste ou un “ impérialiste ”. On est bien loin de la réalité. Pinkerton n'est pas responsable de la tragédie de Madame Butterfly. Il n'imagine pas un seul instant que les choses vont évoluer de cette façon regrettable. C'est un jeune officier de marine qui débarque dans un pays exotique, tombe sur un homme qui lui procure des filles, et décide de se donner du bon temps. D'accord, il se prête à une cérémonie de “ mariage ”, mais il n'y croit pas un instant. Il ne peut non plus soupçonner que la fille qu'il “ achète ” prend la chose au sérieux. Sharpless tente bien de l'avertir que cette femme est différente, mais il ne le croit pas. Il veut simplement profiter de cette superbe fille exotique qui fait naître en lui une immense passion, merveilleusement décrite par la musique. La passion est la seule chose qui le meut. Pas l'amour. Cette passion est très clairement traduite par les paroles et la musique. Texte et partition présentent un homme impatient de passer à l'acte. Il ne cesse de répéter : “ Vieni, vieni ” alors que Butterfly, elle, exprime en termes poétiques des sentiments romantiques et le genre d'émotions qui sont plus généralement le propre des femmes. S'il la trouve exotique, il ne l'est pas moins à ses yeux d'Orientale.

« La tragédie repose sur cet immense malentendu, le gouffre qui sépare les besoins et les motivations de chacun des deux partenaires, et le fait qu'elle tombe enceinte. A mon sens, Pinkerton commet un seul acte vraiment cruel : lorsqu'il découvre qu'elle a donné le jour à un fils, il revient pour le lui enlever. C'est l'unique chose qui rende Pinkerton légèrement déplaisant, alors que, dans le premier acte, rien ne laisse supposer que ce personnage évoluera de la sorte.

« Sur ce point, j'ai ma propre version de l'histoire. Pinkerton et Butterfly ont été séparés pendant trois ans. Et je suppose qu'au premier acte, lorsque Pinkerton porte un toast au jour de son mariage, il pense à un vrai mariage, à des noces avec une Américaine. Il se marie donc, mais Kate Pinkerton ne lui donne pas d'enfant. Aussi lui avoue-t-il qu'il a déjà un fils, au Japon. Kate répond alors : " Très bien, allons le chercher. " Le fait qu'*elle* accompagne son mari au Japon précipite sans doute le suicide de Madame Butterfly. Je pense également que Kate Pinkerton doit être présentée comme une femme très sèche, très ingrate, incapable de manifester de la chaleur ou des sentiments. Si Pinkerton était venu seul, le problème aurait sans doute pu se résoudre par la discussion. Quoi qu'il en soit, Butterfly comprend que son enfant aura une vie très misérable au Japon ; par conséquent elle choisit de se sacrifier pour son fils. C'est une histoire vraiment poignante... »

EDGARDO

Donizetti, Lucia di Lammermoor

Edgardo fut le premier des trois grands rôles bel canto de Domingo – les autres sont le rôle-titre de Roberto Devereux *et Pollione dans* Norma *– et, en comparaison, il le chanta peu. Entre la première représentation qui eut lieu le 26 septembre 1962 à Fort Worth, au Texas, aux côtés de Lily Pons, et les deux dernières, à Chicago les 8 et 10 décembre 1986, on doit citer une représentation à Guadalajara, deux à La Nouvelle-Orléans en 1966, deux au Metropolitan Opera (et une en tournée avec la compagnie à Detroit) en 1970, huit à l'Opéra national de Hambourg en 1971, avec Dame Joan Sutherland, une à Piacenza en 1972, deux à l'Opéra national de Vienne sept ans plus tard, en 1979, et quatre à Madrid en 1981. Naturellement, il chérit tout particulièrement le souvenir de celles qu'il a données aux côtés de Lily Pons et de Joan Sutherland.*

Domingo interpréta son premier Edgardo après qu'il eut chanté Normanno et Arturo dans le même opéra – ce dernier rôle à Monterrey en 1960 et l'autre à Guadalajara et Dallas en 1961, et à La Nouvelle-Orléans en 1962. Cela lui permit de se familiariser avec cette œuvre avant de s'attaquer au rôle principal. Edgardo ne fut jamais considéré comme l'un des rôles emblématiques de Domingo, mais grâce à lui, il put développer sa conception du bel canto : comment il convient de le chanter et ce qui en fait l'essence. Il en arriva à la conclusion que les principes du bel canto – chanter de belles et longues lignes legato *sans que les sentiments, ou plutôt les couleurs, qui les constituent les perturbent jamais – devaient s'appliquer à l'ensemble du répertoire, et tout spécialement aux œuvres de Verdi qu'il nomme Bel canto avec un grand « B » même si, en raison de la puissance musicale de Verdi, les gens ne considèrent plus ce dernier comme un compositeur de bel canto. Il fait d'ailleurs remarquer à juste titre que « si l'aria d'Ernani " Come rugiada al cespite " et celle de Manrico " A si ben mio " ne sont pas du Bel canto avec un grand " B ", alors dites-moi ce que c'est ! »*

« Edgardo fut ma première rencontre avec un grand rôle de bel canto. Dans ce même opéra, j'ai d'abord chanté Normanno au Mexique, puis Arturo, cette fois à Dallas, aux côtés de Joan Sutherland. On peut donc dire que je connais *Lucia* par cœur. Mon premier Edgardo, à Fort Worth, fut un événement historique. En effet, ma partenaire Lily Pons avait interprété sa première *Lucia* avec Gigli et chantait à présent sa dernière avec moi ! C'était une femme extraordinaire, vraiment très gentille, et moi qui n'avais que 21 ans, j'ai eu l'impression de vivre un rêve quand j'ai donné ma première *Lucia* avec cette légende vivante. C'était en 1962 et l'un de mes derniers engagements avant mon départ pour Tel-Aviv où je devais séjourner deux ans et demi. Elle aurait pu être ma grand-mère ; elle le savait et se montra très attentionnée et douce envers moi. Le public a adoré la pièce et, à mes yeux, ce fut une expérience totalement inoubliable.

« Sur le plan vocal, Edgardo est l'exemple parfait du rôle bel canto, et je pense que je suis loin d'être le chanteur de bel canto idéal !! Mais bizarrement, j'ai chanté le bel canto *tout autant* que les œuvres de Verdi ou le répertoire vériste,

Wagner, etc. Même à cette époque, j'avais coutume d'interpréter des rôles plus puissants, comme Rodolphe, Cavaradossi, Pinkerton, Alfredo ou Maurice (dans *Adrienne Lecouvreur*). Le chanteur de bel canto idéal est quelqu'un qui peut accomplir toutes sortes de *diminuendos*, de *crescendos* et de *fil di voce* étonnants, qui possède un beau son, une ligne pure et doit exprimer de nombreuses émotions sans jamais quitter cette ligne ! Je pense que le plus difficile dans le bel canto est d'apprendre à se contrôler, à contrôler son chant, mais aussi de remplir ce chant de l'exaltation propre au vérisme. J'estime par ailleurs que le vérisme devrait être chanté à la façon du bel canto, avec un son élégant et lumineux.

« Ce personnage très puissant se rapproche beaucoup des malheureuses victimes de ces querelles familiales qui sévissaient parmi la noblesse à cette époque. On pense à l'histoire de Roméo et Juliette, transposée en Ecosse. Lucia et Edgardo tombent éperdument amoureux l'un de l'autre ; le frère de Lucia s'oppose à leur amour et, surtout poussé par son propre intérêt, décide d'empêcher leur mariage à tout prix. Les deux amants s'unissent en secret et échangent les anneaux. La scène où il se présente au mariage de Lucia et s'avance vers l'homme qu'elle a été contrainte d'épouser, est d'une intensité hallucinante. C'est l'un des sommets du répertoire bel canto, avec ce fabuleux sextuor que, croyez-le si vous voulez, je chante encore de temps en temps avec les lauréats de mon concours de chant *Operalia*. Quand les lauréates possèdent le genre de voix adapté au rôle de Lucia, nous interprétons le sextuor ensemble, comme cela s'est passé à Hambourg l'année dernière !

« J'aime également le duo avec le baryton, un morceau qu'on coupe souvent, probablement parce que la musique y est un peu trop puissante – elle nécessite presque une voix purement lyrique au lieu d'une voix lyrique légère – comparée à l'ensemble de la partition d'Edgardo. Dans ce duo, la tessiture est nettement plus dramatique et demande un peu plus de " chair " que le reste de l'opéra. Mais il est évident que les plus fabuleuses arias données à Edgardo viennent à la fin avec " Fra poco a me ricovero " et " Tu che a Dio spiegasti l'ali " dont la musique est de toute beauté. La ligne exquise de la dernière aria – où il n'en peut plus et se suicide – relève du " bel canto " dans la plus pure définition du terme.

« Je fus très heureux de chanter à Hambourg avec Joan Sutherland ; j'ai aussi beaucoup apprécié les spectacles que j'ai donnés ensuite au Met. Quand j'y repense, je regrette de ne pas chanter plus souvent ce rôle qui est indubitablement l'un des plus beaux qui se puissent trouver dans le répertoire ténor. »

RÔLE-TITRE

Gounod, Faust

Faust, *que Domingo interpréta pour la première fois à Tel-Aviv le 12 mars 1963, fut son premier rôle en langue française. Il se révéla extrêmement difficile, avec des notes hautes et exposées. Et tout particulièrement le fameux contre-ut, à la fin de l'aria « Salut demeure », que même les ténors chevronnés considèrent comme un tour de force. Domingo, qui n'avait que 22 ans, n'était absolument pas préparé à relever ce genre de défi. Je vous laisse découvrir ce qui se passa lors de la soirée d'ouverture; il en fait lui-même une description vivante et amusante! Il suffit de dire que cette expérience, plus que tous les rôles qu'il chanterait par la suite, a contribué à faire de lui ce qu'il est aujourd'hui. Faust lui a permis de comprendre que l'acquisition d'une bonne technique vocale relevait désormais de la plus extrême urgence. Telle serait dès lors sa priorité.*

La personne qui lui fit prendre conscience de cette réalité ne fut autre que sa femme Marta qui tenait le rôle de Marguerite et se tracassait davantage pour son mari que pour elle. Les soirs où elle ne chantait pas, elle s'asseyait dans la salle pour écouter attentivement – avec son incomparable sens musical – et évaluer la performance de son époux. Elle remarqua que sa voix ne se projetait pas correctement, aussi demanda-t-elle à leur ami mexicain, le baryton Franco Iglesias, de voir comment ils pourraient l'aider.

Tous trois joignirent leurs forces et se mirent à travailler d'arrache-pied. Chaque matin, quand le théâtre était libre, ils s'acharnèrent à construire le soutien respiratoire de Domingo.

Jusqu'alors, Domingo l'autodidacte faisait l'exact opposé de ce qu'il aurait dû faire : il respirait avec la poitrine, en rentrant le ventre, comme on le lui avait appris au cours de gymnastique. Or Iglesias lui expliqua qu'avant d'attaquer et de tenir une note haute, on devait pousser le diaphragme vers le bas et sortir le ventre, afin de permettre aux poumons de se dilater au maximum. Cette technique fournit assez de pression pour projeter la colonne d'air à travers les cordes vocales, les faire vibrer fortement et produire un son plus puissant. Comme l'énonce Montserrat Caballé elle-même, telle est la base de la technique vocale. Pourtant peu de chanteurs parviennent à maîtriser totalement ce savoir-faire et l'extraordinaire contrôle musculaire qu'il nécessite. Domingo, qui n'avait jamais entendu parler de cette technique avant qu'Iglesias ne la lui enseigne, entreprit de suivre ses conseils au pied de la lettre. « Ce fut une sorte de renaissance pour moi », dit-il lors d'une interview donnée au New York Times.

Les rencontres suivantes de Domingo avec Faust se passèrent à l'Opéra de Houston, à Orlando et à Vienne, à New York en 1967-68 dans le cadre du NYCO et en tournée, puis en 1971, au Metropolitan Opera. A cette époque, il avait acquis la maîtrise technique de ce rôle. Au cours de l'une des représentations, peu avant la scène de la Transformation (où, après avoir signé son pacte avec le Diable, Méphisto, le vieux Faust retrouve la jeunesse) l'attache qui maintenait le masque du vieil homme se détacha légèrement, ce qui fit dire à Domingo : « J'ai failli rajeunir avant l'heure ! »

« Faust ne fut pas seulement mon premier rôle en langue française, mais aussi le premier que j'aie joué à Tel-Aviv, avec Marta en Marguerite. La pauvre Marta a dû tenir jusqu'au bout ! Quel calvaire ! Ma voix ne cessait de se casser ! Pas seulement sur le contre-ut à la fin de “ Salut demeure ”, mais aussi sur le si bécarre de la Kermesse : “ Je t’aime, je t’aime, je *t’aime* ” et *vlan*, ma voix se cassait. Elle, qui était déjà inquiète pour sa propre aria, a dû supporter d’entendre encore d’autres fausses notes, pendant *mon* grand air “ Salut demeure ” qui venait avant le sien !

« J’étais si abattu, si “ découragé ” qu’à l’âge vénérable de 21 ans, je décidai de tout abandonner ; en fin de compte, il valait mieux que je renonce à cette carrière de chanteur. Mais, figurez-vous que lorsque les revues sortirent en kiosque, deux jours après le spectacle, j’ai lu l’article d’un critique qui d’habitude se plaisait à tout dénigrer. Or, ce jour-là, il écrivit que je chantais le rôle avec une ligne magnifique, un son superbe de bout en bout et que j’étais assurément un jeune ténor prometteur et une future star ! On ne faisait aucunement mention de mes défaillances ! J’ai eu l’impression d’assister à un miracle, comme si le Ciel m’envoyait un signe pour m’inciter à poursuivre ma carrière de chanteur. Cet article me poussa à continuer mes efforts et à m’améliorer encore et toujours. Si les revues m’avaient critiqué, aurais-je vraiment renoncé à ma carrière ? Non ! De telles choses vous dépriment une journée ou deux puis elles passent.

« Je dois dire que de toute ma carrière je n’ai jamais vécu moment aussi embarrassant. Bien entendu, j’ai produit d’autres fausses notes au cours des années qui suivirent, jusqu’à la fin des années 60. En fait, tous les ténors en font de temps à autre. Mais ces défaillances ne furent jamais aussi évidentes ni aussi claires et *spontanées* que celles qui ont émaillé ce *Faust*. Après cela, je me suis montré plus prudent. Mais cette première soirée était particulière, je n’y étais pas préparé et mes problèmes sont arrivés comme ça, BOUM ! » (il rit à cette évocation). « J’avais l’impression de marcher sur une corde raide, sans filet pour amortir ma chute. Après *Faust,* j’ai commencé à travailler assidûment ma technique vocale.

« Faust est évidemment un rôle extraordinaire qui exige que vous donniez tout le lyrisme et la beauté du phrasé dont vous êtes capable. La musique de son aria, celle du duo du Jardin, de la Kermesse et du quartette, est réellement fabuleuse. *Faust* marque aussi ma prise de contact avec le style français ; le fait d'aborder un texte français et la langue française elle-même a été très bon pour ma voix. Avant de partir pour Israël, j'ai assisté aux cours de l'Alliance française à Mexico et cela m'a beaucoup aidé. J'ai aussi énormément appris en écoutant les enregistrements de Caruso. Ce dernier s'exprimait dans un excellent français. En fait, quelques-unes des arias de Caruso que j'aime le plus sont tirées d'opéras français : *La Juive*, *Le Cid*, *L'Africaine* sont toutes d'une beauté stupéfiante. Il avait de toute évidence travaillé très dur la langue et le style, et son chant est exquis.

« En dehors du fait qu'il nécessite une étude approfondie de la prononciation, le chant en langue française exige une très belle voix. Il faut chanter de manière expressive, puissante. En outre, dans les opéras français, le son doit être d'une grande beauté. Par ailleurs, comme la plupart des sons viennent du nez, si vous ne vous appliquez pas à embellir votre voix, le résultat peut paraître un peu... précieux, légèrement affecté. Mais que vous chantiez en français, en italien, en allemand ou en russe, le " style " approprié émerge spontanément, il sort de la musique et de la manière dont elle est écrite. Vous *savez* d'instinct qu'elle doit résonner de telle ou telle façon. Dans la musique française, quelque romantique qu'elle puisse être, il est important de ne pas exagérer les *portamenti* et de chanter avec une ligne très pure et une extrême clarté, surtout lorsque vous avez affaire à des rôles romantiques comme Faust, Nadir, Roméo ou Des Grieux ».

DON OTTAVIO

Mozart, Don Giovanni

Don Ottavio fut le premier rôle mozartien de Domingo à Tel-Aviv. Il le donna le 21 septembre 1963 et le reprit durant toute la saison 1963-64, puis en 1966 il le chanta au NYCO. Bien plus tard dans sa carrière, il rencontrerait le personnage de Don Giovanni à deux reprises : la première en 1982, quand il chanta l'air du Champagne dans le téléfilm de Jean-Pierre Ponnelle Hommage à Séville *(disponible partout en cassettes vidéo); et la seconde en décembre 1999, lorsqu'il interpréta Don Juan dans* Margarita la Tornera *de Chapi, au Teatro Real de Madrid. Dans son analyse de ce rôle et de celui de Don Ottavio, il nous fait part de certaines remarques fort intéressantes au sujet du célèbre séducteur.*

Au milieu des années 70, on lui demanda d'incarner Tamino dans La Flûte enchantée *au festival de Salzbourg, mais il déclina l'invitation. Le regretté Jean-Pierre Ponnelle qui dirigeait la mise en scène souhaitait que Tamino et Papageno (Bernd Weikl) se ressemblent physiquement. Mais, comme il le confia au* Times, *Domingo redoutait le « style mozartien de Salzbourg ». A Tel-Aviv, il avait interprété Don Ottavio avec un son qui lui était propre, alors que Salzbourg était plus accoutumé au son onirique, plus désincarné, typique de certains ténors allemands. Le public l'acceptait dans le rôle de Don Carlos ; l'accepterait-il dans celui de Tamino ? Il y renonça donc, si bien qu'il fallut attendre 1994 et sa superbe interprétation d'Idoménée pour que l'on constate l'effet produit sur la musique de Mozart par l'alliance du son et de l'esprit de Domingo.*

« Un an et demi après Ferrando, j'ai chanté mon deuxième rôle mozartien, cette fois à Tel-Aviv. Il s'agissait de Don Ottavio, et cela se passa à l'automne 1963 et en 1964. Je pense en avoir donné environ 30 représentations, avec Marta dans le rôle de Donna Elvira. La production, qui était assurée par la directrice de la compagnie, Edis de Philippe, comprenait une magnifique soprano gréco-arménienne, Athena Lambropoulos, dans le rôle de Donna Anna, la Japonaise Michiko Sunahara dans celui de Zerlina, la basse italienne Livio Pombeni dans celui de Don Giovanni et un chanteur afro-américain, William Valentine, dans celui de Leporello. Le chef d'orchestre, Arthur Hammond, était anglais. *Don Giovanni* est un opéra extrêmement excitant et la musique de Don Ottavio très belle à chanter. Toutefois, je n'aime pas le personnage. Il ne me stimule ni ne m'inspire. En fait, il arrivait presque que je m'y sente mal à l'aise – sentiment que je n'ai éprouvé dans aucun autre de mes rôles, quelque négatifs qu'ils fussent.

« Le pire moment se situe vers le début du premier acte, pendant le récitatif de Donna Anna : “ Era già alquanto avanzata la notte. ” Elle raconte à Ottavio la manière dont Don Giovanni a fait irruption dans sa chambre. A l'instant où il comprend qu'elle est encore *virgo intacta*, il lance cette plaisanterie en aparté : “ Ohimé, respiro ”, attitude que je ne trouve pas très noble de sa part. Mais je suppose qu'il s'agissait là d'un comportement propre à cette époque et à cette classe sociale. Pour un aristocrate espagnol, l'amitié et l'honneur d'une femme étaient choses sacro-saintes. Voilà pourquoi Ottavio ne peut croire qu'un autre gentilhomme,

Don Giovanni en l'occurrence, ait pu commettre un viol. Quand il finit par être convaincu de sa culpabilité, sa réaction est de s'en remettre à la loi : il veut se rendre auprès des autorités et leur demander d'intervenir avant que Donna Anna n'exige de lui qu'il la venge. Par conséquent, la seule chose que j'aie pu faire fut de jouer ce rôle d'une façon aussi puissante et digne que possible.

« Vocalement, ce rôle ne m'a jamais causé de problème ; ni dans ses deux fameuses arias – " Dalle sua pace " et " Il mio tesoro " – ni dans le trio, le quatuor ou l'ensemble. Il faut dire qu'à l'époque, j'avais commencé à travailler ma technique de manière systématique, avec Marta et notre ami mexicain, le baryton Franco Iglesias, qui était également membre permanent de la compagnie de Tel-Aviv. Franco connaissait parfaitement les principes qui régissent le chant : une technique de respiration solide qui vous permet de soutenir votre souffle à partir du diaphragme et de conserver ce soutien, en contrôlant et en jouant avec l'air inspiré.

« Il ne me fallut pas moins de deux ans et demi pour acquérir ma technique et savoir soutenir mon souffle de sorte que ma voix coupe l'orchestre et se projette jusqu'au fond de la salle. Au terme de cette période, j'avais l'impression que mon diaphragme était un mur en ciment sur lequel je pouvais m'appuyer tout en chantant. Mais cela m'a pris beaucoup de temps, parce que les muscles doivent être assez puissants pour ne jamais faillir. Quand enfin ce jour arrive, le soutien se produit de manière automatique. Pendant que je travaillais encore à l'acquérir, je m'appuyais contre un piano en tentant de le pousser avec mon ventre » (dans un documentaire pour la télévision sur lequel nous avons collaboré en 1984, Domingo exécute ce geste en poussant effectivement un piano avec son ventre). « Je portais aussi une ceinture élastique – comme celles que les haltérophiles utilisent pour se protéger les reins. De la sorte, je pouvais regarder mon diaphragme se gonfler et en contrôler le mouvement.

« Marta, Franco Iglesias et moi avions coutume de nous exercer à cela pendant des heures tous les jours. Nous nous écoutions chacun notre tour. Notre expérience devrait encourager beaucoup de jeunes chanteurs actuels qui se plaignent de ne pas trouver de bons professeurs. En effet, ce problème existe bel et bien. Pourtant, dès que vous comprenez que l'alpha et l'oméga du chant reposent sur une bonne technique vocale, vous pouvez commencer à l'acquérir par vous-même. Il faut vous montrer patient, très déterminé, très sérieux dans votre travail – et vous avez besoin d'avoir à vos côtés une personne qui jouit d'une oreille parfaite, pour écouter et critiquer. Moi, j'ai eu la chance d'avoir Franco et Marta. En 1965, quand j'ai quitté Tel-Aviv, je possédais les bases de la technique à laquelle je dois ma carrière et ma longévité vocale.

« Cette technique m'a permis de me sortir des difficultés inhérentes au rôle d'Ottavio et des autres rôles que j'entreprenais alors de joindre à mon répertoire. En 1966, j'ai de nouveau chanté Don Ottavio, cette fois au NYCO. Dès que ma carrière internationale débuta pour de bon, j'ai commencé à me consacrer presque exclusivement aux répertoires italien et français. Mes seules pseudo-retrouvailles avec Don Giovanni datent du début des années 80. Dans l'interview que j'ai donnée à l'entracte d'un captage télévisé de *Manon Lescaut* en direct du Met, j'ai laissé entendre que j'envisageais peut-être de chanter Don Giovanni un jour. Le lendemain matin, Herbert von Karajan m'appelait pour me dire de le faire avec lui, l'été suivant à Salzbourg ! Je lui ai répondu, cher maître, j'ai simplement évoqué *l'éventualité* de le rechanter un jour ! Mais pas *maintenant !* Ma carrière est en plein épanouissement, et je ne peux prendre le risque de redescendre vers la tessiture du basse-baryton ! Plus tard, qui sait ? Il n'a pas du tout apprécié ma réponse et nous n'avons plus retravaillé ensemble jusqu'au tout dernier mois de sa vie...

« Ce qui m'a poussé à déclarer que j'aurais peut-être envie de tenter Don Giovanni ? Eh bien, c'est un personnage passionnant à jouer, l'un des plus fascinants de tout le répertoire. Il offre un vaste éventail d'interprétations possibles. Vous pouvez le jouer comme un séducteur *simpatico*, aimant les plaisirs, ou bien comme une âme noire et satanique. Mais, pour être honnête, je pense que les ravages qu'il cause dans la vie des femmes sont aussi un peu de la faute de ces femmes elles-mêmes. Nombre d'entre elles savent pertinemment qu'il est le Mal avec un grand " M ". Et elles vont quand même vers lui... parce que grâce à lui, elles découvrent le bien-être et le plaisir, l'espace d'un instant. Car Don Giovanni vit dans l'instant. La seule chose dont elles peuvent être sûres, c'est qu'il ne restera pas longtemps avec elles. Elles connaissent sa réputation, et pourtant elles succombent. Je ne pense pas qu'il soit le seul à blâmer. La seule exception, à mon avis, est la façon dont il traite Donna Elvira, quand il demande à Leporello de la courtiser à sa place. C'est son pire moment, un passage vraiment affreux. Mais, tout comme Turiddu poursuivi par Santuzza – une autre héroïne d'opéra qui ne peut se résoudre à accepter la fin d'une idylle – dans *Cavalleria,* il réagit à la façon de beaucoup d'hommes lorsqu'ils ont affaire à une femme qui les harcèle : il devient cruel... Voilà pourquoi j'estime qu'interpréter Don Giovanni eût été une expérience excitante et curieuse. Mais aujourd'hui, j'ai changé d'avis et renoncé à m'y atteler. Je ne le chanterai jamais. »

DON JOSÉ

Bizet, Carmen

Don José fut l'un des premiers rôles français de Domingo. Il le chanta dès le 25 juin 1963, durant sa première saison à Tel-Aviv, et au cours de la saison et demie qui suivit. Ce fut aussi l'un des rôles pour lesquels il fut engagé au NYCO. Il le donna aussi bien à New York qu'en tournée. Il n'est pas surprenant de constater, au regard de tous les opéras français qu'il avait chantés jusqu'alors, que ce rôle était celui qui convenait le mieux à sa voix. C'était vrai à cette époque et cela le resta ! Lyrique dans les deux premiers actes, dramatique dans les deux derniers, il lui donna l'occasion d'incarner un personnage très substantiel pour qu'il puisse l'attaquer à belles dents. En bref, c'était un rôle sur mesure, grâce auquel Domingo put donner le meilleur de lui-même. Ce fut aussi son troisième rôle le plus populaire après Cavaradossi et Otello, puisqu'il le chanta 182 fois à travers le monde : à Hambourg, à Vienne, à la Scala, à Edimbourg, au Covent Garden, à Paris et au Met. Il l'a également interprété dans le film que Francesco Rosi tourna à Ronda en Andalousie, aux côtés de Julia Migenes dans le rôle-titre. Ruggero Raimondi y campait le plus fringant des Escamillo.

Comme c'est souvent le cas avec les rôles qui sont fréquemment revenus dans sa carrière et qu'il a donnés dans de multiples productions, il a privilégié la mise en scène qui lui correspondait le mieux, celle qui lui a révélé la face cachée de son personnage et l'a aidé à bâtir sa propre conception du rôle. Dans le cas de Carmen, *cette mise en scène fut celle, magistrale s'il en est, de Piero Faggioni. Elle fut présentée au festival d'Edimbourg en 1977 et voyagea ensuite de Paris à la Scala en passant par Hambourg.*

Faggioni est un metteur en scène pour lequel Domingo a la plus grande admiration. Ils ont collaboré sur plusieurs productions retentissantes, parmi lesquelles on doit citer Don Carlos *à Vérone,* Tosca *en Amérique,* Manon Lescaut *à la Scala,* La Fille du Far West *à Turin, au Covent Garden et à Buenos Aires,* Otello *au festival de Bregenz et* Francesca da Rimini *au Metropolitan Opera.*

Homme complexe, excentrique mais assurément génial, Faggioni déclare que dans les premiers temps, Domingo ne l'appréciait guère. « Mais peu à peu, je pense que Placido a commencé à sentir que des choses singulières naissaient en lui quand nous travaillions ensemble. Il semblait capable d'exprimer des choses qu'il ne se savait pas posséder et c'est ainsi qu'il en est venu à me faire confiance. Nous sommes devenus très proches. Je n'oublierai jamais l'une de nos premières répétitions de Carmen *à Edimbourg. Bien sûr, Placido avait déjà chanté Don José une centaine de fois dans le monde entier. Pourtant, quand j'ai mimé la scène de la mort de Carmen, il a eu les larmes aux yeux. Il était comme un enfant, et j'ai trouvé cela stupéfiant... Je n'aurais peut-être pas dû, parce que Placido a un cœur et une générosité extraordinaires, qualités que je n'ai jamais rencontrées chez aucun autre artiste. A sa générosité s'ajoute un désir impérieux de se donner, ou plus exactement de se donner corps et âme dans ses rôles. Cette générosité, combinée à une incroyable intelligence de la musique, s'étend à tous ceux qui l'entourent. Avec les années, il est devenu légèrement plus prudent. Il a appris à se défendre, à se fermer un peu pour ne pas être blessé. Mais dans la première décennie où je l'ai connu, de 1969 à 1979, il était totalement ouvert. »*

Le Don José de Domingo, aussi bien sur scène que sur disque ou au cinéma, bénéficie d'une large popularité. Malgré cela, l'aspect dramaturgique de son interprétation fut parfois attaqué et mal compris par les critiques qui la trouvaient un peu trop plate, un peu trop faible ou, pour dire les choses carrément, un peu trop gnangnan. Mais il n'en reste pas moins que ce rôle est essentiel dans l'évolution de la carrière de Domingo !

« Don José fut l'un des premiers rôles que j'aie chantés à Tel-Aviv. C'était il y a très longtemps, en 1964, et fort heureusement, je l'ai donné en français dès le début. Il devint bientôt mon rôle le plus populaire, puisque je l'ai interprété près de 180 fois. Cela fait de lui mon troisième rôle le plus connu, après Cavaradossi (225 représentations) et Otello (213).

« Bien que certaines personnes aient désapprouvé mon interprétation, je sais que je possède une compréhension très aiguë du personnage, parce qu'il est originaire de Navarre et que ma propre mère était basque. Je connais ces gens et je perçois bien le type d'émotion qui s'empare de Don José au moment où il rencontre Carmen, un personnage qui lui est diamétralement opposé : une Andalouse passionnée, extravertie, une femme très moderne, complètement libérée et une gitane par-dessus le marché ! Aussi, de prime abord, lui apparaît-elle comme l'incarnation du Diable. En fait, le librettiste respecte le roman de Mérimée quand il fait dire à Don José : " Dans mon pays, si j'avais rencontré une femme comme toi, je me serais signé. " Carmen lui fait l'effet d'une bombe, d'une véritable déflagration ; et la fleur qu'elle lui jette l'atteint aussi violemment qu'une balle.

« J'ai ma propre idée sur cette histoire, et mon interprétation s'en inspire largement. Pour moi, Micaela, personnage qui n'existe pas chez Mérimée, n'est pas vraiment la rivale de Carmen, mais plutôt un substitut de la mère de Don José. Elle incarne l'influence que cette dernière exerce sur son fils. A mon avis, c'est la raison pour laquelle les Anglo-Saxons n'ont jamais vraiment saisi ma façon d'interpréter Don José. Même si ce personnage est moins violent dans l'opéra que chez Mérimée – dans le roman, il a déjà tué deux personnes dans son pays, la Navarre, avant de s'en prendre à Carmen – les critiques anglo-saxons soulignent souvent que je fais trop ressortir sa faiblesse. C'est qu'ils ne comprennent pas le lien terriblement puissant qui lie un Latin à sa mère. Bien sûr, tout le monde entretient des relations privilégiées avec sa propre mère, mais je pense que les Méditerranéens en général, et les Espagnols et les Italiens en particulier, éprouvent des sentiments bien plus forts. Je mets cette particularité en avant dès le premier acte, quand José, à travers Micaela, s'adresse à sa mère et jure de se soumettre à ses vœux. Et puis *boum* ! Carmen fait irruption, confisque ses sensations, ses émotions et volatilise tous les tabous, tout ce qu'auparavant il considérait comme sacré. Si Bizet a substitué Micaela à la mère c'est qu'en termes de dramaturgie, il est plus intéressant de placer une jeune fille innocente face à Carmen, plutôt qu'une vieille femme pieuse. Le contraste est plus fort. Il estimait à juste titre que le double triangle ainsi créé – Don José/Carmen/Escamillo et Carmen/Don José/Micaela – était plus savoureux, plus riche.

« Du point de vue vocal, Don José est l'un des rôles les plus difficiles du répertoire ténor, mais il est loin d'être inconfortable. Il nécessite deux sortes de voix : pour les deux premiers actes, une voix lyrique – surtout dans le duo avec Micaela et la Chanson de la Fleur – et une voix dramatique dans les deux derniers, capable de se démarquer et de couvrir l'orchestration très dense. Le duo du premier acte lui-même peut être épuisant, si on l'exécute sans coupures, parce qu'il n'en finit pas et se situe dans une tessiture très haute du début jusqu'à la fin. Néanmoins, c'est l'un des rôles qui m'ont donné le plus de satisfactions.

J'adore passer d'une voix lyrique à une voix dramatique, d'une ligne douce et tendre à un chant plus intense, plus énergique. »

NADIR

Bizet, Les Pêcheurs de perles

Comme Ferrando et Don Ottavio, le rôle de Nadir n'a pas beaucoup compté dans la carrière de Domingo. Il ne l'a chanté qu'à Tel-Aviv et en tournée dans d'autres villes d'Israël au cours de la même année. Depuis, il n'a plus jamais figuré à son répertoire. Pourtant, comme il l'explique lui-même, ce deuxième contact avec un rôle français a renforcé son amour pour l'opéra français qui, d'ailleurs, occuperait bientôt une partie très importante de sa carrière. En dehors de Nadir, ses rôles lyriques français sont Faust, Roméo et le Des Grieux du Manon *de Massenet. Mais bien qu'il adore chanter tous ces rôles, et surtout celui de Roméo, c'est à des personnages plus consistants, comme ceux d'Hoffmann, Samson, Don José, Vasco de Gama, Jean de Leyden, le Cid, etc., que Domingo s'est vu identifié peu à peu. En effet, ainsi que Janine Reiss, la fameuse répétitrice et accompagnatrice française, me l'a confié voilà quelques années, les voix* italianisantes *comme celles de Domingo ou de Carreras sont un petit peu « trop riches, trop pleines et sensuelles » pour le répertoire lyrique français, qui se caractérise par sa légèreté. « On a l'impression qu'il faut les élaguer un peu, comme on le ferait d'un buisson de roses. La voix idéale pour ce type de rôle possède un timbre suffisamment chaud pour donner un chant magnifique mais, quand on la compare à une voix* italianisante, *elle est un peu moins brillante et, par conséquent, légèrement moins chaude. Si l'on devait établir un parallèle avec les couleurs et les vins, une voix française serait un vert réséda plutôt qu'un vert émeraude, et un bordeaux plus qu'un bourgogne. »*

La voix de Domingo est exactement comme un bon bourgogne et il s'accommode du répertoire dramatique français bien que, sa technique s'affinant au fil des ans, il puisse se permettre d'alléger sa voix à volonté, ainsi qu'il l'explique dans son commentaire sur Gabriele Adorno dans Simon Boccanegra.

« Bien que Nadir fût mon deuxième rôle français à Tel-Aviv, en 1964, je ne peux pas dire qu'il m'ait beaucoup appris sur le style de chant français. Et pour cause, je l'ai chanté en hébreu ! (Lensky dans *Eugène Onéguine* fut l'autre grand rôle que j'ai interprété dans cette langue.) C'est le moins connu des opéras de Bizet qui n'en écrivit que deux ; mais sa musique est si magnifique que j'ai adoré le chanter. Ce rôle joue énormément sur les aigus ; l'aria de Nadir et le fameux duo avec le baryton Zurga sont extraordinaires. Mais comme je ne l'ai plus jamais donné, j'ai moins de remarques à faire sur ce rôle que sur celui de Lensky.

« Pourtant ce contact avec le répertoire français a renforcé mon amour pour la musique française et semé les graines de ma future identification avec elle. Aujourd'hui, bien sûr, j'ai à mon répertoire de nombreuses œuvres françaises – pas moins de douze rôles sur scène et plus encore en disques – et je me sens comme chez moi dans ces opéras. J'ai appris une chose au fil des ans : si vous chantez le répertoire français de manière parfaitement correcte, avec un accent impeccable, un ton idéalement beau et un sens de la mesure appliqué à toute chose, il arrive qu'il perde de son pouvoir émotionnel. On doit donc opérer un léger compromis et, tout en veillant à garder un bon accent, laisser un peu aller sa voix. Il me fut difficile de trouver le bon compromis, mais je pense que j'ai fini par comprendre. La grande différence entre les répertoires italien et français réside dans une certaine particularité que Marta m'a indiquée : dans le chant italien, la ligne *legato* coule sans aucune rupture alors que, dans le chant français, vous devez chanter le *legato* sans couper la ligne musicale, certes, mais en séparant les mots de manière infinitésimale. Autrement, cela sonne faux, et cela n'a plus grand-chose à voir avec le chant français. »

LENSKY

Tchaïkovski, Eugène Onéguine

Domingo n'a chanté Lensky qu'une seule fois au cours de sa carrière : en septembre/octobre 1964, à Tel-Aviv, avec son épouse Marta dans le rôle de Tatiana et Franco Iglesias dans le rôle-titre, et en hébreu ! Depuis ces quelque trente représentations, il lui est arrivé de chanter la magnifique aria de Lensky « Kuda, kuda » en concert. Pourtant ce contact avec le monde de Tchaïkovski a produit sur lui une impression durable qui culminerait des années plus tard dans son imposante interprétation de Gherman, le héros de La Dame de Pique.

« Cela fait si longtemps que j'ai chanté Lensky que je puis à peine me souvenir de ce que j'ai ressenti alors... Bien sûr, il s'agit d'un personnage incroyablement doux, beau et tendre, follement épris d'Olga et affligé d'une jalousie maladive. Il manque totalement d'humour et s'avère incapable de voir le bon côté des choses. Il refuse de croire que l'attitude d'Onéguine n'est motivée que par son humour pervers. Si ce dernier courtise Olga, c'est uniquement pour le taquiner. Et ce malentendu débouche sur la tragédie et le duel au cours duquel Lensky trouve la mort.

« Sur le plan vocal, c'est un rôle splendide que je regrette de n'avoir pas chanté en russe. Je pourrais le faire, aujourd'hui encore, si on me le demandait ! En vérité, je serais ravi qu'on me permette de chanter de nouveau cette superbe aria en russe, et ces merveilleux ensembles, surtout celui du premier acte, à la fin de la réception ; il est tout bonnement sublime. Mais hélas, je crois que désormais je ne pourrai plus interpréter sur scène de personnage aussi jeune. Si je ne l'ai pas chanté depuis c'est que peu après les représentations que j'ai données à Tel-Aviv, ma carrière internationale a commencé ; ensuite, mon répertoire s'est orienté vers le style italien tout en devenant plus " substantiel " – *La Force, Le Bal*, ce genre de choses. Et plus personne n'eut l'idée de m'offrir le rôle de Lensky. Je regrette encore plus de n'avoir jamais fait d'enregistrement. Je ne verrais aucun inconvénient à m'y mettre à présent. De toute façon, avec l'aide de Valery Gergiev, je suis en train de passer en revue le répertoire ténor russe, pour y trouver des choses intéressantes à faire. Je pense tout particulièrement au comte Vaudemont dans *Iolanta* de Tchaïkovski. »

TURIDDU

Mascagni, Cavalleria rusticana

Domingo a chanté son premier Turiddu à Tel-Aviv pour son vingt-quatrième anniversaire, le 21 janvier 1965, et son dernier à Hambourg le 2 juillet 1988. Entre-temps, il en a donné quelque 102 représentations à Hambourg, Vienne, Munich, au Metropolitan et à l'Opéra de San Francisco, à Vérone, Barcelone, à la Scala, à Tokyo, au Covent Garden, à La Nouvelle-Orléans, Hartford et Atlanta. Si bien que Turiddu fait maintenant partie de ce que Domingo appelle ses « Rôles centenaires » avec Cavaradossi (225 représentations), Otello (213), Don José (182), Rodolphe (121) et Canio (111).

Sur le plan dramaturgique, Domingo a démontré qu'il possédait une excellente perception de ce personnage calomnié, plongé dans une situation critique – tout comme est précise et originale sa perception de Pinkerton. Grâce à cela, il émaille son jeu de scène de demi-tons très subtils et, en dépit des formidables passions qu'il est appelé à exprimer, d'un bon goût qu'on rencontre rarement dans ce rôle.

Ce bon goût – qui caractérise l'art de Domingo, quelque virulentes, déchirantes et même sauvages que soient les passions et les émotions exprimées par les personnages en question, et qui, soit dit en passant, était aussi l'une des grandes qualités de la Callas –

s'étend également à l'aspect purement vocal de sa prestation. Son interprétation de Turiddu, comme celles de ses autres rôles véristes, est l'exemple parfait de ce qu'il faut faire : elle nous montre comment extraire tout le sentiment, la passion et l'abandon propre à ce type de rôle sans pour autant tomber dans la vulgarité. Turiddu fut le premier rôle vériste de Domingo ; il lui a permis de réfléchir à la manière d'aborder ce domaine du répertoire et l'a convaincu que le vérisme devait être chanté « dans le style du bel canto », c'est-à-dire avec une grande attention portée à la ligne, une ligne qu'on ne doit ni briser ni interrompre par des soupirs, des souffles ou tout autre son étranger, auxquels il arrive qu'un chanteur ait besoin de recourir.

Comme il l'a déjà expliqué à propos d'Edgardo dans Lucia, *Domingo appliqua l'approche opposée au bel canto, qu'il a tenté, toujours comme la Callas, d'imprégner d'une bonne dose de fougue et d'élan véristes. La Callas était grecque et je le suis aussi. Par conséquent, je ne peux m'empêcher de percevoir chez Domingo et dans les interprétations qu'il nous offre du vérisme et du bel canto ce sens de la mesure propre aux Grecs – ce mélange parfait de désinvolture et de bon goût que les Grecs se sont toujours efforcés d'intégrer à leur théâtre.*

« Je me suis toujours évertué à rechercher le côté positif de chaque personnage que j'ai joué. À mes yeux, Turiddu est une victime des circonstances. Je crois qu'il est terriblement amoureux de Lola. Il quitte son village pour rejoindre l'armée et, quand il revient, elle est mariée. Il en éprouve une grande amertume et, pour se consoler – se remettre de son échec comme on dit –, se rabat sur Santuzza. Voilà pourquoi je n'aime pas donner de Turiddu l'image d'un type qui joue avec deux femmes. Ce n'est pas son genre. Il aime sincèrement Lola et souffre beaucoup qu'elle ne l'ait pas attendu. Certes, à présent Santuzza attend un bébé, ce qui est bien regrettable. Mais cela ne signifie pas que Turiddu s'amuse à passer d'une femme à l'autre.

« Dans certaines mises en scène, on m'a demandé de l'interpréter comme une sorte de gigolo sicilien. Je m'y suis toujours refusé. J'ai dit non, je ne crois pas que ce personnage soit ainsi. En fait, à certains moments, dans mon duo avec Santuzza, je la traite avec douceur, je l'approche tendrement et je tente... je *tente* de lui faire comprendre. Mais elle est de ces femmes qui vous rendent fou, parce qu'elles se mettent à pleurer dès que vous allez vers elles ! Elles fondent en larmes et disent, ne me fais pas cela, pourquoi tu me fais cela, pourquoi ? C'est exaspérant. Turiddu en a tellement assez qu'il finit par mal se conduire avec elle. Cela explique aussi pourquoi l'opéra s'achève sur la vengeance de Santuzza. Cette dernière apprend à Alfio que Turiddu et Lola sont amants tout en sachant pertinemment qu'il va le tuer.

« Quand nous voyons Turiddu pour la première fois, il vient de tomber sur Santuzza, croyant retrouver Lola. Déçu, il lui dit qu'il cherche sa mère et qu'il ne peut lui parler tout de suite. Bien sûr, il est nerveux, parce que le jour même il a rencontré Lola en secret. Il s'est esquivé au petit matin, sous prétexte d'aller chercher du vin nouveau et en a profité pour retrouver sa bien-aimée. Il se sent donc à la fois coupable et désespéré car il s'aperçoit que son amour pour elle est sans espoir. Cet exemple illustre le mode de perception que j'ai de mes personnages : je tente toujours de discerner leur aspect positif. Et je fais en sorte qu'il se reflète dans mon jeu. Je ne veux pas qu'on prenne Turiddu pour une brute. D'un autre côté, Santuzza ne cesse de le harceler, si bien qu'on doit sentir l'exaspération grimper dans sa voix, à la fin. Mais il ne faut pas paraître rancunier. Juste agacé. Turiddu s'exprime sèchement. S'ils avaient pu s'expliquer, la tragédie aurait peut-être été évitée. Mais comme c'est un opéra, il doit y avoir tragédie !

« Sur le plan vocal, Turiddu est extrêmement difficile.

Deux passages surtout m'ont toujours paru particulièrement périlleux : la Siciliana et l'" Addio alla mamma (' Mamma quel vino ') ". Dans la Siciliana, la tessiture est très haute. Vous devez aussi grimper très haut dans l'" Addio alla mamma ". Le contexte est si dramatique qu'on doit le charger d'une grande émotion et d'une pointe de vérisme. C'est le genre d'exercice qui vous anéantit presque.

« Pourtant j'ai interprété Turiddu plus de 100 fois ! La première fois c'était à Tel-Aviv, le soir où Marta, elle, chantait Nedda dans *Paillasse*, et j'ai continué pendant 50 représentations. Mais, à cette époque, je n'avais pas la même attitude face à mon métier. Cinq minutes avant la représentation, j'étais encore dans un café, près du théâtre, à discuter avec des spectateurs ! Bien sûr, je n'ai plus jamais rien fait de tel depuis ! Mais, en ce temps-là, tout était si naturel. On ne pensait pas aux difficultés d'un rôle. On le chantait, un point c'est tout ! Aujourd'hui, il me serait impossible de traîner dans un café cinq minutes avant la Siciliana ! Mais c'est ainsi que j'étais autrefois. Pendant ce temps-là, Marta, dont la prestation dans *Paillasse* venait après *Cavalleria*, se trouvait déjà dans sa loge, en train de se préparer pour Nedda. Elle était la ponctualité même, alors que moi j'étais plus désinvolte !

« Edis de Philippe, la soprano américaine qui passa ensuite à la mise en scène, dirigeait cette compagnie qu'elle avait fondée. C'est elle qui avait monté cette production de *Cavalleria;* dans cette fonction, elle se révéla excellente, et elle fourmillait d'idées intéressantes. Mais je crois que *le* metteur en scène avec lequel j'ai collaboré le plus étroitement sur cette œuvre n'est autre que Franco Zeffirelli. Nous avons travaillé ensemble sur des productions présentées au Metropolitan Opera, au Covent Garden, à la Scala et à Washington. Franco voyait Turiddu comme un homme à femmes, un macho sicilien. C'est d'ailleurs ainsi qu'il fut interprété par Franco Corelli qui, le premier, tint ce rôle dans le spectacle de Zeffirelli au Metropolitan Opera. Mais, quand j'ai pris la relève, nous avons beaucoup discuté et j'ai dit à Franco : je t'en prie, si on le faisait un peu plus subtil, plus humain. A mon avis, cette nuance est l'une des caractéristiques les plus importantes de ce rôle... Pourtant il m'est impossible de penser à Turiddu sans évoquer Canio, parce que la plupart des *Cavalleria* que j'ai chantées allaient de pair avec *Paillasse.* »

SAMSON

Saint-Saëns, Samson et Dalila

Domingo a chanté Samson tout au long de sa carrière, depuis le 30 juillet 1965, date à laquelle il se produisit à Chautauqua, peu après son retour de Tel-Aviv. Il l'a donné pour la dernière fois en septembre 1999, à Los Angeles, et, bien que le rôle n'ait pas atteint le statut de « Rôle centenaire », il comptabilise 86 représentations dans le monde entier, ce qui le range parmi les dix rôles que Domingo a le plus souvent chantés au cours de sa carrière.

Naturellement, cela signifie que son interprétation s'est développée et approfondie au fil des ans. Quand je l'ai découvert, au Covent Garden en 1985, avec Agnes Baltsa campant alors sa première Dalila, Domingo le chantait depuis vingt ans ; il était dans une forme splendide aussi bien sur le plan vocal que dramatique : « Il était fabuleux et chantait magnifiquement », dit Baltsa, « Il émanait de lui une telle sensualité, un tel érotisme, que lorsque je me suis trouvée face à lui sur scène, dans le rôle de Dalila, j'ai réellement pu éprouver, sentir et répondre à cette alchimie. Il demeure le meilleur Samson que j'aie jamais vu ou eu comme partenaire ».

De fait, la brillance du son de Domingo dans le grand duo d'amour du deuxième acte restera à jamais présente dans nos mémoires. C'est à cette aune que nous mesurons tous les Samson pré-

sents ou passés. Et même aujourd'hui où cette brillance n'apparaît plus avec la même évidence, la profondeur et l'intériorité que Domingo apporte à l'acte III – il marche le long du chemin, comme s'il était vraiment aveugle (je suis sûre qu'il se pensait aveugle lorsqu'il traversa le vaste décor représentant le temple, au Teatro Real de Madrid, la dernière fois que je l'ai vu dans le rôle de Samson, en juin 1999) –, la remplacent largement.

Pour préparer ce rôle, Domingo avait étudié l'Ancien Testament (Les Juges : 14-16) dans la Bible offerte par le pape Paul VI. Comme il l'expose plus longuement dans son commentaire sur Parsifal, il vit dans la foi catholique et, avant chaque représentation, observe des rites qui lui sont propres. Il y a vingt ans environ, il avait affirmé que, dans le deuxième acte de Samson, *on trouvait une musique sensuelle illustrant à merveille les pulsions viriles, mais aussi une émotion touchant à la spiritualité la plus profonde. « On doit sentir la présence de Dieu. On éprouve la même sensation que lorsque l'on chante le* Requiem *de Verdi. »*

C'est précisément cette dimension spirituelle qui émanait de Domingo dans les dernières représentations qu'il donna à Madrid. Et par le jeu d'un paradoxe qu'on ne rencontre que chez les très grands artistes, je n'ai pas retrouvé cette dimension toutes les autres fois où je l'ai entendu dans le troisième acte de Samson. *Elle se mêle aujourd'hui au stupéfiant deuxième acte de la mise en scène du Covent Garden. Ces deux moments privilégiés, séparés par de nombreuses années, s'unissent pour former un tout : le Samson le plus parfait qu'on ait jamais espéré voir et entendre.*

« Samson – que j'ai chanté pour la première fois peu après mon départ de Tel-Aviv, à Chautauqua en 1965, Milwaukee et Binghampton – fait partie de ces rôles que j'ai interprétés près de cent fois. J'ai toujours rangé ce rôle phénoménal dans une catégorie à part, avec le Jean d'*Hérodiade*, Parsifal et le Jean du *Prophète*, parce que ces quatre personnages ont quelque chose à voir avec le mysticisme. Comme pour Jean et Parsifal, le combat se joue entre une femme et Dieu. Il ne s'agit donc pas d'une lutte opposant le ténor au baryton ou une mezzo à une soprano, mais bien d'un choix à opérer entre une femme extraordinaire – Dalila – et le devoir, la mission confiée par Dieu à Samson.

« Je trouve intéressant que Samson apparaisse sous un meilleur jour dans l'opéra que dans la Bible. Le Livre le présente comme un homme à la sainteté douteuse, qui ne se contente pas de Dalila mais entretient également des relations amoureuses avec la sœur de celle-ci. Dans l'opéra, les choses sont différentes : c'est lui le brave garçon et Dalila la méchante fille. En réalité, je pense que Samson était un personnage à la fois plus profond et plus sujet à controverse. Mais il convient avant tout de l'interpréter comme nous le présentent le livret et la musique. L'opéra met en avant le conflit qui déchire Samson, entre le mysticisme – Dieu lui a donné pour mission de délivrer le peuple d'Israël – et cette femme...

« Du point de vue musical, Samson est si satisfaisant que j'ai choisi de célébrer mon trentième anniversaire au Met avec lui. La date coïncidait à merveille : le spectacle s'est tenu le 28 septembre 1998, trente ans jour pour jour après mes débuts dans le rôle de Maurice d'*Adrienne Lecouvreur*. Je l'ai choisi parce que Samson est un rôle qui m'a donné de grandes et profondes satisfactions. Sur le plan vocal, il est très confortable. *Mais* pour le jouer, il faut être en excellente forme physique, parce qu'il requiert énormément de force et d'énergie si l'on veut le mener comme il faut de bout en bout. C'est un rôle pesant, à la fois vocalement et physiquement. Et en disant cela, je ne parle pas simplement du dernier acte épuisant qui se déroule dans la prison, mais de l'opéra tout entier. Sa première apparition doit être très puissante si l'on veut créer un impact immédiat. Il est en colère, il pousse les Hébreux à se soulever, et il tue Abimélech. Ce passage-là est particulièrement difficile. Ensuite vous devez faire attention à la ligne du trio. Dans cette ligne magnifique, ses véritables sentiments pour Dalila commencent à apparaître. Puis vous avez le fabuleux duo d'amour du deuxième acte, accompagné d'une orchestration très dense. Il vous appartient alors de donner toute votre puissance si vous voulez projeter votre voix et obtenir un effet saisissant. Le dernier acte, la scène de la meule, est si profond, si émouvant et si douloureux qu'il vous laisse littéralement sans force. La douleur de Samson transparaît vraiment dans la musique. Après cela, il faut que vous rassembliez toute votre énergie physique et vocale pour attaquer le final où Samson détruit le Temple. »

RÔLE-TITRE

Offenbach, Les Contes d'Hoffmann

Hoffmann est à juste titre considéré comme l'une des interprétations les plus impressionnantes de Domingo. On peut la mettre au même plan que ses inoubliables Des Grieux, Cavaradossi, Alvaro, Samson, Enée, Siegmund et Gherman. Il rejoint presque son rôle, insurpassé et, à mon avis, insurpassable : Otello. Bien qu'il l'ait chanté pour la première fois au tout début de sa carrière, le 7 septembre 1965 à Mexico, puis à Philadelphie, au Zoo de Cincinnatti (avec le NYCO en 1967 et 1968), au Metropolitan Opera en 1973 et au Chicago Lyric Opera en 1976, il fallut attendre 1980, et le centenaire d'Offenbach, pour qu'on l'identifie complètement à ce rôle, après qu'il eut chanté Hoffmann dans trois importantes mises en scène qui furent créées coup sur coup – celle de Jean-Pierre Ponnelle au Festival de Salzbourg, celle de Michael Hampe à Cologne, et celle de John Schlesinger au Covent Garden.

De toutes ces mises en scène, il privilégie celle de Schlesinger, en dépit du fait qu'il désapprouve l'ordre dans lequel se succèdent les trois actes, c'est-à-dire Olympia, Giulietta, Antonia. Domingo préfère Olympia, Antonia puis Giulietta ; et, comme Schlesinger lui-même l'a expliqué, bien que Domingo eût formulé quelques réserves préalables sur les intentions du célèbre cinéaste (l'ayant d'abord convaincu de prendre le temps nécessaire à la réalisation de cet opéra, son premier). Domingo se plaît à présenter tous ses personnages sous l'éclairage le plus positif, de manière à leur attirer la sympathie du public, quelque négatifs qu'ils soient.

« Aussi ne pouvait-il se résoudre à suivre mon idée d'un Hoffmann alcoolique, arrivant sur scène complètement hirsute et dans un état pitoyable. Il craignait en effet que le public ne le prenne en grippe. Il ajouta qu'il le voyait davantage comme un personnage poétique. J'ai répondu qu'on peut être à la fois poétique et destructeur et que, de toute façon, il lui restait tout le temps nécessaire pour redorer son blason dans les incarnations des trois actes. Puis, après que je l'ai vu dans la mise en scène de Cologne, qui ne correspondait pas du tout à mes idées, nous ne nous sommes plus rencontrés jusqu'à ce qu'il se présente aux répétitions du Covent Garden.

« Peu à peu, durant les répétitions, j'ai remarqué qu'il commençait à se faire à l'idée d'un Hoffmann alcoolique, dans le Prologue et l'Epilogue, et qu'il entreprenait de le développer de manière superbe. Travailler avec lui fut une expérience fascinante et très émouvante en raison de sa ferme volonté, presque de son impatience, à se soumettre aux mouvements et positions difficiles ou inconfortables exigées par la mise en scène, quand il sentait qu'ils aidaient à éclairer le cœur du personnage. " Non, c'est trop facile. Laisse-moi me coucher sur une planche ; c'est plus difficile et donc bien plus efficace ", disait-il. J'ai été vraiment surpris et je ne sais pourquoi. Peut-être avais-je en tête une fausse image de lui, celle d'une star, d'une diva au masculin, qui ne pense qu'à tenir le devant de la scène. Bon, vous le savez, vous, mais moi à l'époque je ne le savais pas encore : Placido est l'exact opposé de ce genre de personne. »

Les admirateurs de Domingo peuvent se procurer l'enregistrement vidéo de cette interprétation typique. Ils y retrouveront également Luciana Serra dans le rôle d'Olympia, Ileana Cotrubas dans celui d'Antonia, Agnes Baltsa dans celui de Giulietta, Robert Lloyd en Lindorf, Geraint Evans en Coppélius, Siegmund Nimsgern en Dappertutto et enfin Nicolaï Ghiuzelev dans le rôle du Dr Miracle.

Alfredo dans *La Traviata* avec Adriana Maliponte dans le rôle de Violetta : le premier rôle principal de Domingo qui devait « combiner passion et élégance ».
© Beth Bergman

Cavaradossi dans *Tosca*, Mexico, 1961 : l'un des rôles les plus populaires de Domingo qu'il ne chanta pas moins de 225 fois. Cette photographie, la favorite de Marta, fut utilisée pour la première publicité de Domingo aux Etats-Unis.
Avec l'aimable autorisation de Placido Domingo

Comte Danilo dans *La Veuve Joyeuse*, Mexico, 1962 : « Un personnage exquis et débonnaire, au charme nonchalant ». Domingo le chanta à Mexico pour la première fois avec sa mère, puis avec sa femme Marta (ici en photographie) dans le rôle principal, et dernièrement au Metropolitan Opera, au printemps 2000 et début 2001.
Avec l'aimable autorisation de Placido Domingo

Rodolfo dans *La Bohème* : « l'un des plus agréables rôles de ténor dans un opéra sur la jeunesse... si réaliste que transposé dans n'importe quelle époque, en n'importe quel endroit du monde, il sonnera toujours aussi juste », commente Domingo, photographié ici lors de son 22e anniversaire à Tel-Aviv en 1963, avec Marta qui interprétait alors le rôle de Mimi.
Avec l'aimable autorisation de Placido Domingo

« La chose la plus agréable dans *La Bohème* est qu'elle vous permet de vous sentir jeune et retrouver la complicité qui prévalait au temps où vous êtiez étudiant. » Clive Barda

Domingo interprétant Rodolfo, l'un de ses rôles favoris qu'il continua de chanter même après s'être plongé dans celui d'Otello. Avec Renata Scotto interprétant Mimi au Metropolitan Opera en 1977. © Beth Bergman

Pinkerton dans *Madame Butterfly*, rôle avec lequel il fit ses débuts à New York avec le NYCO en 1965. « Un personnage qui est relativement mal compris et généralement dépeint comme un goujat un tantinet raciste ou « impérialiste » alors qu'il n'est qu'un jeune officier de marine qui débarque dans un pays exotique et tombe sur un homme qui lui procure des filles et décide de se donner du bon temps. » © Beth Bergman

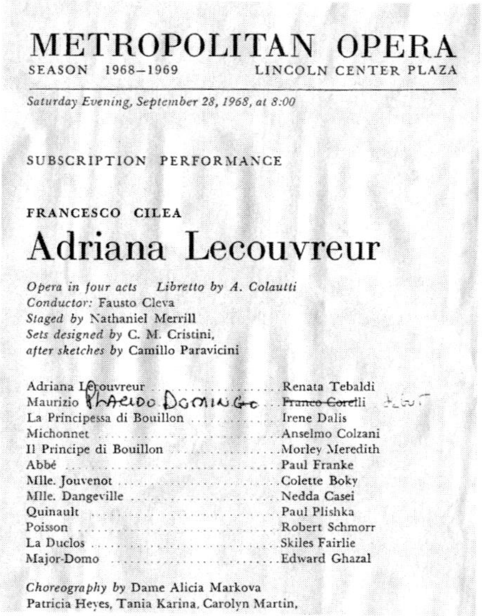

METROPOLITAN OPERA
SEASON 1968–1969 LINCOLN CENTER PLAZA

Saturday Evening, September 28, 1968, at 8:00

SUBSCRIPTION PERFORMANCE

FRANCESCO CILEA
Adriana Lecouvreur

Opera in four acts *Libretto by* A. Colautti
Conductor: Fausto Cleva
Staged by Nathaniel Merrill
Sets designed by C. M. Cristini,
after sketches by Camillo Paravicini

Adriana Lecouvreur	Renata Tebaldi
Maurizio PLACIDO DOMINGO	~~Franco Corelli~~ début
La Principessa di Bouillon	Irene Dalis
Michonnet	Anselmo Colzani
Il Principe di Bouillon	Morley Meredith
Abbé	Paul Franke
Mlle. Jouvenot	Colette Boky
Mlle. Dangeville	Nedda Casei
Quinault	Paul Plishka
Poisson	Robert Schmorr
La Duclos	Skiles Fairlie
Major-Domo	Edward Ghazal

Choreography by Dame Alicia Markova
Patricia Heyes, Tania Karina, Carolyn Martin,

Maurizio dans *Adrienne Lecouvreur* : rôle dans lequel Domingo fit ses débuts au Metropolitan Opera. Remplaçant Franco Corelli, il n'eut que quelques heures pour s'y préparer, rejoindre le théâtre et enfiler son costume, si bien qu'il en « oublia d'avoir le trac » (voir l'affiche du Metropolitan et la correction de dernière minute).

Domingo interprétant Maurizio lors de ses débuts au Metropolitan Opera, avec la grande Renata Tebaldi qui déclara : « Il chanta merveilleusement et son costume princier lui allait à merveille. » Metropolitan Opera

Edgardo dans *Lucia Di Lammermoor* : l'un des trois rôles *bel canto* de Domingo, qui lui valut un franc succès à Fort Worth où il le chanta d'abord avec Lily Pons dans le rôle principal.
Avec l'aimable autorisation de Placido Domingo

Dans le rôle d'Edgardo à l'Opéra de Hambourg avec Joan Sutherland dans le rôle de Lucia, Tom Krause dans le rôle d'Enrico et Kurt Moll dans celui de Raimondo.
© Fritz Peyer

Don Ottavio dans *Don Juan* : Domingo chanta ce rôle à deux reprises, à Tel-Aviv en 1963-64, avec sa femme Marta interprétant Donna Elvira, et au NYCO (voir ci-dessus) avec Beverly Sills et Norman Treigle. Don Ottavio est un personnage que Domingo n'apprécie guère – « Il ne me stimule ni ne m'inspire » – malgré la superbe partition musicale et la formidable émotion de cet opéra attachée à l'œuvre en elle-même. « En fait, il arrivait presque que je m'y sente mal à l'aise – ce que je n'ai jamais éprouvé dans aucun autre de mes rôles. » © Beth Bergman

Rôle principal dans *Faust* au NYCO : un rôl qui posa beaucoup de problèmes à Domingo la première fois qu'il l'interpréta, à Tel-Aviv en 1963. © Beth Bergman

Nadir dans *Les pêcheur de Perles* : autre rôle de Bizet que Domingo ne chanta qu'une seule foi à Tel-Aviv, en hébreu, avec Michiko Sunahara dans le rôle de Leyla et Franco Iglesias dans ce de Zurga. Opera Magazin

Turridu dans *Cavalleria Rusticana* : l'un de ses rôles les plus populaires et les plus demandés, un personnage qui contrairement à l'acception commune n'est pas un gigolo sicilien jouant avec deux femmes, mais un homme profondément blessé par la trahison de Lola et qui par dépit s'éprendra de Santuzza. © Beth Bergman

Rôle principal dans *Hippolyte et Aricie* en 1966 avec la compagnie de l'Opéra de Boston. C'est seulement dans des opéras baroques que Domingo porte une coiffe. « Bien que le chant baroque soit prodigieusement difficile, j'ai toujours fait en sorte de passer d'un genre à un autre et de ne jamais me laisser enfermer dans les exigences propres à un genre ou à un compositeur. *Avec l'aimable autorisation de Placido Domingo*

Fiorenza Cossoto dans le rôle de Santuzza au Metropolitan Opera en 1970. Clive Barda

Gillian Knight dans le rôle de Lola au Covent Garden. Metropolitan Opera

Rôle titre dans *André Chénier* au Covent Garden en 1985 : « Un rôle de rêve pour un ténor ! C'est non seulement un héros impétueux et romantique, mais il possède quatre magnifiques arias – une dans chaqu acte. » Clive Barda

Rôle principal dans *Don Rodrigo* au NYCO en 1966 : « Une grande expérience sur le plan vocal comme sur le plan dramaturgique mais aussi du point de vue de ma carrière : ce rôle m'a positionné sur les scènes américaine et internationale, seulement six mois après la fin de mon premier contrat à Tel-Aviv. © Beth Bergman

Rôle principal dans *Don Carlos* pour ses débuts à l'Opéra de Vienne en 1967.
Avec l'aimable autorisation de l'Opéra de Vienne

Ci-dessous : Domingo dans la version en cinq actes de *Don Carlos*, avec Mirella Freni dans le rôle d'Elizabetta. © Beth Bergman

Ci-dessous : Lensky dans *Eugène Onéguine* : « Un personnage incroyablement doux, beau et tendre, follement épris d'Olga et d'une jalousie maladive. ».
Domingo chanta ce rôle une seule fois, et en hébreu, en 1964 à Tel-Aviv (ici avec Breda Kalef). Mais il interprétera souvent dans ses concerts la célèbre aria de Lensky.
Avec l'aimable autorisation de Placido Domingo

Radamès dans *Aïda* : l'un des premiers grands rôles de Verdi qu'il interpréta à Hambourg en 1967. Radames « est le prototype du rôle *lirico spinto*. Il exige beaucoup d'éclat, de vigueur et de technique. Le personnage est un homme grand, fort, vaillant et passionné, d'une totale intégrité. » Photo Lieske

Luigi dans *Il Tabarro* au Metropolitan Opera en 1989 : « Un rôle très court mais très difficile, d'une haute tessiture. » Metropolitan Opera

Gustavus III – alias Ricardo dans *Un Bal Masqué* à Hambourg en 1974 : L'un des rôles favoris de Domingo « en raison du triangle amoureux autour duquel tout se joue et rares sont les opéras qui n'évoquent pas ce genre de situations triangulaires ! Vocalement, il est très difficile mais il comporte l'un des plus beaux duos amoureux de l'opéra. » Gert Von Bassewitz

Des Grieux dans *Manon Lescaut* avec Magda Olivero : l'une des premières interprétations de Domingo ainsi que l'une de ses préférées. « Un rôle de Puccini parmi les plus longs et les plus difficiles. » Angelo Guardini, Liverani

Dans le rôle du Duc de Mantoue dans *Rigoletto,* à l'Opéra de Hambourg, avec David Ohanesian interprétant Rigoletto. Fritz Peyer

Dans le rôle du Duc de Mantoue dans *Rigoletto*, à Hambourg en 1970 : le Duc est un personnage que Domingo n'apprécie guère car « il est cynique et le reste jusqu'à la fin ». Mais chaque fois qu'il entre en scène il doit y chanter la musique la plus belle, et non moins difficile, qui ait jamais été écrite pour un ténor. Photo Liesko

A gauche : Calaf dans *Turandot* : rôle dans lequel Domingo fit ses débuts à Vérone en 1969. La cape blanche qu'il porte sur cette photographie fit dire à son fils Placi : « Regarde, Maman, Papa vole ! » *Avec l'aimable autorisation de Arena di Verona*

Rodolfo dans *Luisa Miller* : un personnage qui évoque à Domingo « certains jeunes rebelles de notre époque et qui est très satisfaisant sur le plan vocal bien que loin d'être facile à chanter. » Clive Barda

Enzo dans *La Gioconda* : la pièce avec laquelle Domingo fit ses très émouvants débuts dans son Madrid natal. L'ovation fut si tumultueuse que Domingo, en larmes, éprouva les pires difficultés à poursuivre l'extraordinaire chant d'Enzo. Metropolitan Opera

Rôle principal dans *Roberto Devereux* : l'un des trois rôle: *bel canto* de Domingo, qu'il chanta en 1970 au NYCO avec Beverly Sills dans le rôl de la Reine Elizabeth. L'interprétation de Domingc enchanta aussi bien la critique que le public dont la réaction vint démentir ses propres réticences selon lesquelles il serait « loin d'être l chanteur idéal de *bel canto* ».
© Beth Bergman

Arrigo dans *Les Vêpres siciliennes* : « Malgré son grand intérêt, c'est l'un des deux rôles les plus difficiles de mo répertoire : très rude, très, tr agressif, fanatique, et par-des sus tout, extrêmement diffic du point de vue vocal. »
A l'Opéra de Paris en 1974, où il le chanta d'abord avec Peter Glossop dans le rôle de Guy de Montfort.
Colette Masson

Rôle principal de *Roméo et Juliette* au Metropolitan Opera, en 1989 : « Mon premier rôle basé sur un personnage shakespearien que j'ai interprété avec beaucoup de plaisir ! Sa musique est très haute et peut se comparer à un duo amoureux sans fin. »
© Beth Bergman

Dick Johnson dans *La Fille du Far West* au Covent Garden : un rôle très cher au cœur de Domingo bien que « son chant n'ait rien de facile ! »
Clive Barda

Otello : Première interprétation d'Otello, à Hambourg en 1975 avec Katia Ricciarelli dans le rôle de Desdémone, dans le saisissant finale de l'acte I. Gert Von Bassewitz

Otello (ci -dessus) : Domingo avec Katia Ricciarelli en 1975. Gert Von Bassewitz

Ci-contre à droite : Avec Justino Diaz en Iago dans le film de Franco Zeffirelli.

Otello : « Le plus exigeant, et du point de vue émotionnel, le plus éreintant de tous mes rôles... La combinaison du drame et du chant y est si intense qu'elle vous vide complètement. »
Gert Von Bassewitz

Werther : « Un rôle que j'aime beaucoup. Sa beauté réside dans sa musique, son romantisme, son tempérament. *Werther* est très proche de moi. » Ici avec Brigitte Fassbaender dans le rôle de Charlotte, à Munich en 1977. Fotostudio

Pollione dans *Norma* au Metropolitan Opera : « L'un des rôles *bel canto* les plus gratifiants car il est plus substantiel que les autres héros de ce répertoire. » © Beth Bergman

Loris Ipanov dans *Fedora* au Metropolitan Opera : « Loris fait partie des héros d'opéra les plus malheureux de mon répertoire, avec Siegmund et Alvaro. Autant dire que je l'aime énormément ! » Beth Bergman

Aeneas dans *Les Troyens* : Un immense défi pour moi, l'un des plus grands de toute ma carrière ; un rôle spécial pour une occasion spéciale : le centenaire du Metropolitan Opera en 1983. Je n'ai chanté Berlioz sur scène que cette seule et unique fois. ». Avec feu Tatiana Troyanos dans le rôle de Didon. Metropolitan Opera Archives

Rôle titre dans *Goya* au Washington Opera, en 1986 : un opéra composé spécialement pour Domingo et « Une pièce magnifiquement mélodieuse que j'ai interprétée en prenant beaucoup de plaisir et que j'aimerais vraiment refaire. » Ici avec Victoria Vergara dans le rôle de la Duchesse d'Albe.
Washington Opera

Parsifal : Domingo avec Walraud Meier dans le rôle de Kundry à la Scala en décembre 1991.
Lelli & Masotti

« Au début, je trouvais qu'Hoffmann était un rôle “ ingrat ” à interpréter. Je le comparais un peu à Beethoven qui, en dépit de son immense génie, avait un côté déplaisant et autodestructeur. Pour moi, c'était un homme difficile à vivre et “ pas facile à aimer ”. Pourtant les gens le recherchaient à cause de sa musique. On peut dire la même chose d'Hoffmann, qui avait lui aussi de sérieuses tendances destructrices. Pourtant les gens ne se lassent pas d'écouter ses histoires, parce qu'il les dit fort bien.

« L'œuvre a connu deux éditions – celle de Œser et celle plus ancienne de Choudens – Offenbach n'ayant jamais opté pour une fin définitive. J'avais donc l'avantage d'aborder un personnage qui n'était pas totalement déterminé, contrairement à la plupart des héros d'opéra. Ce genre de chose libère votre imagination et vous pousse à fournir un travail personnel. Depuis, j'ai chanté ce rôle dans des mises en scène basées sur les deux versions existantes, mais je ne peux toujours pas décider quelle est la bonne. Je pense que les deux ont leurs bons et leurs mauvais côtés. En revanche, il est essentiel, à mon avis, d'inclure l'Epilogue. Mais dans les deux versions, Hoffmann reste un rôle difficile à jouer et à chanter, avec une tessiture haute et inégale qui requiert plusieurs types de couleur vocale, allant du chant léger dans l'acte d'Olympia, en passant par un pur son lyrique dans l'acte d'Antonia, jusqu'à une voix passionnée pour celui de Giulietta. Dans le Prologue et l'Epilogue, il faut prendre une voix dramatique mais un peu brisée. Et cet extraordinaire éventail de possibilités sur le plan vocal mais aussi émotionnel et même physique fait d'Hoffmann une sorte d'épreuve en même temps qu'une récompense pour celui qui l'interprète.

« Contrairement à beaucoup de héros d'opéras, comme Cavaradossi à qui tout arrive en un seul jour, Otello dont la tragédie se déroule sur plusieurs semaines, ou Werther dont l'histoire s'étend sur plusieurs mois, nous voyons évoluer Hoffmann pendant presque toute sa vie. Dans le Prologue et l'Epilogue, il doit avoir 50 ans. Puis, dans le premier flash-back – l'acte d'Olympia – c'est un tout jeune homme de 20 ans à peine. Quand nous le retrouvons dans l'acte d'Antonia qui, pour des raisons à la fois vocales et dramatiques – c'est celui où il se rapproche le plus du véritable amour –, devrait se situer avant celui de Giulietta, c'est un homme de 35 ans environ. Enfin, dans l'acte de Giulietta, il a dans les 45 ans. Ce dernier acte est le plus difficile du point de vue vocal, parce qu'il requiert la voix la plus riche. C'est un chant du cygne, long et fatigant dont vous sortez harassé, anéanti, mais qui vous prépare à aborder l'Epilogue puisque le héros est dans le même état que vous. Vous devez donc changer de personnalité pour vous adapter à quatre moments de sa vie. Et chaque scène exige non seulement une approche vocale mais aussi une approche dramatique particulières.

« Pourtant il importe de ne pas oublier que tous les personnages des divers actes ne sont en fait qu'un seul et même homme, que le dénominateur commun reste la perte de l'amour, et qu'Hoffmann apparaît comme un perdant du début à la fin. Car toutes ses histoires d'amour – et je crois que, bien qu'il en ait connu d'autres, ces trois-là représentent les phases charnières de son développement affectif – souffrent d'un réel déséquilibre. Il ne parvient jamais à combiner son idéal et les aspects passionnés, charnels de l'amour. L'acte d'Olympia et l'amour insensé, illusoire qu'il décrit, est à peine crédible. Hoffmann est la seule personne capable de tomber amoureuse de cette marionnette, alors que tout le monde se moque de lui, au cours d'un bal donné pour Olympia. Mais lui croit en cet amour impossible. Cette scène révèle le côté naïf et idéaliste de son caractère, trait qui se développe plus tard dans cette idylle romantique et presque platonique avec Antonia. Un amour contrarié par la maladie de la jeune femme. Loin de toute relation charnelle, les deux protagonistes se contentent de faire de la musique ensemble. Et à travers la musique, ils vivent cette grande histoire sentimentale absolument incroyable. La mort d'Antonia représente une nouvelle étape vers la perte de l'amour, processus qui s'achèvera avec Giulietta, la courtisane qui fait renaître le fol espoir d'Hoffmann. A la fin, il parvient à un certain cynisme, correspondant à l'état d'esprit d'un homme qui, bien que complètement détruit par l'amour, fait toujours semblant d'être un grand amoureux. Pourtant, il ne l'est pas et son malheur est surtout dû à la présence du diable – il ne s'agit pas d'un vrai diable, bien sûr, mais des tendances autodestructrices d'Hoffmann – qui le possède.

« Ai-je donc un Diable au-dedans de moi ? Oui ! Chacun de nous porte en soi Dieu et le Diable, le bien et le mal. Mais il faut négocier avec ce Diable, découvrir sur quel chemin il tente de vous mener et décider si vous devez accepter de le suivre, et jusqu'où. Il vous arrive souvent de pactiser avec le Diable qui vit en vous, parce qu'il peut avoir des côtés plaisants, vous apporter des choses que vous estimez utiles à votre œuvre créatrice, alors que certains de ses autres traits, par trop excessifs, vous conduisent vers le chaos. Chaque être humain fait l'expérience de ce genre de conflit parce que le Diable est toujours bien présent à l'intérieur de vous. Il vous dit : " Fais ceci, fais cela " ; vous pouvez écouter certaines de ses exhortations et en rejeter d'autres. Il faut trouver la ligne de démarcation entre le côté créatif et le côté destructeur de l'influence diabolique. Tel est le secret. Le Diable ne cesse de pousser Hoffmann à suivre la mauvaise pente, mais il ne le comprend pas tant il est impatient de trouver l'amour, l'amour véritable. Heureusement, à la fin, il est sauvé par sa muse. Sa passion pour l'écriture est si forte qu'il refuse le verre qu'on lui offre. Cette scène n'est nulle part aussi claire que dans la production de John Schlesinger au Covent Garden. Je n'ai d'ailleurs jamais interprété Hoffmann dans une meilleure mise en scène. »

RÔLE-TITRE

Ginastera, Don Rodrigo

Ainsi que Domingo l'expose plus loin, Don Rodrigo fut un rôle extrêmement important dans sa carrière, puisqu'il le haussa jusqu'à la scène internationale moins d'un an après qu'il eut quitté Tel-Aviv. Ce fut également le premier rôle contemporain inscrit à son répertoire. L'occasion était capitale : le gala d'inauguration des nouveaux locaux du NYCO au Lincoln Center, devant un public constitué de nombreuses célébrités.

La mise en scène en elle-même – l'histoire située dans l'Espagne du VIIIe siècle évoque la vie du dernier roi wisigoth – était splendide. L'opéra rassemblait 19 vedettes, 84 musiciens, une centaine de choristes; on avait installé des cloches sur les balcons et dix-huit cornes résonnaient à travers la salle. Les répétitions qui, paraît-il, duraient 18 heures par jour, s'étalèrent sur une période de cinq semaines. « Tout le monde a travaillé terriblement dur », rappelle Lil Herbert, une choriste. « Mais personne ne se donna autant que Domingo qui assistait à chaque répétition, toujours méticuleusement préparé. » Des journalistes venant des quatre coins du monde avaient été invités et Domingo fit un triomphe.

Le public et la critique lui réservèrent un accueil bien mérité. On put lire dans le New Yorker *: « Un chant et un jeu de scène* *servis par une voix superbe, une allure magnifique et une grande intensité émotionnelle. » Cet avis fut repris par la presse mondiale. Donc, quatre mois seulement après avoir fait ses débuts avec le NYCO, Domingo avait déjà jeté les bases de sa future réputation internationale. Il se rappelle l'événement avec un bonheur tout particulier : « Il y avait une ambiance absolument merveilleuse dans toute la compagnie. Une grande unité. »*

« Don Rodrigo, mon premier rôle dans un opéra contemporain, me fut offert très tôt dans ma carrière, en 1966, à peine six mois après que Marta et moi eûmes quitté l'opéra de Tel-Aviv. Je n'avais que 25 ans. Contrairement aux trois autres opéras contemporains auxquels j'ai participé et qui ont été écrits spécialement pour moi, celui-là ne fut pas une première mondiale. Celle-ci avait eu lieu deux ans plus tôt à Buenos Aires, avec Carlo Cossutta dans le rôle-titre. Mais il est inutile de préciser que ce fut une expérience palpitante et un chalenge énorme ! J'avais auditionné pour Julius Rudel, le directeur musical du New York City Opera, qui m'a engagé sur-le-champ. Le contrat stipulait que je devais chanter trois opéras dans l'ancien New York City Center – on me réservait les rôles de Pinkerton, de Don José et d'Hoffmann – *à condition* que j'interprète également le rôle-titre de *Don Rodrigo*, que je ne connaissais pas. Bien entendu, j'ai accepté sans bien comprendre, jusqu'à ce que, quelques mois plus tard, je lise la partition. C'était une pièce complètement atonale ! Mais sur le plan musical, elle était tout bonnement splendide. Cette production fut un événement unique puisqu'elle fut donnée pour l'inauguration, le 22 février 1966, des nouveaux locaux abritant le NYCO, au Lincoln Center.

« En ce qui me concerne, ce fut une grande expérience sur les plans vocal et dramaturgique mais aussi du point de vue professionnel : ce rôle m'a positionné sur les scènes américaine et internationale, seulement six mois après la fin de mon premier contrat, à Tel-Aviv. Après les premières représentations new-yorkaises, le spectacle partit pour Los Angeles et, la saison suivante, fut de nouveau monté à New York. Je regrette pourtant qu'il n'ait jamais été enregistré ni diffusé à la télévision – évidemment, la télévision n'en était encore qu'à ses débuts – parce que l'opéra en lui-même est extraordinaire et la mise en scène de Tito Capobianco si magnifique que j'aurais adoré en garder une trace. Pour tout dire, Julius Rudel et moi envisagerions de la remonter. Mais nous sommes conscients de l'effort énorme que cela représenterait pour tout le monde, moi compris. En 1966, j'avais une vingtaine d'années, je débutais et je mettais tout ce que je possédais, toute mon énergie, tout mon enthousiasme, dans le travail. Je me demande si je pourrais le faire aujourd'hui avec autant de passion et d'optimisme juvéniles !

« Cet opéra qui parle du dernier roi wisigoth est extrêmement difficile du point de vue vocal, surtout pour un débutant comme je l'étais à l'époque. Certains passages exigent des efforts phénoménaux. Chanter de la musique atonale est toujours très difficile. Bien entendu, il arrive un moment où cela devient presque une seconde nature. Mais tout le processus qui consiste à placer les mélodies – des passages comme ceux où mon personnage crie " Florinda, Florinda " – dans la voix ne devient automatique qu'au bout d'un temps relativement long. Non, la technique en elle-même ne diffère pas pour les œuvres atonales. La façon d'étudier et de chanter la musique est toujours identique. Il faut simplement plus de temps pour apprendre une musique atonale. Une autre difficulté majeure réside dans les indications d'entrée en scène données par l'orchestre. Il arrive qu'il n'y en ait pas. J'ai parlé de ce problème à Ginastera, qui assistait à toutes les répétitions et se montrait extrêmement conciliant face à la plupart de mes remarques. Mais là, il ne pouvait rien faire. Plus tard, quand il m'a été donné de chanter trois autres rôles contemporains, cette fois composés spécialement pour moi, j'ai demandé aux compositeurs de me fournir de telles indications.

« C'était la première fois que je travaillais avec un compositeur vivant, et cela me stimula fantastiquement. Je me rappelle qu'il était accompagné par un pianiste argentin du nom de Tauriello, un excellent musicien capable de jouer toute la partition de *Wozzeck* par cœur ; il connaissait celle de *Don Rodrigo* encore mieux que son auteur lui-même. Il assistait à chaque répétition et, quand l'un de nous ratait une note, il se précipitait vers le piano et disait : " Non, non, ça n'est pas comme ça, mais comme ça ! " Mais Ginastera lui-même était étonnamment accommodant. Quand, de temps en temps, je lui demandais s'il pouvait changer tel ou tel détail pour moi, car j'étais trop jeune et inexpérimenté, il répondait : " Je t'en prie, change ce que tu veux pourvu que tu te sentes à l'aise avec cette musique. " Ce fut une grande leçon donnée par un grand homme ! Cette indulgence et ce désir d'adapter la musique aux voix sont communs à *tous* les compositeurs que j'ai connus. Eux aussi avaient tendance à se montrer conciliants tant qu'on ne touchait pas à l'essence de leur œuvre. Les chefs d'orchestre, c'est une autre histoire ! Mais ce sont eux qui portent l'entière responsabilité de la réalisation d'une œuvre écrite par un autre, et cet autre est généralement un génie. »

RÔLE-TITRE

Giordano, Andrea Chénier

Domingo interpréta pour la première fois le rôle-titre de cet opéra le 3 mars 1966, à La Nouvelle-Orléans. Mais ce n'était pas son premier contact avec l'œuvre. Lors de l'audition qu'il avait passée à l'Opéra national de Mexico en 1959, en tant que baryton, il avait chanté la fameuse aria de Gérard « Nemico della patria » (en plus du Prologue de Paillasse*). Mais le jury le classa comme ténor et insista pour qu'il déchiffre la partition de l'aria de Loris : « Amor ti vieta », tirée de* Fedora.

Il fut engagé à La Nouvelle-Orléans grâce au chef d'orchestre Anton Guadagno, avec lequel les Domingo avaient travaillé et établi d'excellentes relations au Mexique, avant de partir pour Tel-Aviv. Un soir, au début de l'année 1966, durant la première saison de Domingo au NYCO, les Guadagno invitèrent les Domingo à dîner dans leur appartement. A cette occasion, Guadagno laissa entendre qu'il allait bientôt se rendre à La Nouvelle-Orléans pour y diriger Chénier *avec Corelli. Sachant que depuis quelque temps Corelli avait pris l'habitude d'annuler ses prestations à la dernière minute, il ajouta en riant : « Placido, tiens-toi prêt. » Domingo répliqua qu'il n'avait jamais chanté Chénier. « Enfin, voyons, fit Guadagno, je t'ai dit de te tenir prêt, rien d'autre. » Et, comme Domingo le rappelle dans sa biographie, deux jours plus tard, le téléphone sonnait ! Il mémorisa le rôle en deux ou trois jours et se précipita à La Nouvelle-Orléans. La colère et la déception du public devant l'annulation de Corelli joua en faveur de Domingo. Deux ans plus tard, lors de ses débuts au Metropolitan Opera, il se passerait la même chose, avec le même Corelli.*

*Depuis lors, Domingo a chanté Chénier au Zoo de Cincinnatti, en juillet 1967, et à Santiago du Chili au mois d'août de la même année, au Metropolitan Opera trois ans plus tard, en octobre et décembre 1970, puis à Madrid, Mexico, Barcelone, Turin, Saragosse, San Francisco, et de nouveau au Met en 1977, puis à Bilbao, Oviedo, Porto Rico, Chicago, Vienne, Miami et Londres. La dernière fois, le 15 juillet 1989 à Versailles, ce fut pour une occasion très spéciale : le 200*e *anniversaire de la Révolution française.*

Andrea Chénier est le rôle idéal pour Domingo car il lui permet de mettre en valeur le raffinement et le bon goût qui sont une composante essentielle de sa persona artistique. Le véritable André Chénier était consul de France à Constantinople, et Domingo, grâce à l'élégance dont il est coutumier, parvient à rendre la distinction de cet aristocrate, en y mêlant la fougue du poète et l'ardeur de l'amant.

« Andrea Chénier est un rôle de rêve pour un ténor. Non seulement c'est un héros romantique et impétueux, mais il possède quatre grandes arias toutes plus belles les unes que les autres, une dans chaque acte. Son duo avec Maddalena est magnifique. Pourtant la beauté même de sa musique et la prolifération des morceaux de bravoure font de Chénier l'un des rôles les plus difficiles et exigeants du répertoire. Il faut être en vraiment bonne forme pour le chanter mais, quand c'est le cas, vous y prenez énormément de plaisir.

« De toutes les arias, l'“ Improviso ” du premier acte et le “ Io non l'ho amato ancor ” du deuxième, dont on ignore qu'il s'agit d'une aria, sont les plus ardues. L'" Improviso " est presque un modèle du genre. C'est une démonstration de la façon dont un bon ténor doit chanter. Il comporte à la fois des passages lyriques et dramatiques auxquels doit s'adapter votre couleur vocale. L'ouverture de l'aria est fort poétique. Chénier est blessé par les paroles dédaigneuses de Maddalena et vous devez exprimer ces sentiments avec un son exquis et une ligne lyrique magnifiquement formée. Puis, une fois qu'il est lâché, vous rendez votre son plus dramatique afin qu'il explose au moment où Chénier évoque la beauté de la vie : " Ecco la bellezza della vita. " C'est là qu'il convient d'ajouter de la puissance, mais sans oublier la beauté lyrique de votre son. L'aria du deuxième acte, intitulé " Si, fui soldato ", est relativement facile. Au quatrième acte, " Un bel dì di maggio " l'est plus ou moins selon que vous respectez la partition (dans ce cas, pas de problèmes) ou que vous choisissez l'autre version qui comporte un si bémol particulièrement ardu. Ce passage intervient à la fin de l'opéra. Après cela, il vous reste à chanter le dernier duo.

« Du point de vue dramatique, Chénier est un héros romantique bien plus qu'un révolutionnaire. Le librettiste a modifié la réalité historique de manière à corser le drame. En fait, Maddalena de Coigny n'est pas morte avec Chénier. Dans l'opéra, on la fait mourir pour les besoins de la tragédie. Mais bien que Chénier soit un rôle satisfaisant à interpréter, il n'est pas aussi intéressant que Gérard, chanté par le baryton, dont le personnage se développe bien plus, tout au long de l'action. Chénier, lui, reste d'égale puissance du début à la fin. »

HIPPOLYTE

Rameau, Hippolyte et Aricie

Curieusement, la seule incursion de Domingo dans l'opéra baroque – jusqu'à ce jour ! – remonte à l'époque où il interpréta le premier opéra contemporain de sa carrière, le Don Rodrigo *de Ginastera, au NYCO. Presque en même temps, le chef-d'œuvre de Rameau fut monté avec la Boston Opera Company dirigée par Sarah Caldwell, à Boston les 6 et 10 avril 1966. Beverly Sills tenait l'autre rôle-titre.*

Domingo apprit son engagement – son contrat lui imposait en outre de donner plusieurs représentations de La Bohème *avec Renata Tebaldi, et de tenir le rôle d'Aaron dans le* Moïse *et* Aaron *de Schönberg, ce qui n'eut jamais lieu – lors d'une journée particulièrement triste. Il venait de découvrir, dans les colonnes d'une revue, une critique acerbe de ses récentes représentations d'Hoffmann à Philadelphie. Le journaliste ne se contentait pas d'assassiner sa prestation mais poursuivait en se demandant ce que Domingo pouvait bien fabriquer sur une scène et s'il ne ferait pas mieux de changer de métier ! Pour la première et presque unique fois de sa carrière, Domingo fut si affecté qu'il eut l'intention de réagir vertement. Mais dès qu'il sut qu'il était sur le point de chanter aux côtés de deux des plus grandes divas du monde, son moral remonta aussitôt et, comme il le déclare dans son autobiographie, il résolut de « laisser le critique vivre en paix » !*

Les représentations se déroulèrent au mieux et sa collaboration avec Sarah Caldwell lui parut fort intéressante. En dépit de l'extrême difficulté du rôle d'Hippolyte, il a apprécié cette nouvelle expérience musicale. Depuis lors, il n'a plus chanté dans le style baroque, mais il nous réserve une surprise à la fin de son bref commentaire du rôle.

« J'ai été secoué à la fois par la nouvelle de mon engagement et ensuite par le fait de chanter avec Beverly Sills, laquelle, cela va sans dire, fut absolument époustouflante dans le rôle d'Aricie ! Cela me permit d'aplanir quelque peu les grandes difficultés qui se présentèrent à moi quand je fus pour la première fois confronté à l'opéra baroque.

« Car la musique baroque est incroyablement difficile à chanter. Elle nécessite une grande discipline, une ligne très nette, très claire, une grande précision rythmique et, bien sûr, un excès de colorature. Je n'avais jamais eu l'occasion d'entreprendre un rôle aussi léger – et, en disant cela, je me réfère au poids vocal, pas au contenu de l'œuvre. Je suis arrivé avec, pour toute préparation, mes précédents démêlés avec Mozart : Ferrando au Mexique et Don Ottavio à Tel-Aviv. Mais Rameau est nettement plus difficile, d'autant que je l'ai chanté en même temps que la musique atonale de *Don Rodrigo*.

« Mais j'ai toujours fait en sorte de passer d'un genre à un autre sans me laisser piéger ou enfermer dans les exigences propres à un style ou à un compositeur donnés. Je considère que c'est une part essentielle de l'art d'un musicien. Car sortir de temps à autre de votre répertoire attitré vous procure de nouvelles intuitions musicales et enrichit votre capacité à aborder tous les rôles, y compris ceux de votre répertoire attitré. Quant au côté dramatique du personnage, tout ce dont je me souviens, c'est que j'étais dévoré par un dragon !

« Mais la beauté et la profondeur de la musique baroque sont telles que, même si je l'ai délaissée par la suite, je songe aujourd'hui à m'atteler au *Tamerlano* de Haendel, à l'*Iphigénie en Tauride* de Gluck et même, qui sait, au *Couronnement de Poppée* de Monteverdi. »

CANIO

Leoncavallo, Paillasse

Canio fait partie des « Rôles centenaires » de Domingo. Il l'a en effet interprété 111 fois, depuis le 9 août 1966 où il le chanta au Lewisohn Stadium, avec la Metropolitan Opera Company. Sa dernière prestation dans ce rôle remonte au 23 octobre 1999, date à laquelle il le chanta au Lincoln Center, toujours avec la même compagnie. Il lui est souvent arrivé de jouer Canio le même soir que Turiddu dans Cavalleria *et, plus rarement, Luigi dans Il Tabarro.*

Canio, l'une de ses interprétations les plus populaires dans le monde entier, suscite toujours beaucoup de sympathie de la part du public. Il tient à donner à ce personnage les traits d'un brave homme, mais malgré cela Domingo cause parfois de grandes frayeurs aux sopranos qui incarnent Nedda ! Veronica Villaroel, qui chanta à ses côtés à Washington et au Metropolitan Opera, nous parle de la peur qu'elle a ressentie, à deux reprises, en donnant la réplique à Domingo dans Paillasse *:*

« Quand je joue Nedda face à Placido, je suis morte de peur, je redoute qu'il me tue vraiment, Mamma mia, je suis terrorisée ! » Son expérience peut se comparer à celle de Renée Fleming qui interpréta Desdemona dans Otello, *en octobre 1995, au Metropolitan Opera. Comme elle faisait partie de la deuxième distri-*

bution, elle n'avait pas assisté aux répétitions initiales, mais il lui fallut quand même répéter le duo très dramatique du troisième acte, dans lequel Otello renverse violemment Desdemona sur le sol. Domingo s'avança vers Fleming, la gifla et murmura : « Salut, je suis Placido Domingo, enchanté de vous connaître. » « Après la répétition, se souvient Fleming, j'étais à peine capable de poser un pied devant l'autre ! Il a littéralement fallu que je m'agrippe à la rampe pour monter deux marches tant mes jambes tremblaient. Placido était si terrifiant dans cette scène, si réel, que j'ai réagi en proportion. Je n'avais jamais vécu une telle expérience sur une scène auparavant et ce fut terriblement excitant ».

D'après Fleming et Villaroel, de tels échanges se produisent lorsqu'il existe une véritable complicité entre de grands artistes. Cela tient non seulement au métier mais aussi à l'aura et à l'intensité émotionnelle qui émanent de ces artistes quand ils sont sur scène. Car, toujours selon Veronica Villaroel, « lorsque j'assiste à des spectacles de Placido, je perçois dans ses interprétations de l'autorité, de l'amour, de l'attention, de la tendresse, de la passion, je vois un merveilleux collègue, un grand musicien et un grand acteur. Mais quand je chante avec lui, il me donne tout cela plus une énergie tellement puissante qu'elle m'atteint au plus profond et fait surgir de moi des réponses incroyablement fortes, au point que je suis capable de réagir de la même façon que lui à tout événement imprévu susceptible de se produire sur la scène. En novembre 1997, à Washington, lors de la dernière d'une série de représentations, Placido (qui souffrait d'une violente rage de dents depuis le début de la soirée), m'attrapa soudain par la taille et m'entraîna dans une valse impromptue. C'était totalement improvisé, mais j'ai réagi aussitôt et ça a marché ».

« J'ai chanté Canio de très nombreuses fois, plus de 100 je pense, et j'ai adoré cela. Il vous est loisible d'interpréter ce personnage de diverses manières. On peut se montrer légèrement brutal, ivrogne ; on peut jouer le chef, le *pa-*

drone, le pater familias de toute cette troupe de comédiens ambulants ; ou bien camper un homme qui soupçonne sa femme parce qu'il se sent plus vieux qu'elle ; ou bien encore donner l'image d'un type honnête et bon qui ressent une profonde déception, un grand choc lorsqu'il découvre que sa femme est infidèle. C'est cette dernière version que je préfère. Sur ce point, ce rôle rappelle vaguement celui d'Otello...

« Voilà ma version de l'histoire : au départ, Canio considère Nedda comme une enfant. Puis, lorsque l'enfant grandit, il l'épouse. Nedda éprouve pour lui l'affection d'une fille pour son père. Aussi, lorsqu'elle rencontre un jeune homme qu'elle aime et qui l'aime, n'a-t-elle pas l'impression de trahir Canio. Pour elle, c'est naturel, elle va à la découverte de quelque chose qu'elle n'a jamais connu. C'est l'interprétation que je préfère parce qu'elle vous accorde une certaine liberté d'action, bien que certaines autres puissent avoir leur intérêt – par exemple, arriver sur scène en se montrant très soupçonneux et un peu rustre, surveiller sans cesse Nedda, et devenir un peu brutal au moment où elle se tourne vers un autre homme. Mais, celle qui fonctionne le mieux, à mon avis, c'est l'interprétation qui fait de Canio un brave type. Il a tendance à être jaloux, comme le sont la plupart des Siciliens et des Calabrais, mais il n'en est pas moins bon. Il reçoit un choc terrible quand il découvre la vérité. Et, bien sûr, il est incapable de contrôler ses réactions. Quelque chose dans son cœur se brise, et la manière dont elle le défie, en disant en substance, je ne te révélerai pas son nom même si tu me tues, lui fait voir rouge. C'est alors qu'il la poignarde. Ce crime n'était pas prémédité, un peu comme pour Don José dans *Carmen*. Elle le provoque et il craque.

« La première fois que je l'ai chanté, c'était au New York City Opera, dans une mise en scène fort réussie de Frank Corsaro dont les idées ont conféré à ce rôle un côté très inventif et très intéressant. En dehors des nombreuses productions de *Paillasse* dirigées par Franco Zeffirelli, j'ai également interprété Canio dans les excellentes mises en scène du regretté Jean-Pierre Ponnelle, à San Francisco, et de Giancarlo del Monaco à Munich où j'incarnais à la fois Turiddu et Canio au cours de la même soirée. J'ai souvent tenté ce genre de challenge. Inutile de préciser que le fait de chanter ces deux rôles le même soir revient à courir un marathon! Et comme si ce n'était pas suffisant, un jour, à Barcelone, dans les années 70, alors que le baryton était tombé malade, j'ai chanté le Prologue de *Paillasse* par-dessus le marché. Lequel de Turiddu ou de Canio me hante-t-il le plus? Je pense que la douleur de Canio est plus profonde... Et, si je me souviens bien, lorsqu'il m'est arrivé de répéter successivement Canio et Turiddu, j'ai trouvé ce dernier plus facile à chanter.

«Je suis étonné que vous ayez remarqué le geste spontané, totalement improvisé, qui m'est venu lors de la dernière d'une série de représentations, dans la mise en scène de Zeffirelli à Washington, en 1997. J'ai attrapé Veronica Villaroel par la taille et je l'ai entraînée dans une valse! Ce fut une impulsion irréfléchie suscitée par l'ambiance un peu folle du moment : Canio arrive au milieu du spectacle où il joue Paillasse et tente, pendant quelques minutes, de se reprendre un peu. Puis il continue comme si de rien n'était, jusqu'à ce que la situation le dépasse. Parfois ce genre de chose vous vient sans qu'on y pense et il faut s'y prêter... Il va sans dire que l'essentiel de ce que vous faites au cours d'une représentation – votre façon de marcher, jusqu'à votre degré de concentration – est lié à la personnalité de vos partenaires. Dans chacun de mes rôles, je leur ai toujours porté la plus grande attention. C'est primordial. Vous devez *être* votre personnage mais, en même temps, rester concentré, “ posséder votre rôle ”, pour pouvoir réagir à tout ce qu'ils font, et même à leur façon de vous regarder. Il arrive aussi que le timing varie énormément en fonction de la personne avec laquelle vous chantez. L'année dernière, à Ravenne, j'ai joué dans une mise en scène fort intéressante de Liliana Cavanni, dirigée par Muti. Son approche était typiquement celle du cinéaste : elle ne souhaitait pas que nous *fassions* grand-chose – en fait, elle voulait réduire nos mouvements au strict minimum – mais en revanche, elle nous demanda d'exprimer l'intensité des sentiments par nos expressions faciales. *Paillasse* est sans doute l'opéra que j'ai joué avec le plus grand nombre de metteurs en scène.

« Canio fait partie de ces rôles qui doivent être chantés avec cette beauté vocale et cette force de conviction qu'on associe habituellement au bel canto mais accompagnée de ces qualités typiques du vérisme : la passion, la désinvolture à revendre et l'abandon. Sa musique est si magnifique que toutes les lignes de " Un bel gioco ", de " Vesti la giubba " et de " Pagliaccio non son " doivent être données avec la plus grande beauté de ton. On ne peut pas la hurler. On doit la *chanter*. Néanmoins, il vous appartient d'injecter du tempérament et de l'intensité dans votre interprétation. Il faut faire passer dans votre voix toute la douleur, tout le désespoir de Canio, tout en veillant à ne pas faire n'importe quoi. Le rôle de Canio a ceci de facile qu'il est court ! Sinon, il serait périlleux. J'ai éprouvé un grand plaisir à chanter ce rôle en même temps que *Il Tabarro* – à Vienne en juin 1992 – mais je ne m'étendrai pas sur l'état de ma voix à la fin de la soirée. »

LE COMTE ALMAVIVA

Rossini, Le Barbier de Séville

Domingo chanta son seul rôle rossinien, le comte Almaviva, au tout début de sa carrière, dans la ville mexicaine de Guadalajara. Dans le commentaire qui suit, il décrit les circonstances qui ont présidé à son engagement, et sa rencontre avec ce rôle.

Ces représentations lui ont permis de faire la connaissance de Sherrill Milnes avec lequel il était destiné à former un partenariat fructueux et durable durant deux décennies. Ce fait d'une extrême importance pour la carrière de Domingo reste cependant inconnu du plus grand nombre. Voilà pourquoi je tiens à le mentionner ici. Sherrill Milnes est sans doute le seul baryton « star » depuis Gobbi. Au fil des ans, ils se sont retrouvés des centaines de fois, sur plus de vingt rôles. « Nos carrières convergeaient depuis le début et elles se sont développées selon des lignes parallèles », dit Milnes, « bien que nous ayons emprunté des chemins différents : lui s'est lancé sur la scène internationale alors que moi j'étais encore très ancré dans mon sol natal ».

A Guadalajara, Milnes chanta Figaro face à Domingo qui, lui, incarnait Almaviva. Puis, dans Lucia, *ils ont tenu respectivement les rôles d'Enrico et d'Edgardo. « Il était très très bon dans ces deux rôles. Bien sûr, à cette époque, sa voix était bien plus légère et je ne connaissais pas suffisamment le rôle d'Alma-*

viva pour remarquer les coupures qu'il prétend y avoir opérées. Ce qui apparaissait d'emblée, hormis la beauté de sa voix, c'était son sens musical, une qualité rare, extraordinaire, sans doute liée à son expérience de pianiste. J'ai aussi noté qu'il savait merveilleusement prononcer les mots : il était capable de les arrondir, de les arquer, de les goûter avant de les lancer vers le public avec une grande efficacité.

« Et c'était une bête de scène. Vous pouviez jouer au ping-pong avec lui, c'est-à-dire faire rebondir les émotions sur lui, tout en sachant qu'il réagirait immanquablement et vous les renverrait. J'aurais du mal à vous expliquer la joie que l'on éprouve lorsqu'on rencontre un tel don chez l'un de ses partenaires de scène ! Vous y ajoutez la maestria et vous obtenez quelqu'un de souple et de conciliant. Il acceptait volontiers d'opérer des modifications, des ajustements. Contrairement à de nombreux chanteurs bornés dont l'attitude consiste à dire : " C'est ainsi que je fais, et voilà ", vous pouviez vraiment discuter les rôles avec Placido et proposer : " Si on respirait ici, si on tenait cette fraction un peu plus longtemps ", et il le faisait avec plaisir. Normalement, quand je chante avec des ténors, j'écoute leur phrasé puis je les imite, parce qu'en général ils sont incapables d'en changer. Placido, lui, peut en changer d'un soir sur l'autre... A cette époque, je ne soupçonnais pas que nos carrières seraient liées de manière aussi étroite ! Mais je savais déjà que j'avais devant moi quelqu'un de très spécial. » La seule trace que nous ayons conservée de Domingo dans ce rôle est l'interprétation qu'il a donnée du Duetto del Metallo dans la vidéo intitulée Hommage à Séville, *un chef-d'œuvre tant au point de vue vocal que dramatique. Bien qu'elle n'ait pas sa place dans ce livre, je citerai en outre son exécution magistrale, et tout aussi marquante, du monologue de Florestan.*

« Le comte Almaviva ne fait pas partie des rôles qu'on associe généralement à mon type de voix. Pourtant je l'ai chanté en 1966, dans la belle ville mexicaine de Guadalajara et pour une circonstance très particulière : le centenaire du théâtre Degollado. La direction du théâtre m'a appelé pour me demander si je pouvais interpréter deux rôles : celui d'Edgardo dans *Lucia*, que je connaissais bien pour l'avoir chanté à de nombreuses reprises, et celui du comte Almaviva dans le *Barbier*. J'ai différé ma réponse pour ce dernier rôle car je voulais regarder la partition avant de me prononcer. Et voilà, j'ai décidé de le chanter et je suis heureux de l'avoir fait. Je me suis beaucoup amusé ! Mais je dois confesser que, comme cela arrive souvent, il s'agissait d'une version tronquée de l'opéra, amputée de nombreux passages faisant appel à la colorature. Malgré cela, chanter le premier duo ne fut pas une mince affaire...

« Almaviva est le seul rôle rossinien que j'aie tenu sur scène. C'est aussi l'une des rares occasions qui m'ait été donnée de jouer dans une charmante comédie. Pourtant, en 1982, j'ai pu reprendre contact avec ce personnage. Jean-Pierre Ponnelle et moi avions eu l'idée de monter une émission de télévision basée sur les héros d'opéra originaires de Séville. J'y chantais Almaviva et Figaro dans le Barbier, mais aussi Don Alvaro, Don José, Don Giovanni, Florestan et Rafaele Ruiz dans *El Gato Montes*. L'orchestre était dirigé par James Levine et, avant d'arriver à Séville pour commencer à tourner, nous avions déjà enregistré les rôles en studio. Pendant le tournage, la compagnie nous envoya une bande destinée à la synchronisation au moment de la prise de vues. Mais quand cet enregistrement nous parvint, quelle ne fut pas notre consternation ! Il n'y avait pas le moindre son sur cette bande ! Nous avons donc dû prendre l'avion pour Madrid, trouver un studio, réenregistrer en une seule prise, et revenir à Séville tourner !

« Lequel des deux rôles était le plus difficile ? Almaviva, sans aucun doute, parce qu'il est si haut, il nécessite une telle agilité et une telle légèreté de toucher, que vous devez vous servir de toute votre technique. Sur cette vidéo, le duo Almaviva-Figaro, “ Su, vediamo di quel metallo ”, est l'une des réalisations dont je suis le plus fier ! L'émission a fini par remporter deux Emmy Awards – l'équivalent des Oscars mais pour la télévision. C'était une idée merveilleuse que de tourner à Séville. C'est Ponnelle qui a imaginé de me faire chanter à la fois Almaviva et Figaro. Dans ce film, à un certain moment, j'apparais face à moi-même : durant l'air du Champagne où je joue en même temps Almaviva et Leporello. Comme Leporello ne chante pas, personne ne semble avoir remarqué ma présence. Mais si vous regardez bien, vous verrez que c'est moi !

« Vous me demandez comment j'ai réussi à chanter un personnage aussi léger qu'Almaviva après toutes ces années consacrées aux rôles dramatiques. Là, il faut signaler une chose importante : la voix du ténor doit rester fraîche et jeune. Pour être ténor, il faut que votre voix paraisse jeune. En effet, presque tous les personnages que vous êtes amené à jouer sont des jeunes gens. Je n'emploie aucune technique particulière, je ne m'astreins à aucun exercice pour y arriver. Je me contente de *penser* jeune, de me couler dans une voix légère. Même dans des rôles lourds, dramatiques, comme celui de Siegmund, il existe des moments – le “ Winterstürme ” par exemple – où vous devez éclairer votre voix, c'est-à-dire permettre à la lumière de s'insinuer dans votre son. Et comme je crois que le meilleur exercice pour un chanteur consiste à chanter, je m'efforce de m'atteler de temps en temps à certains rôles légers, juvéniles, comme Gabriele Adorno dans *Simon Boccanegra,* histoire de remonter ma voix. »

LUIGI

Puccini, Il Tabarro

Domingo chanta pour la première fois Luigi le 8 mars 1967, durant sa deuxième saison au NYCO. Il ne compte pas parmi ses rôles les plus connus, puisqu'il n'en a donné que 17 représentations – à La Nouvelle-Orléans en novembre 1968, à Philadelphie en février 1972, à Hartford en mars 1973, Madrid en mai 1979, au Metropolitan Opera en octobre 1989 et septembre 1994, et au Volksoper de Vienne en juin 1993 – mais il est néanmoins très attaché à ce héros malheureux dont le triste destin l'émeut profondément.

Sherrill Milnes, qui interpréta Michele face au Luigi de Domingo, estime que ce dernier apporte à son personnage toutes les qualités qui lui sont nécessaires. Il campe avec justesse ce héros de la classe laborieuse, fort éloigné des aristocrates et des rois peuplant habituellement son répertoire. Luigi, « s'il parlait au lieu de chanter, s'exprimerait en argot ». De la sorte, Domingo a gagné la sympathie du public et suscité sa compassion. Il veut qu'on prenne Luigi en pitié non seulement pour l'épreuve qu'il vit en tant qu'amant, mais pour l'injustice endurée par les hommes de sa classe. Le célèbre critique du New York Times, *Bernard Holland, a relevé cet aspect de l'interprétation de Domingo lors des représentations données en 1989.*

« M. Domingo n'a pas chanté ce rôle depuis huit ans et cette mise en scène est nouvelle pour lui, mais il l'assume avec une grande assurance. Sa solide stature en fait un docker fort crédible, sa démarche et ses gestes sont ceux d'un ouvrier. La partition lui donne rarement l'occasion d'exploiter les aspects les plus doux de sa voix mais, samedi soir, la grande vigueur de son ténor était adaptée au personnage. »

La dernière apparition de Domingo dans ce rôle eut lieu au Met, le 26 septembre 1994, dans le cadre du Trittico. Il lui arriva également de chanter Luigi la même soirée que Canio dans Paillasse. *Anecdote amusante, un jour de juin 1993 – à l'occasion de son spectacle viennois –, après avoir chanté Luigi au Volksoper, il prit le tram pour rejoindre l'Opéra national où il devait interpréter Canio.*

« C'est l'un des rares opéras de Puccini à n'être que très peu monté. Quand on le fait, on l'intègre généralement au “ Trittico ” (le triptyque) comprenant en outre *Suor Angelica* et *Gianni Schicchi,* toujours de Puccini. Plus rarement, on l'associe à *Paillasse* de Leoncavallo ou à *Cavalleria Rusticana* de Mascagni.

« Vocalement, Luigi est un rôle très court. Pourtant, quelque court qu'il soit, il n'en reste pas moins difficile. La tessiture est aiguë d'un bout à l'autre et, dans son duo avec Giorgetta, elle frise l'accident. Dans ce duo – au beau milieu du *passaggio* –, on trouve une phrase qui repose sur un sol dièse et qu'on répète encore et encore avant de monter vers un si bécarre. Cela vient s'ajouter à une tessiture inconfortable qu'on doit tenir très longtemps. Toutefois j'adore ce rôle. J'adore le personnage de Luigi. C'est un héros excessivement amer, un homme menant une vie très pénible. En tant que docker, il fait partie des plus basses couches de la société et il est très conscient de l'injustice que subissent ses semblables. Dans son aria intitulée “ Hai ben ragione " il évoque ce problème, raconte comment ses compagnons et lui travaillent pour un salaire de misère et combien on les traite mal. Puis il y a son amour passionné pour Giorgetta, une femme mariée – et fort mal mariée – à son patron Michele. Même si Giorgetta lui rend son amour, leur histoire se termine mal. Un jour, Michele, le mari jaloux, découvre leur liaison et poignarde Luigi avant d'envelopper son corps dans sa grande cape – *il tabarro* – pour que Giorgetta le découvre. Ce qui fournit un dénouement fort dramatique. »

RADAMÈS

Verdi, Aïda

Radamès fut l'un des premiers rôles Verdi de Domingo. Il le chanta d'abord à Hambourg le 11 mai 1967, et le reprit régulièrement jusqu'à la fin des années 80. Dans le développement qui suit, il décrit Radamès comme le rôle lirico spinto *par excellence, et il a raison. Ce rôle lui permit également de faire la preuve de son incroyable technique et de son bon goût, tant sur le plan vocal que dramatique.*

Sur le plan vocal, on peut admirer sa manière unique de phraser les notes du passaggio et de construire les notes aiguës – en l'occurrence, il doit affronter 23 si bémol, ni plus ni moins. Il accomplit une série de ponts vocaux, ou d'arches, de telle manière que les notes aiguës, au lieu de paraître faibles ou incertaines, jaillissent arrondies aussi bien dans le haut que dans le bas.

Du point de vue dramatique, le rôle est servi par la profonde noblesse de son interprétation. Il existe plusieurs sortes de Radamès, allant du soldat grossier jusqu'à la mauviette imbue d'elle-même qui se laisse aisément manœuvrer par Aïda et Amonasro. Domingo, lui, campe un Radamès investi d'une dignité innée dépassant largement l'orgueil du combattant. Jamais la scène du Procès, où Radamès est reclus dans un silence qu'il s'est imposé pour tenter de se réconcilier avec lui-même, n'a été aussi émouvante.

Et cela n'était pas seulement dû à la manière dont Domingo se tenait, ni même à ses expressions faciales. Non, quelque chose émanait de lui, de toute sa personne. A sa façon, il nous montre comment la fatuité initiale de Radamès se transforme devant la beauté d'Aïda en un amour si profond qu'il repousse Amneris quand elle lui propose de lui laisser la vie sauve à condition de ne plus jamais revoir Aïda.

Pourtant, Grace Bumbry, qui campa Amneris aux côtés de Domingo à Vienne, au début des années 70, se rappelle qu'à cette époque, bien que déjà totalement sûr de sa voix, Domingo n'était pas encore le grand acteur-chanteur qu'il devint par la suite. « Il chantait magnifiquement le rôle, sans aucun problème vocal, mais je me souviens qu'il n'était pas très à l'aise dans son jeu de scène. Il débordait de bonne volonté, il était très amical et coopératif sur scène, mais cela n'avait rien à voir avec l'extraordinaire acteur qu'il deviendrait par la suite. Cinq ans plus tard, lorsque nous avons chanté L'Africaine *ensemble au Covent Garden, il m'a sidérée. Bien sûr, il avait grandi. Mais il avait autre chose, comme la volonté de grandir. Placido a toujours mis un point d'honneur à se développer et à s'améliorer sans cesse. Cette sorte d'enthousiasme, cette soif d'amélioration que Placido possède à la puissance ^{n}, est très rare... Pourtant c'est à cela qu'on reconnaît un bon chanteur; la prise de conscience que l'apprentissage dure toute la vie. »*

« Radamès est le type même du rôle ténor *lirico spinto*. Il requiert beaucoup d'éclat, de vigueur et de technique. C'est certainement l'un des plus difficiles du répertoire ténor. Au moment où Radamès entre en scène pour attaquer la grande aria “ Celeste Aida ”, il est évident que le ténor doit être à la hauteur de l'attente du public. Et pourtant cette aria, qui se termine par un si bémol très exposé (“ Un trono vicino al sol ”) et arrive au début de l'opéra, comporte à la fois un avantage et un inconvénient. L'inconvénient est évident : vous devez chanter cet air épineux " à froid " avant d'avoir pu vous chauffer la voix. Mais l'avantage est que, une fois débarrassé de cette épreuve, vous avez encore tout l'opéra pour continuer à faire vos preuves ! Et, si " Celeste Aida " s'est passé plus ou moins bien, vous pouvez vous détendre et vous contenter d'*être* le personnage.

« Bien sûr, après " Celeste Aida ", il vous reste encore pas mal de si bémol à chanter – 22 pour être précis, dont deux optionnels et un intercalé dans l'ensemble. Mais vous bénéficiez également de quelques moments sensationnels, aussi bien sur le plan vocal que dramaturgique : tout d'abord, juste après cette aria, interviennent le duo avec Amneris, un trio et un ensemble ; puis, à l'acte I scène 2, arrive la scène du Temple, suivie, deux scènes plus tard, de celle du Triomphe ; à l'acte III, la scène du Nil qui, à mon avis, est la meilleure de toutes, comportant un magnifique duo avec Aïda et un trio avec cette dernière et Amonasro, qui se corse toutefois dans le milieu. Puis c'est la scène du Jugement (Acte IV, scène 1) et enfin celle de la Tombe qui, avec " Celeste Aida ", est le passage le plus délicat de ce rôle. Pour le mener à bien, vous devez réquisitionner toute votre technique. En effet, dans les actes précédents, vous avez fourni un chant dramatique, et soudain il faut que vous allégiez votre voix pour attaquer " O terra addio " avec douceur et lyrisme.

« Les gens pensent parfois que Radamès est un personnage qui se plante au milieu de la scène et se contente de chanter. Mais ce n'est pas le cas. C'est un homme passionné, accablé de soucis. En fait, je pense que c'est l'un des personnages les plus forts et les plus remarquables qu'on puisse rencontrer à l'opéra : une personne très honnête, très déterminée, bien plus intéressante que les gens ont tendance à le croire. Il s'agit aussi d'un héros non conventionnel, surtout si l'on tient compte du contexte historique de l'œuvre, un homme d'une intégrité parfaite. Il a obtenu tout ce que la vie peut apporter de meilleur : il exerce le métier qu'il a choisi, il part à la guerre, revient en héros, et le pharaon lui donne sa fille en mariage – ce qui signifie qu'il héritera du trône. Pourtant il tombe amoureux d'une esclave, Aïda, et il est prêt à tout perdre pour préserver cet amour. De fait, jusqu'à ce qu'Aïda lui révèle sa véritable identité, dans la scène du Nil, Radamès la croit esclave. Mais ça lui est égal. Il l'aime et cela lui suffit. Evidemment, on imagine bien que pour le pousser à renoncer à son glorieux destin, abandonner Amneris et tout ce qu'elle représente, la beauté d'Aïda devait être à couper le souffle. Malheureusement, dans la pratique, les choses sont souvent différentes ! En règle générale, les mezzos campant Amneris sont plus belles que les Aïda ! Mais le théâtre est ce qu'il est et nous devons en accepter les conventions. Heureusement, la partition et le livret remédient à ce problème en montrant la beauté d'Aïda par les yeux de Radamès, le valeureux guerrier qui abandonna tout pour elle.

« L'intégrité, la noblesse et la farouche détermination qui caractérisent ce personnage expliquent probablement pourquoi ces deux femmes, ces deux princesses, tombent si éperdument amoureuses de lui. Cependant, en même temps, son ambition crève les yeux. Depuis le début, il déclare que son grand rêve de soldat est d'être choisi pour conduire l'attaque de l'armée égyptienne en Ethiopie. Nous avons donc les deux facettes de son rêve : la gloire militaire et Aïda. Et il est assez naïf pour croire que s'il est victorieux, il pourra faire monter Aïda, une esclave, sur le trône d'Ethiopie ! Je n'arrive pas à concevoir qu'il puisse imaginer une seule seconde que les choses se passeront selon ses souhaits...

« Mais, tout compte fait, Radamès est un rôle très proche de la perfection. En effet, *Aïda* parle de deux femmes qui luttent pour conquérir le même homme. Leur rivalité est féroce. Qu'est-ce qu'un homme peut demander de plus ? Il est aimé par deux femmes, et deux femmes puissantes qui plus est. Bien qu'Aïda ne puisse révéler sa véritable identité, nous découvrons plus tard qu'elle aussi est fille de roi. Vous avez donc devant vous deux princesses résolues à vous séduire. Il n'existe pas beaucoup d'opéras dans lesquels deux dames de sang royal se battent pour un homme. Et même après que Radamès a tout perdu et affronte la mort, il lui est encore donné une chance de se repentir et d'avoir la vie sauve grâce à l'intervention d'Amneris. Mais non. Il risque tout et se bat contre tout le monde, sachant qu'il va vers une mort horrible. C'est l'un des gestes d'amour les plus remarquables accomplis par un héros d'opéra. Il n'a qu'un seul moment de faiblesse, quand il oublie son devoir de soldat et se laisse aller à révéler un secret militaire – le chemin que doivent emprunter les armées égyptiennes pour envahir l'Ethiopie – à Aïda. A ce moment-là, il ignore qu'Aïda est une princesse éthiopienne et que son père Amonasro écoute en cachette leur conversation. Ensuite il admet bien volontiers sa faute et décide de la racheter en offrant sa vie. Encore une fois, c'est l'amour et lui seul qui est à l'origine de cette faiblesse.

« Depuis mes premières représentations d'*Aïda* données à l'Opéra national de Hambourg en 1967, j'ai chanté Radamès un peu partout. Mais seules trois mises en scène me restent en mémoire : celle de Sonja Frisell au Met (avec Aprile Millo dans le rôle d'Aïda et Dolora Zajick dans celui d'Amneris), celle de Pizzi à Houston avec Mirella (Freni) dans le rôle-titre, et celle de Louxor en Egypte, qui fut une expérience impressionnante. Ce décor authentique m'a permis de *ressentir* mon rôle plus profondément que jamais. Imaginez, par exemple, ce qu'on peut éprouver quand on chante la scène du Jugement au milieu de ce temple antique, entre ces immenses colonnes, qu'on entend votre nom appelé par trois fois : " Radamès, Radamès, Radamès ", par le prêtre qui vous demande de vous défendre, et que l'écho de sa voix se répercute sur ce décor gigantesque. Puis on entend ce mot terrible, « *traditor* », résonner encore plus fort. C'est tout bonnement époustouflant, tout comme la scène du Nil...

« On me demanda de le reprendre en octobre 1999, mais j'ai refusé. Je n'avais plus l'aisance vocale requise pour ce rôle. Alors, aujourd'hui, je me contente de le diriger ! En fait *Aïda* est l'opéra que j'ai le plus souvent dirigé. Pour un chef d'orchestre, c'est un vrai plaisir. En effet, dans les opéras de Verdi où vous devez vous contenter d'assurer l'accompagnement – comme *Rigoletto*, *Nabucco*, *Luisa Miller*, *La Traviata* et même *Les Vêpres siciliennes* – le travail du chef d'orchestre s'avère très difficile parce que tout tient à la précision du rythme. Mais à partir de *Don Carlos*, nous assistons à l'éclosion d'un nouveau genre d'opéra Verdi, qui fait se côtoyer le monde symphonique et l'élément vocal. Cela signifie qu'au niveau de la direction d'orchestre, *Aïda* et *Don Carlos* sont bien différents des opéras datant du début ou du milieu de la carrière de Verdi. Le tournant s'opère avec *Un Bal masqué*, œuvre dans laquelle Verdi a déjà changé de style et inséré une dimension symphonique bien plus puissante. La contribution orchestrale est autre, plus importante qu'avant. Bien que certaines arias suivent encore une rythmique très précise, elles sont différentes, plus libres, et ne restent pas fixées sur une simple répétition rythmique.

« *Aïda* représente une autre avancée, et si j'aime tant diriger cet opéra c'est qu'il s'agit quasiment d'une œuvre symphonique nimbée de toutes sortes de couleurs orchestrales, dotée d'une instrumentation phénoménale et d'une grande inventivité contrapontique dans le traitement des cordes et des cuivres lors de la scène du Jugement. Sans parler des solos qu'il donne à la flûte dans la scène du Nil. Il s'agit là d'un tournant dans l'histoire de l'opéra. A partir de là, Verdi est devenu un si grand orchestrateur que je me demande pourquoi il n'a jamais écrit de symphonie. Il avait une immense admiration pour Brahms dont les partitions des quatre symphonies ne quittaient jamais sa table de nuit. Il est donc vraiment surprenant qu'il n'en ait jamais composé lui-même... C'est à Hambourg que j'ai dirigé mon premier *Aïda*, puis je l'ai donné dans d'autres théâtres comme ceux de Vienne, de Vérone et au Met. Plus je le dirige et plus je m'étonne d'avoir pu chanter Radamès aussi souvent ! En tant que chef d'orchestre, les énormes difficultés vocales de ce rôle m'apparaissent encore plus clairement ! »

RÔLE-TITRE

Verdi, Don Carlos

Domingo a fait ses débuts autrichiens dans ce rôle le 19 mai 1967, à l'Opéra national de Vienne, le redonna plus tard, le 11 août 1975, au Festival de Salzbourg. Jusqu'aux années 80, il le chanta assez régulièrement, la plupart du temps dans la version italienne en quatre actes : au Met en 1971, à Hambourg en 1974, à Vienne plusieurs fois encore, et à la Scala en 1980.

Il retrouva fréquemment son partenaire Sherrill Milnes dans le rôle de Rodrigo, Marquis de Posa. Comme dans La Force, *Milnes eut grand plaisir à interpréter Don Carlos aux côtés de Domingo. Pour lui, chanter des duos avec Domingo est une expérience musicale suprêmement satisfaisante, qu'on retrouve rarement au même degré avec d'autres ténors.*

« Parmi ses nombreux dons, Placido possède celui de la précision musicale, qui chez lui atteint un degré extrême. Ce don est particulièrement important quand vous interprétez ce que j'appelle un duo " parallèle " (les deux chanteurs chantant ensemble la même ligne) comme dans le fameux duo Don Carlos-Posa et, bien sûr, dans Otello. *Avec la plupart des ténors, on a tendance à chanter plus ou moins en phase. Mais avec Placido, on l'est totalement et cela rehausse énormément l'impact à la fois musical et dramatique de nos duos. »*

« Il existe un autre aspect très important, propre aux duos parallèles, et c'est le fait de pouvoir produire parfaitement ensemble les notes finales. Si l'on veut que ces notes soient assez fortes pour déchirer l'air comme un couteau, on ne doit pas perdre sa puissance de soutien. Or, un peu trop souvent, l'une des deux voix résiste et le duo manque de cette petite pointe acérée qui en fait la puissance. Il faut parfois beaucoup d'énergie pour émettre une note. On doit la soutenir longtemps et ne pas se contenter d'arrêter de chanter, juste comme ça ! Placido le sait pertinemment et son énergie est toujours en phase avec la mienne. Nos représentations communes du Bal, *de* La Force, *de* Don Carlos *et d'*Otello *– parmi les nombreux opéras de Verdi que nous avons chantés ensemble – restent à mes yeux les moments les plus agréables et les plus satisfaisants du point de vue artistique que j'aie connus durant toute ma carrière. »*

« Don Carlos fut mon deuxième rôle Verdi, après Alfredo. Je l'ai chanté assez tôt dans ma carrière, en 1967, pour mes débuts autrichiens à l'Opéra national de Vienne. Et, depuis lors, je l'ai repris un peu partout, dans les deux versions. Mais je dois dire que ma préférée reste la version italienne en quatre actes. Et pas seulement parce qu'elle est plus facile – elle l'est, ne le cachons pas – mais parce que je la trouve plus resserrée et plus percutante. Sa tension dramatique est répartie sur un laps de temps plus court. Mais quelle que soit la version, *Don Carlos* demeure un chef-d'œuvre doté d'une orchestration grandiose. C'est le premier opéra de Verdi dans lequel on rencontre une dimension symphonique aussi importante, probablement parce que Verdi subissait déjà l'influence de Wagner. Il m'est également arrivé de diriger *Don Carlos* et je dois confesser que, en tant que chef d'orchestre, je préfère la version en cinq actes, parce qu'elle comporte plus de musique, et que cette musique est vraiment merveilleuse.

« Mais si vous me demandez mon avis de ténor, c'est une autre histoire. Du point de vue vocal, Don Carlos est un rôle très ardu quelle que soit la version. Mais il l'est encore plus dans celle en cinq actes, comportant la scène de Fontainebleau. L'aria intitulée “ Io l'ho perduta ” est plus aiguë que dans la version courte – avec un si bécarre au lieu d'un si bémol – et il diffère dans sa forme parce que les circonstances dans lesquelles se trouve Don Carlos quand il le chante sont diamétralement opposées. Dans la version en cinq actes, il est joyeux, impatient, alors que, dans celle en quatre actes, le désespoir le submerge. Dans la première, l'acte entier est saturé d'une musique très difficile pour le ténor. Vous devez la chanter dès le début, et de plus sans réelle satisfaction parce que vous savez que le public attend l'aria de la version courte. Le duo qui suit, entre Carlos et Posa, est tout aussi ardu. Dans la scène d'après, le duo de Carlos et d'Elisabetta est très exigeant, et la scène du Jardin – où nous avons le trio avec Eboli et Posa – encore plus. Mais le plus redoutable de tout reste l'ensemble et sa tessiture très haute de bout en bout, à laquelle s'ajoutent des notes aiguës.

« Le personnage de Don Carlos est une pure création de Verdi. Il n'a rien à voir avec celui de Schiller ni même avec le personnage historique qui était un homme très malade, peu avantagé par la nature et de plus épileptique. Dans ma propre interprétation – dont je suis fier parce que je sens que j'ai réellement suivi l'esprit de Verdi au pied de la lettre – j'ai emprunté un seul détail au personnage historique : dans sa première scène avec Elisabetta, j'ai tenté de feindre quelque peu le comportement d'un épileptique. Je pense que cela permet de mieux faire passer la tristesse de ce personnage impossible...

« Il est fort intéressant de remarquer que dans *Don Carlos*, la Némésis du héros se manifeste sous la forme d'Eboli, la rivale de l'héroïne. Son amour non partagé déclenche la désastreuse série d'événements qui précipite la chute de Carlos. Cette Némésis qui est en général incarnée par un mezzo – car, de même que le baryton, le mezzo est souvent malheureux en amour – atteint son apothéose dans le personnage d'Amneris. Quant à Don Carlos, je ne pense pas qu'il soit conscient de la passion que lui porte Eboli avant que n'arrive la scène du Jardin. Je crois qu'il est tellement préoccupé par son amour sans espoir pour Elisabetta, son implication dans les affaires politiques de Posa, le destin de Flanders et son absence de relations avec son père, qu'il ne s'aperçoit ni qu'Eboli tient à lui ni qu'il la rend jalouse. Même lorsqu'il reçoit d'elle un billet anonyme " Nel giardino della Regina ", il imagine qu'Elisabetta en est l'auteur. C'est elle qu'il attend avec une impatiente exaltation. Quand, au lieu de la voir apparaître, il se retrouve face à Eboli, il est sidéré. Bien sûr, je ne pense pas qu'Eboli ressente un véritable amour pour Carlos. Je crois qu'elle cherche uniquement à se caser. Elle est la maîtresse du roi qu'elle ne semble pas aimer, pas plus qu'elle n'aime Don Carlos, à mon avis. Je suppose qu'elle prépare simplement son avenir. Le duo avec Eboli dans cette scène du Jardin, et le trio qui suit, après l'entrée de Posa, recèlent une musique vraiment sublime.

« Il y a pourtant une chose que je ne comprends pas dans cet opéra : pourquoi, dans une œuvre intitulée *Don Carlos*, Verdi fait-il disparaître son héros principal durant tout un acte, et de plus l'acte le plus crucial ? En revanche, après un duo extrêmement dramatique avec le Grand Inquisiteur, il donne au Roi Philippe l'aria la plus importante de l'opéra, la " Ella giammai m'amo ". Cette aria est suivie d'une autre confrontation très intense, cette fois entre le roi et Elisabetta, puis par l'admirable quatuor qui arrive après qu'ils ont été rejoints par Eboli et Posa, et enfin par le joyau d'Eboli " O don fatale ". Ensuite, vous avez les deux arias de Posa. Et pendant ce temps-là, on laisse complètement de côté le pauvre Don Carlos qui ne reparaît qu'à la fin de l'opéra, à l'acte V, où il entonne son glorieux duo avec Elisabetta, “ Ma lassu ci vedremo ”.

« A propos de cette aria, j'ai gardé en mémoire une représentation de *Don Carlos* qui, à mon avis, reste la plus remarquable de toute ma carrière. C'était en 1969 dans les Arènes de Vérone. J'y avais fait mes débuts dans le rôle de Calaf une quinzaine de jours auparavant mais, lors de cette représentation de *Don Carlos*, l'ambiance fut inoubliable. Eliahu Inbal assurait la direction musicale, et le reste de la distribution comprenait des artistes aussi prestigieux que Montserrat Caballé dans le rôle d'Elisabetta, Fiorenza Cossoto dans celui d'Eboli, Piero Cappucilli dans celui de Posa et Dimiter Petkov dans celui du roi Philippe. On ne peut se figurer ce que c'est que de chanter ce duo final “ Ma lassu ci vedremo ” sous les étoiles, à 1 h 30 du matin (parce que les représentations là-bas ne débutaient qu'à 21 heures) avec Montserrat faisant flotter dans l'air ses magiques pianissimi, avant qu'elle et moi nous éloignions l'un de l'autre. Dans un espace comme les Arènes, doté d'une scène aussi immense – large de quelque 20 ou 30 mètres – il était impossible de traduire l'idée de séparation de manière plus puissante et plus efficace. »

GUSTAVUS III (ou RICCARDO)

Verdi, Un bal masqué

C'est dans le rôle de Gustavus III – alias Riccardo pour la version de Boston –, que Domingo fit ses débuts à Berlin, le 31 mai 1967, dix jours après avoir débuté à l'Opéra national de Vienne dans le rôle de Don Carlos. A l'origine, il était censé faire ses débuts à Berlin dans le rôle de Radamès, qu'il venait de chanter pour la première fois quelques semaines auparavant à Hambourg. Mais, alors qu'il se trouvait encore à Vienne, il reçut un appel du Deutsche Oper l'informant que la mezzo devant chanter Amneris était tombée malade et qu'on ne lui avait pas trouvé de remplaçante convenable. La direction avait donc décidé de remplacer Aïda *par le* Bal.

Domingo n'avait jamais chanté Riccardo et ne connaissait même pas le rôle. Mais il se déclara heureux d'entreprendre le Bal ! *Confiant dans sa prodigieuse mémoire et l'étonnante facilité avec laquelle il apprend ses partitions, il s'est dit que la chose était à sa portée. Et, avec l'aide de Marta et d'un enregistrement de Gigli, il mémorisa le rôle de Riccardo en trois jours, comme il avait appris Don José à Tel-Aviv et Andrea Chénier pour les spectacles de La Nouvelle-Orléans. La représentation se déroula bien et Domingo put se féliciter d'avoir réussi à chanter trois immenses rôles de Verdi, nouveaux pour lui, et à faire ses débuts à Vienne et à Berlin, tout cela en l'espace de trois semaines.*

Riccardo devint bientôt l'un de ses rôles favoris et les plus populaires. Il l'a chanté 77 fois dans le monde entier – à Chicago, Miami, Fort Worth, La Nouvelle-Orléans, New York, Milan, Barcelone, Hambourg, Londres, Caracas, Cologne, Vienne, Salzbourg, Séville, Tokyo, Yokohama – jusqu'en septembre 1993, date à laquelle il lui fit ses adieux dans la ville de Los Angeles.

Domingo préfère cet opéra dans sa mise en scène suédoise et classe la production de John Schlesinger à Salzbourg parmi les plus mémorables de sa carrière. Il était parfaitement préparé et devait être dirigé par Herbert von Karajan, avec lequel Domingo n'avait pas travaillé depuis de nombreuses années. Mais, ayant enregistré puis répété l'œuvre pour cette production à Salzbourg, Karajan mourut quelques jours avant la première, le 16 juillet 1989. Il fut remplacé par Sir Georg Solti.

Domingo conserve précieusement le souvenir de ces séances d'enregistrement et de ces répétitions. Il les revoit aussi bien avec les yeux du chanteur qu'avec ceux du chef d'orchestre. Il fut particulièrement touché par l'humilité et la diligence avec lesquelles un chef d'orchestre de l'âge et de la réputation de Karajan aborda cette œuvre qu'il n'avait pas dirigée depuis sa jeunesse, quand il était Kapellmeister à Aix, et spécialement par la façon dont il menait le début de la scène avec Ulrica, « où la force, la puissance incroyable de ses levés dépassaient l'entendement. Ils laissaient tout le monde bouche bée. Personne n'avait jamais rien entendu de tel ». Domingo a beaucoup appris de Karajan sur le plan musical, surtout par l'intensité qu'il mettait non pas tant dans la recherche de précision mais dans l'expression de la moindre nuance des sentiments présents dans la musique.

Quand on regarde la cassette de la représentation de Salzbourg où Domingo apparaît dans une forme resplendissante aussi bien du point de vue vocal que dramatique, on observe les subtiles différences existant entre son interprétation du rôle dans la version suédoise – dans cette vidéo il est Gustavus III, Roi de Suède –, et celles de Boston où il n'était que Riccardo, gouverneur de la Nouvelle-Angleterre. Quand il est roi, la prestance qui émane de lui marque chacune de ses stances, chacun de ses gestes. Mais quelle que soit la mise en scène, l'interprétation de ce personnage par Domingo reste l'une de mes préférées – je la range sans hésitation dans le saint des saints du panthéon des grands rôles de Domingo.

« C'est l'un de mes rôles favoris chez Verdi. Du point de vue dramatique, la chose la plus excitante dans cet opéra est le triangle amoureux autour duquel tout se joue. En effet, rares sont les opéras qui n'évoquent pas ce genre de situations triangulaires ! Il faut reconnaître que les barytons sont presque toujours les perdants, ce qui est injuste pour eux mais merveilleux pour nous, les ténors, qui sommes presque toujours les vainqueurs ! Il existe une exception dans le cas du *Bal* puisque Gustavus est tué sans “ avoir eu ” Amelia, dans le sens le plus cru du terme. J'ai toujours eu un doute à ce propos. Je me demande quelle est la véritable nature des relations qui les lient. En effet, comment une musique aussi sensuelle, aussi époustouflante, aussi passionnée que celle du duo Gustavus-Amelia à l'acte II, peut-elle illustrer un amour purement platonique ? C'est inconcevable.

« Pourtant, si nous en croyons l'intrigue, et nous le devons, Gustavus agonisant jure à Anckarström que sa passion n'a pas été consommée. Mais pourquoi cela ? Cela me semble vraiment regrettable, étant donné la splendeur de la musique. Pour moi, il n'existe pas un seul moment dans n'importe quel opéra écrit par n'importe quel compositeur au monde qui puisse se comparer à l'acmé de ce duo, la phrase “ irradiami d'amor ” où Verdi fait exploser l'orchestre dans un crescendo immense, une apothéose. Cela ressort de la beauté pure, de l'extase absolue. Au mot “ irradiami ”, l'orchestre tout entier s'unit à la voix des chanteurs... Evidemment, on ne sait pas ce qui se serait passé après le duo amoureux, si les traîtres n'avaient pas suivi Gustavus et si Anckarström n'était pas arrivé à temps pour le secourir. Mais, dès l'intervention salvatrice d'Anckarström, le roi décide que, de toute façon, il ne peut se permettre de fréquenter l'épouse d'un homme qui a risqué sa vie pour lui. L'amitié doit prévaloir, même s'il souffre mille morts à l'idée de laisser Amelia à son mari.

« Du point de vue vocal, le *Bal* est l'une des œuvres mélodiques de Verdi les plus " arrondies ". Comme *Le Trouvère* et les premiers opéras de ce compositeur, il appartient encore à l'école du bel canto, mais il s'agit d'un " Bel canto " avec un B majuscule. L'écriture orchestrale de Verdi est si puissante et si virile que nous ne le considérons plus comme un compositeur de " bel canto ". L'une des raisons en est peut-être que nos orchestres actuels sont bien plus vastes que ceux qui existaient du temps de Verdi. En conséquence, les instruments doublent la mélodie au risque de " tuer " le chanteur. En outre, les orchestres d'aujourd'hui jouent plus haut qu'à l'époque de Verdi, et cette particularité contribue à accroître la difficulté de ses rôles.

« Gustavus est l'un des rôles Verdi les plus ardus, spécialement dans les deux premiers actes qui sont de loin les plus exigeants de toute l'œuvre du maître. Le ténor n'a pas un instant pour souffler. Il doit enchaîner une série d'arias. Certains passages tels que " Di' tu se fedele ", au premier acte, requièrent l'agilité d'un ténor lyrique léger, mais sont accompagnés par l'énorme orchestration dont je viens de parler. L'un des moments les plus importants et les plus coriaces de Gustavus est la romance intitulée " E scherzo od é follia ", qui se chante dans la tente de Madame Arvidson (Ulrica dans la version de Boston). Au début, cette aria nous rappelle celle du Duc de Mantoue dans *Rigoletto*. Mais au beau milieu, Verdi demande clairement au ténor de changer sa couleur vocale. Quand on arrive au deuxième vers, la musique, qui commence un peu nerveusement, s'approfondit et devient plus sombre, de manière à refléter l'aspect dramatique de la situation : d'abord Gustavus essaie de rire de la prophétie de Madame Arvidson lui annonçant qu'il sera bientôt tué par un ami, mais petit à petit, il en vient à se dire que cela pourrait être vrai – en fait, il se met à croire à la prophétie.

« Si j'attendais avec tant d'impatience la production du *Bal* à Salzbourg en 1989, c'est en partie parce que Karajan, qui n'avait pas dirigé cette œuvre depuis sa jeunesse à Ulm, l'abordait avec un immense enthousiasme et une grande fougue. En tant que chanteur et chef d'orchestre, j'ai trouvé ses répétitions avec le Vienna Philharmonic absolument fascinantes ! Pendant qu'il répétait interminablement certains passages – comme les accords intervenant au début de la scène avec Madame Arvidson –, afin de trouver le bon rythme, alors que ces passages ne nécessitaient pas la présence du chef d'orchestre, il n'intervenait aucunement, se contentant de laisser la chose couler d'elle-même... Je suis profondément triste de ne pas avoir davantage travaillé avec lui, et je regrette que cette occasion nous ait été offerte si tard pour l'un comme pour l'autre. Nous étions sans doute enfermés dans des mondes différents, trop vastes, peut-être, des mondes que, jusqu'à cet été fatal, rien n'avait pu rassembler...

« Sir Georg Solti remplaça Karajan à la direction musicale. A mon humble avis, la chose la plus intéressante, à cet égard, résida dans le fait que cet opéra, donné dans sa version suédoise originale – au lieu de l'habituelle version de Boston – me permettait à présent d'incarner Gustavus III, Roi de Suède, au lieu de Riccardo, Gouverneur de la Nouvelle-Angleterre. Et cela m'ouvrit de nouvelles perspectives. Parce que, disons-le clairement, cet amoureux des arts au caractère enthousiaste et créatif, enflamma littéralement l'imagination de Verdi. Et dans la mise en scène de John, nous voyons vraiment Gustavus concevoir son fameux théâtre, Drottningholm.

« J'aime passionnément Verdi, ce géant dont l'aura créative rayonne sur tout le XIXe siècle. Quand il débute, il appartient à l'école bel canto de Bellini et, à un moindre égard, de Donizetti, puis avec *Don Carlos* il s'engouffre presque dans le vérisme. Mais dès l'époque où il composait *Luisa Miller* (1849) et *Rigoletto* (1851), il avait conçu une nouvelle sorte d'opéra. Au moment où il écrivit *Don Carlos*, il s'était débarrassé du modèle établi récitatif-aria-cabaletta. En fait, les graines de sa future évolution sont contenues déjà dans ses premières œuvres, telles que *Nabucco* (1842) et *Ernani* (1844) : sa nouvelle identité apparaît clairement dans le style concis et vigoureux qui marque cette période. Puis, avec *Otello* et *Falstaff*, il atteint à l'apogée de son génie.

« Si je me place du point de vue du chanteur, je dois dire que tout ce qui touche à Verdi est diablement sérieux. Quel que soit le rôle, vous y trouverez des difficultés insurmontables, plus que chez tout autre compositeur. Puccini et les autres véristes peuvent détruire votre voix bien plus facilement, mais ils demeurent plus faciles à chanter. Même de jeunes artistes inexpérimentés peuvent y parvenir. En revanche, aucun jeune chanteur néophyte ne peut espérer produire ce genre d'impact dans un rôle Verdi car, pour y parvenir, vous devez donner tout ce que vous avez, à la fois en tant qu'être humain et en tant que chanteur. Sa musique est bourrée de sentiments, de vibrations, elle est charnelle et, par-dessus tout, *elle a du cœur*. Dès lors, le son ne doit pas être seulement beau mais *généreux* : il doit contenir de la lumière, et enfin, chose essentielle, il doit être soutenu par une très bonne technique. Si l'une de ces choses vous manque, vous ne *pouvez* chanter Verdi.

« Les opéras de Verdi de la première période et ceux du milieu de sa carrière sont les plus difficiles, aussi bien à chanter qu'à diriger. Si je me mettais à la place du chef d'orchestre, je dirais que les plus ardus d'entre eux demeurent les premiers, comme *Nabucco, Ernani* et *Attila*, parce que leur tempo fluctue énormément et que le chef d'orchestre doit adapter chaque nouveau tempo et créer l'atmosphère adéquate pour accompagner le drame. Et Dieu sait que Verdi mettait tout son génie à composer sa musique d'accompagnement. Si le chef ne réussit pas à créer l'excitation dès son premier temps frappé, il aura manqué son coup. Voilà pourquoi les premières œuvres sont plus difficiles à diriger que les opéras postérieurs, plus pondérés, comme *Aïda*, *Don Carlos*, *Otello* et *Falstaff*. Vous devez ressentir en vous ce rythme, cette excitation propres à Verdi. Vous devez les avoir dans le sang. »

RÔLE-TITRE

Wagner, Lohengrin

Domingo chanta son premier rôle wagnérien, Lohengrin, le 14 janvier 1968 au théâtre national de Hambourg. Mais, comme il l'explique dans les pages qui suivent, cette expérience l'a convaincu qu'il n'était pas encore prêt pour Wagner. Il décida d'attendre le temps nécessaire pour que sa voix atteigne sa pleine maturité. Quinze ans plus tard, il sentit que l'heure était venue de retourner à Wagner et de se replonger dans Lohengrin. *Cela se passa cette fois au Metropolitan Opera, le 27 septembre 1983, sous la direction de James Levine, avec Anna Tomowa-Sintow dans le rôle d'Elsa et Eva Marton dans celui d'Ortrud.*

Pour un essai ce fut un coup de maître et, encouragé par les applaudissements du public et les éloges de la critique, il le reprit à l'Opéra national de Vienne en janvier 1985, représentation qui s'acheva sur une ovation interminable. Naturellement, pour un ténor ayant atteint la quarantaine, Wagner est moins à craindre. Les dangers existent mais ne résident pas dans une éventuelle brisure de la voix – ce qui, et il s'en explique, lui arriva après ses tout premiers spectacles à Hambourg – mais dans le risque de perdre certains rôles italiens et français. Voilà pourquoi il décida de se montrer prudent et de patienter encore près de dix ans avant d'entreprendre Parsifal et Siegmund. Et pourtant, après Lohengrin, il se sentait prêt à s'atteler à ces deux rôles.

Comme le fait remarquer Eugene Kohn, qui l'aida à préparer ses rôles wagnériens, du point de vue vocal, « les rôles wagnériens nécessitent de former (ou de tourner) différemment les notes du passaggio *(entre les portées du milieu et du haut de la voix) ; la magnifique capacité respiratoire de Placido lui permet de créer des nuances dans la coloration, et de passer d'un style à l'autre sans modifier sa technique vocale ».*

« *Lohengrin* et *Le Vaisseau fantôme* sont les plus " italiens " des opéras wagnériens ; quant à *Rienzi,* il est totalement italien ! Et Lohengrin, qui n'est pourtant pas exactement un rôle de bel canto, demeure néanmoins très italien par la quantité de lumière dont vous devez charger votre voix. Cela nécessite une superbe ligne *legato* et une grande suavité de ton. Mais certains passages – comme le moment où il parle à Ortrud, " Du Fürchterliches Weib ", ont besoin de cette prononciation " mordante ", typiquement wagnérienne. On doit aussi faire sentir la sainte colère qui enflamme ceux-là dont la pureté s'offusque de la moindre traîtrise.

« J'ai rencontré Lohengrin dans les premières années de ma carrière. C'était en 1968, à l'Opéra national de Hambourg, quelques jours avant mon 27e anniversaire. Ce fut une expérience vraiment extraordinaire parce qu'il s'agissait de mon premier contact avec Wagner et son univers. J'ai préparé ce rôle dans une grande fébrilité. J'étais ébloui et, en même temps, c'était comme si je pénétrais un mystère. J'abordais un compositeur dont l'œuvre m'était encore presque inconnue, mon répertoire étant alors composé presque exclusivement de rôles français et italiens.

« Je pense que l'une des principales caractéristiques de *Lohengrin* est que 80 % de sa musique se place dans la lignée des opéras de Verdi, même en ce qui concerne le style des ensembles – aux finales des premier et deuxième actes.

On peut en dire autant du duo entre Lohengrin et Elsa et des deux arias de Lohengrin, “ Mein lieber Schwan ” et “ In Fernem Land ”, qui sont éminemment lyriques. Le seul récitatif typiquement wagnérien intervient à l’acte III où, après sa scène avec Elsa, Lohengrin parle au Roi sans cacher sa grande tristesse et, dans une longue introduction à “ In Fernem Land ”, lui explique par le menu tout ce qui est arrivé. Ce récitatif est vraiment très difficile, tant du point de vue musical que de celui de la diction. Dans le chant allemand, il faut prononcer les consonnes avec une sorte de “ mordant ”. J’ai alors entrevu ce qui m’attendrait, le jour où j’aborderais *Parsifal* et *Siegmund* : toutes ces allitérations, où vous devez répéter certaines consonnes – w, w, w, ou l, l, l – plusieurs fois à l’intérieur d’une même phrase.

« A cette même occasion, j’ai compris pourquoi le répertoire wagnérien a la réputation d’être dangereux. Il y a plusieurs raisons à cela. Tout d’abord, il est écrit pour un certain type de ténor, qu’on appelle le Heldentenor. Vous avez besoin d’une grande puissance et, surtout, de doser votre force afin de conserver jusqu’à la fin la beauté de votre son et la fraîcheur de la voix. Car à la fin, justement, il vous reste à produire un magnifique chant lyrique, dans “ In Fernem Land ” et “ Mein Lieber Schwan ”, passages les plus périlleux de tout l’opéra. Il existe également des moments fort délicats dans le duo avec Elsa, quand elle chante “ Höchstes vertrauen ”. Vous avez alors environ quatre pages de chant très pénible à cause des paroles et de la tessiture qui est aiguë et très difficile à tenir. Ce passage-là fut presque un challenge pour moi.

« J’étais très heureux et soulagé que mon premier contact avec Wagner ait lieu dans une œuvre très proche du style italien. Néanmoins, j’ai décidé d’abandonner Wagner pour une longue période. En effet, il m’a bien fallu reconnaître qu’il était trop tôt. Je pense que ce rôle m’a légèrement endommagé la gorge. Je l’ai chanté en janvier

1968 et, et jusqu'au mois de mai, j'ai connu quelques problèmes, une sorte de petit serrement de gorge. Et pendant plusieurs mois, ma voix a failli de temps à autre. J'attaquais une note, en pensant que tout allait bien, puis ma voix partait " clic " et se cassait, même au milieu d'un fa. De toute évidence, l'écriture vocale de Wagner était trop intense pour un jeune ténor de moins de trente ans. Quand j'y pense aujourd'hui, je me dis que les spectacles en eux-mêmes n'étaient pas la cause du problème ; il s'agissait au contraire de la très longue période de préparation que j'ai passée aux côtés de mon coach. Ma gorge n'avait pas l'habitude de travailler de cette manière. L'une des raisons de la longévité et de la bonne condition de ma voix, après tant d'années de chant assidu, tient précisément au fait que je n'ai jamais exercé ma voix avec un répétiteur. Quant à mes rôles, je les prépare seul, la plupart du temps. Je n'ai fait exception à cette règle que pour les opéras de Wagner et le personnage de Gherman dans *La Dame de Pique*. La plupart des chanteurs s'exercent deux fois plus que moi, rien que pour leurs spectacles, alors que moi je fais cela en silence. Puis je m'assois au piano et j'essaie les passages que j'estime utile de voir plus précisément. Cette pratique diffère totalement de celle de la grande majorité de mes collègues qui chantent à chacune de leurs séances de répétition. Le chant que j'ai sauvegardé en ne m'adressant *pas* à un coach m'a sans doute permis de donner plus de spectacles que n'importe qui d'autre ! Cependant, pour ce premier Lohengrin, j'ai dû recourir aux services d'un répétiteur et cela m'a pesé sur la voix. Bien que, le soir même, ma prestation fût considérée comme un succès, je dois admettre que je n'étais pas prêt, que ma gorge n'était pas prête, pas encore. Voilà pourquoi j'ai délaissé Wagner pendant 15 ans.

« En 1983, j'y suis revenu pour le Metropolitan Opera. A cette époque-là, j'avais 15 ans d'expérience derrière moi. J'avais aussi entrepris une fructueuse collaboration avec le pianiste et répétiteur Eugene Kohn qui lui-même chantait la totalité du rôle pendant que nous répétions, pour me montrer comment il fallait qu'il résonne. Cela m'a permis de sauvegarder ma voix. Mais, cela dit, quelle que soit la quantité de voix que vous parveniez à sauvegarder, le chant de Wagner est quand même dangereux pour les jeunes artistes. Et ce danger inhérent à Wagner consiste dans le fait que vous devez pousser votre voix à certains moments. A moins, bien sûr, que vous ne soyez un Heldentenor-né – dans ce cas, Lohengrin est l'un des rôles wagnériens qui vous blessera le moins.

« C'est un rôle que je serais encore heureux de chanter. J'aime cet opéra et sa dimension surnaturelle. Il s'agit d'un conte de fées triste et magnifique avec un superbe héros venant d'une autre sphère de la vie : du ciel. C'est aussi l'une des plus belles histoires d'amour platonique qui soient. Une histoire pourtant gâchée par l'inlassable curiosité d'Elsa, ce poison qui détruit son âme et la rend si ingrate. C'est à devenir fou. Que lui manque-t-il, enfin ? Elle a trouvé un prince charmant, un personnage très positif qui l'aime et vole à son secours. *De plus*, après la bagarre avec Telramund, elle ne peut plus ignorer que cet homme vient du ciel, que c'est un mystique. Alors pourquoi tient-elle tant à connaître son nom ? Mais elle est rongée par le doute, ce qui n'échappe pas à Ortrud et surtout à Telramund. Ces deux derniers, terriblement jaloux d'Elsa, entreprennent d'exploiter sa faiblesse. Du point de vue scénique, Lohengrin est un personnage très droit, très " calme " à interpréter. De vous doivent émaner de la noblesse, de la dignité et une sorte d'aura lumineuse héritée du père de Lohengrin, Parsifal – mon rôle wagnérien suivant –, autre personnage illuminé. »

DES GRIEUX

Puccini, Manon Lescaut

Domingo chanta son premier Des Grieux de Puccini avec Renata Tebaldi à Hartford, dans le Connecticut, le 15 février 1968. Un mois plus tard, il en donnait deux représentations à Fort Worth, puis deux ans après aux Arènes de Vérone, avec une autre Grande Dame légendaire : Magda Olivero, laquelle trouva son « jeune » partenaire absolument convaincant. Elle fut si impressionnée qu'elle annonça que Domingo représentait « une civilisation vocale supérieure ».

Comme il l'exprime fort clairement dans ses commentaires, Domingo est passionné par Des Grieux et considère ce rôle comme l'une de ses plus grandes réussites. Il l'a chanté 45 fois – c'est peu quand on considère la soixantaine de représentations qu'il donna, par exemple, dans le Loris Ipanov de Fedora *– à Barcelone, Madrid, la Scala, Hambourg, Munich, au Metropolitan Opera, au Covent Garden et au Teatro San Carlo pour ses débuts napolitains, sous la direction d'Oliviero de Fabritis, avec la grande cantatrice grecque Elena Suliotis dans le rôle-titre. En mai 1972, il a chanté le duo Manon-Des Grieux avec Montserrat Caballé lors du gala d'adieu de Rudolf Bing au Met, une soirée qui rassemblait également Corelli, Pavarotti, Price, Siepi, Sutherland, Nilsson, Vickers, Rysanek et Richard Tucker.*

La prestation de Domingo au Met en mars 1980, dans une mise en scène de Gian Carlo Menotti, sous la direction de James Levine, avec Renata Scotto dans le rôle-titre, restera elle aussi dans les mémoires. Ce fut la première diffusion télévisée en direct à partir du Met vers l'Europe, et l'événement fit sensation. L'interprétation par Domingo de ce jeune homme passionné reste insurpassée. Quant au jeu de scène des deux artistes, il fut si magistral que leur prestation n'aurait pas détonné dans une pièce de théâtre classique – comme pour l'Otello de Domingo. Un autre enregistrement vidéo fut effectué de cet opéra, celui-là avec Dame Kiri Te Kanawa dans le rôle-titre, mais il est un peu moins convaincant du point de vue dramatique.

« Des Grieux, que j'ai interprété pour la première fois à Hartford, est un rôle pour lequel j'ai éprouvé une passion grandissante. Quand j'y repense, je regrette beaucoup de ne pas l'avoir chanté plus souvent, parce que je considère que c'est l'une de mes meilleures interprétations. Je l'ai délaissé pendant presque dix ans – du début des années 80 jusqu'aux années 90 – au cours desquels j'aurais pu avoir le plaisir de le chanter, et de bien le chanter. Je suppose que d'autres engagements ont dû survenir entre-temps... Cela m'attriste car il s'agit de l'un de mes rôles préférés. Il se trouve aussi que c'est la plus difficile des partitions de Puccini, d'abord en raison de sa longueur – Des Grieux a plus de musique à chanter que n'importe quel autre ténor de Puccini – et de sa tessiture qui est d'une grande exigence.

« Avec *Manon Lescaut*, on a l'impression que Puccini a donné ce qu'il y avait de meilleur en lui. Il se devait de faire un triomphe parce que ses deux premiers opéras, *Edgar* et *Le Villi*, n'avaient connu que des succès d'estime. Il a donc mis tout son cœur dans cet opéra. Et il a réussi à créer deux personnages très dramatiques, très puissants – et vocalement, très très difficiles. Les gens me font toujours remarquer que le *Manon* de Massenet est plus authentique parce qu'il est écrit dans le style français, etc. D'accord, son style français est impeccable mais on n'y trouve pas la moitié de la puissance et de l'émotion contenues dans *Manon Lescaut*. (Il faut cependant faire abstraction de certaines absurdités " géographiques ", comme le fait de placer la Louisiane en plein désert.)

« Chacun des quatre actes de l'opéra contient quelques passages relevant de la musique la plus belle et la plus difficile jamais écrite pour le ténor. Dans le premier acte, on a deux arias : " Tra voi, belle, brune e bionde " et " Donna non vidi mai " et deux duos avec Manon " Cortese damigella " et " O come gravi le vostre parole ", qui montent vers le la. Dans le deuxième acte, arrive le grand duo " Ah, Manon " et le trio. Au troisième acte, on trouve deux grands duos – l'un avec Lescaut et l'autre avec Manon –, un grand ensemble puis la fabuleuse aria " Guardate, pazzo son ". Des Grieux dit qu'il veut se battre avec les gardes, avec Geronte. C'est très très puissant. Dans le dernier acte, pour clôturer une soirée déjà très ardue, il y a encore la très longue scène entre Manon et Des Grieux, qui contient un nombre de phrases terriblement périlleuses qu'il faut malgré tout chanter avec un maximum de tempérament, de sentiment et de passion. Tout cela fait de Des Grieux non seulement le plus ardu des rôles pucciniens – plus encore que Calaf – mais aussi de tout le répertoire ténor.

« Du point de vue dramatique, *Manon Lescaut* est l'une des plus grandes histoires d'amour du monde. Elle finit tragiquement à cause de la stupidité de Manon qui, bien qu'amoureuse de Des Grieux, se laisse emporter par son ambition. Cette cupidité apparaît de manière plus évidente dans le *Manon* de Massenet, mais elle existe également dans *Manon Lescaut*. Paradoxalement, quoique les deux héros soient très jeunes, on ne peut les confier à de jeunes chanteurs qui ne possèdent pas encore la puissance vocale et l'énergie requises par ces partitions. Pourtant, je n'avais que 27 ans lorsque j'ai interprété pour la première fois le rôle de Des Grieux à Hartford dans le Connecticut – un âge bien trop tendre pour ce rôle. A mon avis, rares sont les ténors à s'être lancés dans le Des Grieux de Puccini à cet âge-là. Il s'agit d'un rôle mûr, convenant parfaitement à des ténors ayant une bonne trentaine ou une quarantaine d'années. Après ces premières représentations à Hartford, je l'ai de nouveau chanté deux ans plus tard, aux Arènes de Vérone. Nous étions en 1970 et j'avais 29 ans. Puis, durant la décennie qui a suivi, je l'ai laissé de côté. Quand j'y suis revenu, en 1978, à la Scala, j'avais presque 38 ans, et je l'ai trouvé bien plus facile, non seulement du point de vue musical, mais physique. Assez bizarrement, j'ai pu me glisser dans la peau de ce jeune homme avec beaucoup plus d'aisance.

« Est-ce que je me sens différent selon que j'interprète le Des Grieux de Puccini ou celui de Massenet ? La réponse est oui. Le personnage de Puccini possède davantage de tempérament et de “ désinvolture ”, tant sur le plan musical que dramatique. Le Des Grieux de Massenet est un garçon plus naïf, plus innocent. Même dans le deuxième acte, quand la basse, De Bretigny, apparaît avec Lescaut, Des Grieux ne remarque rien de ce qui se trame autour de lui tant il est fasciné par Lescaut. Il chante : “ Ah, Lescaut, il sait que je l'adore ”, alors que De Bretigny est en train de faire sa cour à Manon sous son nez et de demander à la jeune femme de partir avec lui à la minute même ! Le pauvre Des Grieux ne s'aperçoit de rien. C'est donc un jeune homme très candide, romantique et détaché du monde qui se rend à Saint-Sulpice pour devenir prêtre. Même s'il s'agit du même personnage, on ne rencontre pas ces aspects-là chez Puccini. Son Des Grieux est à la fois un caractère plus viril, et un rôle plus dramatique et plus important que celui de Massenet. »

MANRICO

Verdi, Le Trouvère

Domingo interpréta Manrico pour la première fois le 14 mars 1968, à La Nouvelle-Orléans. Et au cours des 21 années suivantes, il en donna cinquante représentations, à Hambourg, Vienne, New York, Philadelphie, San Francisco, Fort Worth, Paris, Madrid, Munich, Zurich et Francfort. La dernière fois, ce fut dans la mise en scène de Piero Faggioni au Covent Garden, en juin 1989. A ses yeux, son interprétation de Francfort s'élève largement au-dessus des autres.

Bien qu'il soit le premier à reconnaître que les notes aiguës ne sont pas son fort, Domingo a chanté le contre-ut, à la fin de « Di quella pira », en de nombreuses occasions. Il lui est également arrivé de le transposer en le baissant d'un demi-ton. En ce qui concerne le débat sur l'insertion des notes aiguës « traditionnelles » – non prévues par Verdi –, dans des opéras comme Rigoletto *et* Le Trouvère, *Domingo adopte une position médiane. Il se situe entre le camp des puristes, représenté par le chef d'orchestre Riccardo Muti, pour qui les partitions sont sacro-saintes et l'insertion de ces notes extérieures un anathème, et le consensus général dont de nombreux chanteurs se font les porte-parole. Ceux-là admettent sans broncher ce genre de pratiques qui servent à mettre leur virtuosité en valeur.*

Domingo reconnaît volontiers qu'une représentation de Rigoletto *dépourvue des si bécarre qui viennent à la fin de « La donna é mobile » ferait un flop et que le malheureux ténor serait écorché vif par le public. De même, il sait mieux que quiconque que l'épouvantable contre-ut qu'on a l'habitude de substituer au sol voulu par Verdi, à la fin de « Di quella pira », terrorise la plupart des ténors – les ténors légers eux-mêmes suent sang et eau pour réaliser cette performance. Mais le public adore, il attend impatiemment cette note et ne renoncera pas facilement à la satisfaction viscérale qu'elle lui procure lorsqu'elle est bien chantée.*

Aussi, le jour où il enregistra le rôle, Domingo était-il déterminé à la chanter et à bien la chanter. Comme Sherrill Milnes le rappelle, il fit six ou huit prises, en donnant toujours plus de puissance. Ensuite il opéra un choix entre les deux qui lui plaisaient le plus. « Il était là, s'acharnant à sortir sa note, et il a recommencé la fin de l'aria autant de fois que nécessaire, jusqu'à ce qu'il la tienne enfin ! Il lui a fallu du courage pour accomplir cela, face à tous ces gens, une serviette autour du cou, s'obstinant à réussir ce qu'il s'était fixé. »

L'enregistrement auquel Milnes fait allusion date des années 70, époque à laquelle la formidable technique de Domingo lui permettait de faire ce qu'il voulait de sa voix – y compris de produire des notes aiguës qu'il ne possédait pas de manière naturelle.

« *Le Trouvère* est le deuxième des opéras “ espagnols ” de Verdi, et Manrico, mon quatrième grand rôle Verdi, est le plus romantique et magnifique de ses héros espagnols : un homme qui se trouve plongé dans une situation hors normes. En effet, cet aristocrate a été enlevé par une gitane, Azucena, quand il était enfant. Cette femme l'a élevé comme son propre fils qu'elle avait jeté par erreur dans un bûcher lorsqu'il était bébé. Pourtant la véritable victime de cette sinistre histoire n'est autre que Manrico lui-même, car sa mère adoptive lui paraît dévouée, mais a l'intention de le faire tuer. Evidemment, le jeune homme comprend que quelque chose ne va pas. Il vit une situation schizophrénique, aux côtés d'une “ mère ” folle qui ne cesse de crier vengeance. Manrico est un artiste, un chanteur professionnel, un troubadour. Il rencontre l'héroïne, Leonora, lors d'un concours de chant où elle lui décerne la plus haute récompense. Au fond, c'est une sorte de nomade. Il quitte le camp des gitans pour assister à ce type de concours, puis il rentre vite chez lui et poursuit son périple avec ses frères.

« Dans la première partie de l'opéra, au cours de ses trois premières scènes, Manrico doit chanter une sérénade romantique à Leonora, puis il y a un trio avec cette dernière et son rival (un frère inconnu), le comte di Luna. Comme son homonyne de *La Force*, cette Leonora est une belle aristocrate espagnole dotée d'une forte personnalité et d'une farouche détermination (trait de caractère qui apparaît non seulement dans sa décision de séduire Manrico, mais aussi dans celle de se donner la mort, afin de le sauver sans avoir à honorer sa promesse faite à Luna de se donner à lui en échange de la vie de son amant). Mais, contrairement à son homonyme de *La Force*, bien qu'issue d'une haute lignée et dame de compagnie de la princesse d'Aragon, c'est une femme indépendante dont les actions ne sont en rien soumises au bon vouloir d'un père ou d'un frère. Une seule chose l'empêche de s'unir à Manrico : la rivalité du Comte di Luna. Dans sa première scène, elle attend Manrico et le confond avec le Comte di Luna, puis Manrico arrive à point nommé et les deux hommes décident illico de se battre en duel.

« A l'acte suivant, on apprend l'issue du combat. De retour au camp de gitans, Manrico raconte l'aventure à sa mère : il a été légèrement blessé, mais il a eu raison de son rival et l'a réduit à sa merci. Pendant qu'il parle, Azucena chante “ Mi vendica, mi vendica ” (Venge-moi, venge-moi) et, durant un court instant, semble faire allusion à la mort tragique de son véritable fils. La réponse immédiate de Manrico " Mais alors, qui suis-je ? ", l'oblige à revenir sur ses paroles. Mais le doute s'insinue dans l'esprit de Manrico qui répond avec l'aria " Mal reggendo all'aspro assalto " dans lequel il déclare que, bien qu'il ait vaincu son ennemi, un mystérieux instinct, une voix venue du ciel, l'a empêché de le tuer. Tandis qu'Azucena s'étonne de cette " étrange clémence ", Manrico est prévenu par un billet que Leonora, redoutant qu'il ne soit mort, s'apprête à entrer au couvent. En dépit des protestations d'Azucena, Manrico se précipite pour la sauver.

« La seconde partie du *Trouvère* est la plus riche ; c'est elle qui nous réserve la plus belle musique – on y trouve Verdi à son apogée ! Nous avons d'abord l'aria de Manrico " Ah, si ben mio " et sa fameuse cabaletta " Di quella pira " (avec son contre-ut très attendu par le public, que Verdi n'a jamais écrit mais qui fut inséré par la suite), que je fus très heureux de chanter à Vienne et beaucoup moins à Londres. Je m'en explique. A Vienne, j'ai eu au moins quatre minutes d'applaudissements après " Ah, si ben mio ", ce qui m'a permis de reprendre mon souffle et de me préparer à " Di quella pira ". En revanche, le public londonien, bien que chaleureux et admiratif, ne voulait pas interrompre la scène, si bien qu'il s'est abstenu d'applaudir jusqu'à la fin de " Di quella pira ". N'ayant pu bénéficier de ce moment de répit, j'ai eu bien du mal à venir à bout de cette deuxième aria...

« Mais peu importent les circonstances. Chanter cette merveilleuse musique, et la chanter bien, procure des sensations incomparables. C'est l'un des moments les plus grandioses et les plus saisissants qu'on puisse connaître sur une scène. A l'acte suivant, sont regroupés quelques-uns des plus beaux morceaux jamais chantés : d'abord, ce duo splendide, nostalgique, " Ai nostri monti ", suivi par le chant doux et tendre de " Riposa, madre " ; puis ce duo plus dramatique avec Leonora « Ho quest'infame l'amor venduto » que j'adore chanter. En fait, j'aime passionnément tous les airs de Manrico et *Le Trouvère* en son entier.

« Et pourtant, je ne l'ai pas très souvent chanté – les quelque 50 représentations que j'en ai données n'ont pas suffi à satisfaire mon appétit pour cette œuvre. Et pourquoi cette rareté ? Sans doute à cause de ce fameux contre-ut. Malgré cela, Manrico n'est pas un rôle aigu. Il est bien plus facile que le Duc de Mantoue, plus facile qu'Alvaro. En fait, il est idéal pour ma voix. Mais cette note le rend presque inchantable pour un ténor qui, comme moi, n'est pas un spécialiste des aigus. Aussi, à mon grand regret, ai-je dû limiter mes apparitions dans le rôle de Manrico, et finalement l'exclure de mon répertoire. Pourtant, si je faisais abstraction du contre-ut, je pourrais encore le chanter aujourd'hui ! En fait, j'ai très envie de le faire. Je pourrais me contenter de dire : « Et puis zut, je le ferai mais sans ce fichu contre-ut » – néanmoins le public y tient – comme ce qui s'est passé à Londres, en 1989, dans la mise en scène de Piero Faggioni. Certaines personnes du public comprendront, d'autres pas, mais ça sera vraiment dommage ! »

LE DUC DE MANTOUE

Verdi, Rigoletto

Le duc de Mantoue, l'un des rôles les plus appréciés et les plus fameux de l'œuvre de Verdi, fut écrit essentiellement pour un ténor lyrique léger. Pourtant, comme Domingo le fait sagement remarquer ci-dessous, aucun ténor digne de ce nom ne peut se permettre de ne pas l'inclure à son répertoire. Domingo l'a interprété pour la première fois le 2 janvier 1969, à l'Opéra national de Hambourg, où il chanta également ses premiers Radamès et Alvaro. Mais ce rôle ne fut jamais attaché à son image. Il ne l'a donné que douze fois, quatre à Hambourg, une à San Antonio, une à Vienne (toutes deux au début des années 70) et six dans une nouvelle mise en scène, au Metropolitan Opera en novembre 1977.

Depuis lors, il ne l'a plus jamais interprété en public. En revanche, deux ans plus tard, en 1979, il l'enregistra pour Deutsche Grammophon, avec Piero Cappucilli dans le rôle-titre et Ileana Cotrubas dans celui de Gilda, sous la direction de Carlo Maria Giulini. Domingo fut d'ailleurs fasciné par le travail accompli par Giulini avec les cordes, surtout dans la première scène entre Rigoletto et Gilda. Etant lui-même chef d'orchestre, il ne pouvait qu'admirer la manière dont il traitait ces instruments. En effet, à une extrême beauté sonore, s'ajoutaient de petits accents mélodiques et autres touches extrêmement délicates. Giulini ne voulait pas que Domingo chante le récitatif du duc – qui intervient au début de l'œuvre sur une musique instrumentale venant des coulisses – avec la précision d'un métronome. Il lui demanda donc d'interpréter « Della mia bella incognita borghese » aussi naturellement que s'il parlait, mais en suivant le tempo. Il fallait se contenter de lancer les mots sans trop accentuer le début ou le milieu de chaque mesure. Giulini expliqua que l'orchestre en coulisses accentuait automatiquement ces mesures et que si le ténor faisait de même, le texte risquait de ne plus être audible. « Dans le répertoire d'opéra, il existe des douzaines de particularités comparables à celle-là. J'ai pu les apprendre en observant de grands artistes comme ceux avec lesquels j'ai eu la chance de travailler. Dix ou douze chefs d'orchestre trônent au firmament de leur art, et s'ils sont arrivés jusque-là ce n'est pas par hasard », précise-t-il dans son autobiographie.

Dans cet enregistrement, on ne peut s'empêcher de noter la manière dont Domingo parvient à alléger son lirico spinto*, si puissant d'habitude. Au premier acte, lorsqu'on écoute son « Questa o quella », on a vraiment l'impression d'entendre un jeune homme insouciant et jovial. Et la puissance du désir charnel qu'il fait passer dans le redoutable* duettino *rassemblant le duc et la comtesse de Ceprano, « Partite, crudele » – sans pour autant se départir de sa légèreté vocale – rend l'impatience du duc éminemment perceptible.*

Dans les chapitres consacrés au comte Almaviva et à Gabriele Adorno, Domingo nous apprend énormément de choses sur sa capacité d'alléger sa voix à la demande et de la garder fraîche et jeune – ce qu'il considère comme la qualité sine qua non du ténor. Mais le premier acte de cet enregistrement constitue un admirable exemple de son savoir-faire en la matière.

La revue Gramophone *commenta la remarquable réussite de Domingo en ces termes : « Qui eût cru que le ténor connu comme le plus grand Otello contemporain, aurait pu faire preuve de tant de légèreté et de souplesse dans le Duc de Mantoue. »*

« Le duc de Mantoue ne fait pas partie des rôles Verdi auxquels on m'associe le plus étroitement. Je ne l'ai jamais trouvé facile et j'ai dû le chanter 12 fois seulement. Pourtant, c'est un rôle si important que je ne pouvais me permettre de ne pas l'inclure à mon répertoire. Sur le plan vocal, c'est l'un des plus grands rôles pour ténor. Sa musique, et celle de tout l'opéra, est fabuleuse. Le fait que *Rigoletto*, l'un des opéras de Verdi les plus prisés, fût composé relativement tôt dans sa carrière, démontre bien l'immense génie de cet homme.

« Vocalement parlant, chaque fois que le duc entre en scène, il doit chanter une musique très belle mais très difficile ! Au premier acte, il commence avec " Questa o quella ", une aria bien plus ardue qu'on ne l'imagine. Elle semble facile, mais nécessite en fait un son léger et une grande virtuosité. De plus, elle intervient dès le début de l'opéra, quand votre voix n'est pas encore chaude. Lui succède le *duettino* avec la Comtesse de Ceprano, entièrement écrit dans la zone du *passaggio*. Il paraît facile lui aussi, mais il faut le chanter assez doucement, ce qui est toujours malaisé dans cette partie de la voix et peut jouer des tours avec l'intonation. (Notons que Pavarotti lui-même insiste sur l'exceptionnelle difficulté de ce *duettino*[1]). Puis, au quatrième acte, nous avons la magnifique aria romantique, intitulée " Eh, inseparabile d'amor il Dio ", suivie du duo entre le duc et Gilda, qui se termine par " Addio, addio speranza ed anima ".

« Puis, à l'acte III, c'est le récitatif " Ella mi fu rapita " auquel succède " Parmi veder le lagrime ", la meilleure aria du duc pour la beauté de sa ligne, des modulations et des *gruppetti* que Verdi y inséra. Mais, en dépit de sa beauté,

1. *Bravo : Today's tenors, Baritones, and Basses, Discuss The Roles* par Helena Mathéopoulos (Weidenfeld, Londres 1986, Harper & Row, New York, 1987).

cette aria demeure un peu trop aiguë pour moi. Malheureusement. Je n'ai jamais pu la chanter aussi magnifiquement que je l'eusse aimé, en raison des soucis que me cause sa tessiture. J'ai fait de mon mieux mais elle m'a toujours posé des problèmes. Par ailleurs, elle comporte un si bémol qui n'a pas été écrit par Verdi, mais que tous les ténors aiment inclure, car son exécution est un morceau de bravoure. Et si vous le chantez avec la *cabaletta* – pour ma part, je l'ai fait tantôt avec tantôt sans – ça se complique encore plus. Mais la plus terrible de toutes les arias survient à l'acte IV. Il s'agit bien sûr de “ La donna é mobile ”, l'un des morceaux les plus connus et les plus appréciés du répertoire. Il finit sur un si bémol et Dieu vienne en aide au ténor qui n'arrive pas à soulever l'enthousiasme en le chantant ! Après cela, nous avons l'exquis quatuor intitulé “ Bella figlia dell'amore ”, après lequel vous devez répéter “ La donna é mobile ”. Et cette seconde fois est encore plus redoutable que la première, car elle se termine par un si bécarre... »

« Pourtant, vous devez vous efforcer de chanter ce rôle le plus parfaitement possible, et ce de bout en bout, car le duc de Mantoue est un rôle qui repose entièrement sur le vocalisme, auquel s'ajoutent le charme propre à ce personnage et un jeu de scène mêlant l'insouciance à la joie de vivre. Sur le plan dramatique, le duc n'évolue guère au cours de l'opéra. C'est un cynique et il le reste jusqu'à la fin. Ce personnage franchement antipathique passe son temps à courir le jupon. De plus il est égoïste, méchant et se comporte d'une manière odieuse aussi bien avec Rigoletto, qu'avec Ceprano, Monterone, Maddalena ou Sparafucile. Verdi l'a créé ainsi : il ne s'intéresse à nul autre qu'à lui-même. J'ai l'impression qu'à un certain moment, il s'intéresse à Gilda. Dans “ Parmi veder le lagrime ”, nous le voyons capable d'éprouver des sentiments et, l'espace d'un instant, il devient plus sympathique. Mais quand, au milieu de l'aria, le chœur des courtisans fait irruption et l'informe que Gilda a été enlevée et conduite au palais, il oublie son romantisme et retrouve sa vraie nature. Il se réjouit à la perspective de la posséder charnellement. Certes, il était désolé qu'on ait dû l'enlever, mais dès qu'il sait qu'elle se trouve à sa merci, il ne pense plus qu'à abuser d'elle sans songer une seconde qu'un courtisan aurait pu la violer sur le chemin menant au palais ! Comme on le constate, rien ne peut venir sauver ce personnage.

« La seule chose positive chez lui c'est son charme, qui se reflète dans toute sa musique et doit aussi ressortir dans votre interprétation, ainsi que l'élégance et la légèreté du touché. Vous pourriez, si vous le vouliez, ignorer son côté le plus négatif et le présenter comme un extraverti, un volage. Mais il y aurait toujours cette pointe de cruauté qui sous-tend le personnage. Dans mes interprétations, j'ai toujours tenté d'occulter cette cruauté, et de transformer en plaisanteries certaines de ses répliques les plus odieuses.

« Mais, selon moi, aucun interprète n'arrivera jamais à faire du duc autre chose qu'un personnage négatif. C'est un homme terrible. A la fin, Rigoletto lui-même n'arrive plus à se contenir. Lui qui avait secondé le duc dans toutes ses mauvaises actions et joué le *buffone* pour lui complaire – peut-être n'était-il pas d'accord avec lui, au fond, mais il restait néanmoins à ses côtés – ne peut accepter que sa propre fille se trouve impliquée dans les turpitudes de son maître. C'est là que commence la grande tragédie. Il paie Sparafucile pour assassiner le duc, et découvre ensuite que sa fille s'est sacrifiée pour que lui-même soit épargné. Je ne pense pas qu'elle se suicide pour le duc. Je pense qu'elle se tue pour l'amour, pour l'idéal qu'elle a perdu et sans lequel elle ne peut vivre. »

ALVARO

Verdi, La Force du Destin

Alvaro fait partie des plus grandes interprétations verdiennes de Domingo. Vocalement, ce rôle est le nec plus ultra, et sur le plan dramatique il est revêtu d'une émotion envoûtante. Domingo chanta pour la première fois ce héros triste et malheureux à l'Opéra national de Hambourg, le 18 janvier 1969. Trois mois plus tôt, le 11 octobre 1968, son deuxième fils naissait. Son épouse et lui décidèrent de le prénommer Alvaro. Plusieurs années auparavant, au Mexique, Marta avait entendu son futur mari chanter le fameux duo ténor/baryton tiré de La Force, *« Solenne in quest'ora ». Ce jour-là, elle qui l'avait jusqu'alors considéré comme un artiste quelque peu léger et superficiel, commença à réviser son jugement. Ce duo lui fit comprendre qu'il existait quelque chose d'inhabituel, quelque chose de spécial dans ce jeune homme. Tous ceux qui entendent Domingo chanter ce duo en disque ou sur cassette vidéo – la manière incomparable dont il mord les mots, les jette et les charge de sentiment – ne peuvent que partager son opinion.*

C'est aussi dans ce rôle que Domingo fit ses débuts au Teatro Colon de Buenos Aires, le 14 juillet 1972. Ce fut son premier contact avec le public argentin, un public connaisseur, chaleureux et ultra-démonstratif. Il chanta Alvaro 40 fois en tout, à Vienne,

Francfort, Paris et au Metropolitan Opera (à deux reprises) en mars 1977 et en février-mars 1996 (à cette liste s'ajoutent les villes déjà indiquées). Il le donna aussi une fois à Valence en 1974. Ayant appris que le fameux ténor « note aiguë » Giacomo Lauri Volpi s'était retiré sur la côte espagnole, Domingo n'eut de cesse que de le rencontrer. Aussi l'invita-t-il à son spectacle et, à la fin, le présenta-t-il au public qui lui fit une grande ovation. Cet accueil sembla l'émouvoir au plus haut point. Domingo lui rendit visite chez lui à deux reprises et, à cette occasion, Lauri Volpi lui chanta les fameuses notes aiguës qu'il pouvait encore produire sans effort apparent. (Sa voix médiane avait disparu, bien entendu.) Il avait 82 ans à l'époque. Cet épisode eut pour effet d'inciter Domingo à perfectionner sa technique et à travailler encore davantage ses aigus. Il ne le savait pas encore, mais, comme il l'explique, cette rencontre le hanterait pendant toute une partie de sa vie, et pas d'une manière positive. La malédiction de La Force *avait été subrepticement réveillée.*

« Mon grand rôle Verdi suivant, après le duc de Mantoue, fut Alvaro dans *La Force du Destin*, le troisième des opéras " espagnols " de Verdi, que j'ai chanté également à Hambourg. Alvaro est un rôle très particulier, dans le sens qu'il fait partie des personnages les plus malchanceux, les plus torturés et les plus complexes du répertoire. Il comporte en outre certaines des musiques pour ténor les plus difficiles que Verdi ait jamais écrites ! Son chant est haut de bout en bout. A l'acte premier, le duo avec Leonora est déjà haut et, malgré cette rude tessiture, requiert une grande aisance vocale. Le trio qui suit, avec Leonora et son père, est tout aussi redoutable et demande un chant très " chargé " de la part du ténor.

« Après cette scène d'ouverture, fort heureusement, Alvaro disparaît et reste dans les coulisses pendant tout le deuxième acte ; ce qui vous permet de vous reposer ! Mais, au troisième acte, à la minute même où il rentre en scène, il doit entonner son fameux air « Oh, tu che in seno agl'angeli » qui, comme en conviennent tous mes collègues, fait partie des plus beaux mais aussi des plus traîtres de tout l'œuvre de Verdi. Chose presque unique chez ce compositeur, il commence par un long récitatif, dans lequel Alvaro donne un résumé de sa vie. Les paroles de cette aria, particulièrement importantes, doivent être prononcées avec conviction et sensibilité. Mais la grosse difficulté survient dans l'aria où Alvaro songe à Leonora, son amour perdu. Quand l'orchestre démarre *plump, plump, plump, plump*, vous devez chanter une phrase superbe mais terriblement exposée grimpant vers un la bémol, qui doit être restituée avec justesse au point de vue du ton et du sentiment. Dans l'idéal, ce la bémol devrait être chanté *piano* – doucement. Dès la fin de cette aria, débute le duo crucial avec le baryton Don Carlo, « Solenne in quest'ora ». Et dans la plupart des mises en scène auxquelles j'ai participé, nous embrayions sur un autre duo, encore plus passionné, avec Carlo dans la scène du champ de bataille. Ce duo culmine avec la phrase fabuleuse « Al chiostro, all'eremo, ai santi altari ». Puis, au dernier acte, on a successivement le duo avec Carlo dans le monastère, le trio et le court duo avec Leonora, tous caractérisés par une tessiture remarquablement ardue.

« Alvaro est un homme très digne bien qu'affligé d'un léger complexe. Ses origines le gênent. Il est fier d'être inca, mais quand on le lui rappelle, il prend la mouche et s'emporte. C'est quelque chose que je ne comprends pas chez lui. Si vous êtes fier de ce que vous êtes, qu'importe ce que pensent les autres ? Mais en même temps, j'aime Alvaro parce qu'il me donne l'occasion d'exprimer de la colère, toute cette colère contenue, mais aussi parce qu'il souffre beaucoup. J'ai souvent dit que je préférais interpréter des personnages qui souffrent ! J'adore cela ! Il vous est ainsi permis de mieux chanter, avec plus de *passion*. Je l'admets, les moments de joie peuvent aussi me donner du plaisir parce que la voix s'y déploie magnifiquement. Mais les scènes les plus dramatiques, les circonstances tragiques et malheureuses sont les meilleures, à mon avis. Et *La Force* en regorge. Pour tout dire, on ne trouve pas le moindre instant joyeux, dans cet opéra. Les deux protagonistes souffrent du début jusqu'à la fin. Et quand, après tant d'angoisses et de séparations, ils se retrouvent au final et qu'on espère les voir enfin profiter de leur bonheur chèrement acquis, Carlo, le frère de Leonora, fait irruption devant elle et la poignarde.

« Leonora est l'héroïne typique de Verdi, une femme profonde et sincère dont la passion ne trouve pas d'aboutissement. Sur ce plan, les héroïnes de Verdi – à l'exception de Violetta, Desdemona et Lina dans *Stiffelio* qui, elles, “ l'ont fait ”, pour dire la chose crûment, ainsi qu'Amelia dans *Simon Boccanegra* qui le fera bientôt – diffèrent diamétralement de celles de Puccini qui, elles, vivent des amours charnelles. Dès lors, quand je me trouve face à une héroïne de Verdi, je ne me sens pas le même homme que lorsque je chante avec une femme de Puccini. La passion chez Verdi est plus désincarnée.

« Cela ne signifie pas que les femmes de Verdi ne soient pas sensuelles. Desdemona et Leonora dans *La Force* le sont au plus haut point. Et, tout comme Desdemona, Leonora est une femme intéressante qui possède une grande force de caractère. A l'instar de Desdemona, dont la passion fut suscitée par les conversations entre son propre père et Otello, durant lesquelles le Maure faisait le récit de son passé, Leonora est intriguée et fascinée par Alvaro, cet étranger insolite aux allures exotiques dont elle ne connaît presque rien... On ignore les circonstances de leur première rencontre, on ne sait pas non plus comment leur relation aurait évolué si l'on avait consenti à les marier. Lorsque le père de Leonora décide qu'un soupirant de sang inca ne mérite pas d'épouser sa fille, Alvaro demande à son aimée de s'enfuir avec lui et elle accepte. Le fait qu'une aristocrate espagnole très surveillée par un père qu'elle adore, consente à quitter sa famille, sa maison, son pays, et à suivre un étranger dans son exil, en faisant fi de ses doutes et de ses remords, montre clairement la profondeur de sa détermination et la sincérité de son amour... Je l'imagine très attirante. Une Andalouse sensuelle, dotée d'un sourire absolument incroyable ; des dents magnifiques, de superbes yeux noirs, des cheveux de jais et une peau ni trop sombre ni trop pâle. En bref, une Andalouse typique, possédant tout ce qu'il faut pour rendre Alvaro fou amoureux ! Bien sûr, nous ne savons pas s'ils auraient vécu heureux à jamais ou s'ils auraient été poursuivis par la vengeance du père ou du frère, puisque, au moment même où ils s'apprêtent à fuir, le destin se présente et l'histoire bascule dans le drame.

« L'arrivée du destin est signalée par ce thème musical obsédant que j'ai dirigé tant et tant de fois. D'expérience, je dois dire que *La Force* est presque aussi difficile à diriger qu'à chanter. Son style de composition relève à la fois du Verdi des origines et de celui de la maturité. Cet opéra comporte de longues scènes magnifiques qui ont besoin d'être correctement ponctuées : il faut bien veiller aux *tempi* qu'on ne doit jamais laisser se relâcher. Le rythme doit être soutenu de manière à tenir le public en haleine, sinon l'opéra risquerait de paraître interminable et ennuyeux, en raison de l'abondance des personnages secondaires, comme Preziosilla et Melitone dont la présence dilue la tension dramatique. Par conséquent, le chef d'orchestre se trouve dans l'obligation de compenser ce handicap en s'assurant que, musicalement du moins, la tension ne retombe pas.

« Si l'on en croit la tradition du spectacle, *La Force*, déjà si cruelle pour ses personnages, porterait aussi malheur à ses interprètes. A l'instar de Macbeth, poursuivi par le mauvais œil dans le théâtre classique, les artistes qui chantent *La Force* ont parfois tendance à connaître la déveine.

Eh bien, je dois dire que, dans un certain sens, je suis moi-même passé par là. Après Hambourg, je suis allé chanter cet opéra à Vienne et, en 1971, à Valence, où l'ancien grand ténor Giacomo Lauri Volpi assista, par le plus pur des hasards, à l'une des représentations. J'avais à peine 30 ans à l'époque mais, après avoir écouté ma prestation, Lauri Volpi déclara : " Quelqu'un qui chante Alvaro aussi bien ne peut avoir 30 ans ! " Pour lui, je devais avoir au moins cinq ou six ans de plus. Il se mit alors à répandre la rumeur. C'est ainsi que prit naissance la controverse autour de mon âge, qui s'est poursuivie jusqu'à ce jour. C'est tout bonnement ridicule ! Pour rétablir la vérité, il suffit de vérifier non seulement mon certificat de naissance – certains pourraient prétendre que je l'ai falsifié – mais aussi le registre de l'église où je fus baptisé. Là, au milieu des noms des autres enfants baptisés durant l'année 1941, on trouvera le mien... Toute cette ridicule saga n'aurait jamais existé si je n'avais pas si bien chanté *La Force* à Valence ! Quand j'y repense, je regrette d'avoir été si courtois avec Lauri Volpi, à cette époque... En effet, dès que j'ai su qu'il assistait au spectacle, je l'ai annoncé au public qui s'est mis à l'applaudir et à l'acclamer. En vérité, je pense n'avoir pas mérité le comportement grossier qu'il a eu envers moi... Ajoutant foi à la rumeur propagée par ce monsieur, Rodolfo Celletti, le fameux musicologue italien, écrivit dans son livre *Voci Parallele* que j'étais né en 1934 ! Et, depuis lors, il a toujours plané un doute dans l'esprit des gens. Ils pensent, bon d'accord, Placido prétend qu'il a 60 ans, mais est-ce bien vrai ? On peut donc dire que, dans un certain sens, la malchance proverbiale qui s'attache à *La Force* a un petit peu déteint sur moi. »

DES GRIEUX

Massenet, Manon

Ce rôle n'occupe pas une place très importante dans la carrière de Domingo. Il n'en donna que deux séries de représentations – au NYCO et à Vancouver – en 1969, et ne l'enregistra jamais. En fait, le Des Grieux de Massenet est l'un des deux rôles du répertoire de Domingo (l'autre est Enzo Grimaldo dans La Gioconda*) duquel nous n'avons rien conservé.*

Quoi qu'il en soit, ce fut le premier rôle Massenet de Domingo. De lui naquit son grand amour pour ce compositeur français qui connut plus tard son heure de gloire avec les portraits fulgurants qu'il nous donna de Werther, de Rodrigue dans Le Cid, *et de Jean dans* Hérodiade. *Domingo, à l'âge de 28 ans, était déjà un musicien intuitif et accompli, si bien qu'il remarqua très vite que chez Massenet les récitatifs précédant les grandes arias constituent des moments clés. On doit y injecter une extrême tension dramatique car ils indiquent le style dans lequel le chanteur devra interpréter l'aria suivante et les couleurs vocales qu'il aura à choisir.*

Comme Domingo le fait pertinemment remarquer dans son analyse comparative du Des Grieux de Massenet et de celui de Puccini, le premier apparaît plus léger et naïf et sa Manon plus clairement intéressée. Manon, *l'un des premiers opéras de Mas-*

senet – le 5e sur 25 – fut écrit pour plaire à son « cher public ». Du point de vue dramatique, il est beaucoup plus faible que ses œuvres postérieures ou que le roman de l'Abbé Prévost dont il est tiré. Pourtant deux scènes – celle de Cours-la-Reine et celle où le vieux comte se rend à Saint-Sulpice pour dissuader son fils d'entrer dans les ordres – sont de l'authentique Massenet. On y décèle le grand compositeur qu'il deviendra par la suite. Les deux personnages principaux sont campés de manière fort vivante et il est regrettable qu'on n'en ait pas effectué d'enregistrement puisque nous ne saurons jamais comment le grand artiste qu'est Domingo aborda ce rôle.

« C'est un rôle que j'ai rarement chanté – peut-être sept ou huit fois en tout et pour tout dans ma carrière. Quand j'y repense, je le regrette, parce que certaines parties de ce rôle – je peux même dire l'opéra en son entier – sont vraiment très émouvantes. Mais je suppose que les personnes qui s'occupent de la programmation dans les théâtres ne m'identifiaient pas suffisamment à lui.

« Dans un sens, je comprends pourquoi. Le Des Grieux de Massenet a toujours été un rôle très difficile pour moi. " Ah, fuyez douce image ", en particulier, qui monte vraiment très haut, n'a jamais cessé de m'inquiéter. Il n'en demeure pas moins magnifique. Quant au récitatif intitulé " Ah, je suis seule " qui précède cette aria, c'est l'un de ces moments – comme nous le verrons à propos du *Cid* – que je qualifie d'" oraculaires " parce qu'ils révèlent l'état d'esprit exact dans lequel vous devez chanter l'aria qui suit. J'aime passionnément la musique de Massenet. Je pense qu'il s'agit de l'un des compositeurs les plus excitants qui soient, même s'il est légèrement sous-estimé. A mon avis, il est au monde de l'opéra ce que Tchaïkovski est à celui de la musique symphonique : un géant dont l'aisance apparente et le don extraordinaire, lui permettant d'inventer un flux apparemment infini de mélodies, débouchent sur une sorte de dépréciation de ses dons par le public. Massenet réserva ses musiques les plus grandioses aux ténors et aux sopranos. L'aria du deuxième acte, par exemple, où Des Grieux chante " Le rêve " est l'une des plus belles du répertoire français.

« Comme je l'explique dans mon commentaire sur le *Manon Lescaut* de Puccini, le Des Grieux de Massenet est un homme jeune, naïf et détaché des choses de ce monde (voir p. 165). Le héros romantique *par excellence*, dépourvu de la virilité et de la passion brute, propres au héros de Puccini. »

CALAF

Puccini, Turandot

Comme l'explique Domingo dans le commentaire qui suit, il a interprété son premier Calaf – l'un des plus impressionnants rôles pour ténor, assorti d'un si bécarre atrocement exposé à la fin de « Nessun dorma » – le 16 juillet 1969, dans les Arènes de Vérone, autant dire dans la gueule du lion. En effet, ce lieu rassemble l'un des publics les plus gâtés, les plus connaisseurs et les plus chahuteurs d'Italie – ce qui veut dire du monde ! En outre, il l'a chanté aux côtés de la plus grande Turandot de l'époque : Birgit Nilsson.

Comme il nous l'expliquera lui-même dans les pages qui suivent, non seulement il ne pouvait s'empêcher de redouter cette épreuve, mais en plus il était enrhumé. « Il ne le savait pas et je ne le savais pas non plus, rappelle Birgit Nilsson, et quand je l'ai appris, c'était trop tard ! Lors du final, son baiser dura si longtemps que le public se mit à plaisanter et à hurler " Eee, basta, basta ! " (Hé, ça suffit comme ça !). Et, une semaine plus tard, j'avais une angine ! Mais peu importait la maladie, j'avais eu le bonheur de chanter avec Placido Domingo ! Non seulement cet homme est né avec une voix stupéfiante, mais aussi avec le don si rare de la musicalité. De plus, c'était une personne charmante et fantastique. Et, j'oubliais, tous les aigus étaient bien à leur place ! »

Quelques mois plus tard, en février 1970, Domingo chanta de nouveau Calaf avec Nilsson, mais au Met cette fois. Après cela, il y eut les représentations de Cologne en décembre 1981, les mises en scène de Franco Zeffirelli à la Scala en décembre 1983, avec Ghena Dimitrova dans le rôle-titre, et dirigées par Lorin Maazel, spectacles d'une stupéfiante beauté visuelle, puis la production encore plus fantasmagorique à laquelle il prit part en 1997, au Met. Je citerais également la mise en scène amusante et perspicace de Andrei Serban au Covent Garden, en septembre 1984, avec Gwyneth Jones dans le rôle-titre. Cette dernière nous offre ce commentaire : « Il existe une seule chose plus enivrante que de chanter des contre-ut et c'est de les chanter avec un ténor fabuleux! Vous n'imaginez pas ce qu'on éprouve quand on arrive tout au sommet, dans la stratosphère, aux côtés d'un ténor tel que Placido Domingo ! »

Domingo connaissait déjà très bien Turandot, *puisqu'il avait chanté les rôles de l'Empereur Altoum (à Mexico) et de Pang (à Monterrey) en 1960. Dans sa biographie,* Mes quarante premières années, *il évoque avec réalisme l'impact que la merveilleuse musique de cet opéra, qu'il venait de découvrir, eut sur lui. « Bien que l'Empereur n'ait quasiment rien à chanter, on lui a donné un superbe costume, et Marta, que je commençais à fréquenter à cette époque, se plaît aujourd'hui à me rappeler la fière allure que j'avais dans ces atours, malgré la brièveté de mon rôle. Quand j'ai été engagé pour jouer l'empereur, je n'avais jamais entendu parler de* Turandot *et je n'oublierai jamais le jour où je suis arrivé dans la salle de répétition, au moment même où le chœur et l'orchestre travaillaient sur " Perché tarda la luna ", le chant à la lune. Si je l'entendais aujourd'hui, je trouverais peut-être leur interprétation plate et leur chant critiquable. Mais à cet instant-là, cette musique me fit un effet inimaginable. Ce fut l'une des expériences les plus émouvantes de ma vie; la plus belle chose que j'avais jamais entendue. »*

« Si jamais j'ai connu un moment difficile, un moment de tension dans ma carrière, ce fut le soir où j'ai chanté Calaf pour la première fois, dans les Arènes de Vérone en 1969 ! Je n'avais que 27 ans, et non seulement ma partenaire était Birgit Nilsson, cette soprano légendaire, la grande Turandot de l'époque, mais je faisais mes débuts en Italie, et mes débuts dans les Arènes ! Vous n'imaginez pas l'état dans lequel je me trouvais.

« Néanmoins, j'ai adoré chanter Calaf ! J'aime beaucoup ce personnage. C'est l'un de ces types obsédés, presque suicidaires. Cette femme le hante à tel point qu'il fait n'importe quoi pour la séduire. Il joue à la roulette russe et risque tout. En fait, il adore prendre des risques. Il ne joue pas une fois mais trois. Il est atypique, têtu comme une mule et fort bizarre. Mais je l'aime ! Comme tous les amoureux de cet opéra, il tombe sous l'emprise de Turandot, mais *contrairement* à eux, il n'éprouve aucune crainte envers elle. Il se présente devant elle, persuadé de gagner, si bien que Turandot elle-même en est déconcertée. Il est assez intelligent pour comprendre tout de suite la passion qui couve dans cette femme à la froideur réputée, et assez astucieux pour remarquer aussitôt qu'il ne lui est pas indifférent. Au moment de la dernière énigme, quand il est sur le point d'échouer, on voit bien qu'elle l'aide. Elle ne *veut* pas qu'il échoue. C'est comme si elle lui disait implicitement : “ C'est moi, c'est moi, tu ne comprends pas ? C'est moi ! ” Elle veut qu'il gagne même si cela implique que sa “ gloire est finie ”.

« Je me suis toujours efforcé de rendre mon Calaf très très impétueux, très audacieux, très supérieur, très arrogant, entêté et extrêmement téméraire ! Il est tellement obsédé par Turandot, et par le défi à relever, qu'il est prêt à toutes les extrémités. Ce trait de caractère constitue le côté négatif de son personnage. Le sort de son père lui importe peu, par exemple. Et pourtant, on a l'intention de torturer à mort le vieil homme pour lui faire avouer la véritable identité de son fils, avant que Liu le sauve. Son obsession est telle qu'il néglige tout le reste. Il aime tant les défis qu'il ne peut s'en passer. Il résout l'énigme, remporte sa récompense, Turandot, mais cela ne lui suffit pas. Il ne veut pas la posséder contre sa volonté. Il veut qu'elle l'*accepte.* Alors il se lance un nouveau défi en disant : “ A présent, j'ai une énigme pour toi ! ” Je trouve cette situation fascinante ! Mais j'espère que Turandot ne se soumet pas trop car alors, qui sait...

« Tout compte fait, je pense que *Turandot* est l'opéra où je me suis le plus amusé ! Et cela malgré le fait que, en dehors du premier acte confortable et plaisant, Calaf soit un rôle très difficile du point de vue vocal. En disant cela, je ne pense pas uniquement au fameux si bécarre placé à la fin de “ Nessun dorma ”, le moment le plus terrible que bien sûr tout le monde attend, mais aussi au fait que vous ne cessez de vous battre avec une orchestration très lourde que votre voix doit percer afin de se projeter en avant. En outre, la tessiture de *Turandot* n'est pas seulement extrêmement haute mais très tendue, comme si les voix de même que les personnages étaient étirés à l'extrême. Puccini, à cette période de sa vie, connaissait certains problèmes de santé et ressentait des douleurs de gorge, et je me demande si, inconsciemment, ou peut-être même délibérément, il n'aurait pas transmis la tension qu'il éprouvait à son héros et à son héroïne en leur donnant à chanter une musique très ardue, très pénible...

« Et pourtant, ce premier soir, à Vérone, après m'être un peu calmé, j'ai pris du plaisir à chanter cet opéra. Je me rappelle un épisode amusant concernant mes enfants. On sait que la scène de Vérone est vaste. De plus, les décors étaient conçus de façon très réaliste. Chaque fois que je répondais à une énigme, je devais grimper environ trente marches d'un escalier fort large. Je portais une cape que soulevait la brise du soir, si bien que Placi et Alvaro, qui étaient très jeunes à l'époque, ont murmuré à l'oreille de Marta : “ Maman, regarde, papa vole ! ” »

RÔLE-TITRE

Verdi, Ernani

Je pense devoir commencer ma présentation de cette magnifique interprétation de Domingo en vous annonçant une excellente nouvelle : Domingo a la ferme intention de chanter de nouveau Ernani à l'Opéra national de Vienne, et ce dans un proche avenir. L'idée même de revoir Domingo jouer le grand rôle dans lequel il fit ses débuts à la Scala, le 7 décembre 1969, suffit à nous faire entrevoir les variantes, les nouveaux détails et les colorations subtiles qu'il apportera sans aucun doute à ce personnage qu'il n'a presque plus chanté depuis l'ouverture de la saison 1982-83 à la Scala, 13 ans après ses débuts dans ce théâtre. Entre-temps, il n'a donné que deux représentations de ce rôle, dont l'une au Met et l'autre en concert à Amsterdam le 15 janvier 1972.

Comme Domingo l'explique lui-même, Ernani fait partie des rôles les plus difficiles du répertoire de ténor. Si bien qu'avant l'ouverture de la saison 82 à la Scala, il résolut d'expérimenter une nouvelle manière de se chauffer la voix. Ainsi qu'il l'expose dans son autobiographie, lorsqu'il entreprend ce genre d'exercice, la chose la plus importante pour lui n'est pas d'étendre sa voix – vers l'aigu et le grave – mais de travailler la qualité du son médian. Il commence en chantant do-ré-mi-ré, do-ré-mi-ré, do-ré-mi-ré, en se servant de voyelles. Puis il monte d'un demi-ton : ré bémol-mi bé-

mol-fa-mi bémol-ré bémol-mi bémol-fa-mi bémol-ré bémol, et ainsi de suite. Il estime efficace de chanter également des demi-tons : do-do dièse-ré-ré dièse-mi-mi dièse-ré-ré dièse-do ; puis il recommence en partant du do dièse, etc. En faisant ces exercices simples, qui nécessitent un son lisse, legato, ne pouvant être produit que par son propre soutien, il fait travailler son diaphragme. Il ne dépasse pas le sol. Quand le registre médian est prêt, il passe à des arpèges étendus. Par exemple, il débute avec son do grave, monte vers do-ré-sol-do-ré-sol et puis il redescend fa-ré-si-sol-fa-ré-do. Ensuite, il étend ses gammes d'une note à chaque fois, de do à mi, de do à fa, et ainsi de suite, en s'aidant toujours des voyelles européennes – d'abord le « i », puis le « e », le « a », le « o » et le « u ». L'étape suivante consiste à chanter, car le fait de combiner texte et musique confère une autre dimension à son travail.

Jusqu'alors, il avait coutume de chanter des fragments de diverses arias durant son échauffement. Mais pour son Ernani de la Scala, il était si inquiet pour la tessiture de l'aria qui intervient au tout début du premier acte qu'il demanda à l'un des accompagnateurs de la Scala de venir dans sa loge jouer l'aria qu'il chanta à pleine voix. « Résultat, quand je suis entré en scène, j'étais totalement prêt et j'ai pu chanter parfaitement. » De fait, l'enregistrement vidéo du spectacle – qui rassemblait Mirella Freni, Renato Bruson et Nicolaï Ghiaourov, sous la baguette de Riccardo Muti – est loin d'infirmer cette déclaration.

« *Ernani* est le premier des quatre opéras “ espagnols ” de Verdi – espagnols parce que leur narration se situe en Espagne. Les trois autres sont *Le Trouvère*, *La Force du Destin* et *Don Carlos*. Le rôle d'Ernani occupe une place très spéciale à mes yeux. C'est avec lui que j'ai fait mes débuts à la Scala en 1969, dans une distribution merveilleuse réunissant Raïna Kabaïvanska dans le rôle d'Elvira, Piero Cappucilli dans celui du Roi et Nicolaï Ghiaourov dans celui de Silva, sous la baguette d'Antonino Votto. Pour un chanteur de 28 ans, faire ses débuts à la Scala dans un rôle aussi important, au milieu d'un tel casting, était une chance extraordinaire.

« La particularité d'*Ernani* tient également au fait qu'il s'agit du premier vrai rôle pour ténor écrit par Verdi. Certes, *Nabucco* est un opéra plus ancien, mais son ténor, Ismaele, n'a pas une grande importance dans la narration. Et il n'a presque rien à chanter. En revanche, Ernani inaugure une série de superbes rôles ténor qui mènent droit à Otello. Ces rôles s'étendent sur toute la vie de Verdi, ou presque, et couvrent une grande partie du XIXe siècle. Et j'en ai chanté la plupart ! Ismaele (*Nabucco*), Macduff (*Macbeth*), Carlo III (*Giovanna D'Arco)*, Oronte (*I Lombardi nella prima crociata*) en disque et Arrigo (*La battaglia di Legnano*) en concert. Mais depuis *Stiffelio*, c'est sur scène que j'ai chanté tous les héros de Verdi : Rodolfo (*Luisa Miller*), Gabriele Adorno (*Simon Boccanegra*), le Duc de Mantoue (*Rigoletto*), Alfredo (*La Traviata*), Manrico (*Le Trouvère*), Riccardo (*Un Bal masqué*), Alvaro (*La Force du destin*), Arrigo (*Les Vêpres siciliennes*), Radamès (*Aïda*) et les rôles-titres de *Don Carlos* et d'*Otello*.

« La musique d'Ernani est extrêmement difficile à chanter. Mais elle est sensationnelle ! L'ensemble, l'aria, la cabaletta, le duo avec Silva, le trio avec le roi et Elvira, le trio avec Silva et enfin le dernier trio avec Silva et Elvira qui est absolument magistral. L'aria d'Ernani et la cabaletta " Come rugiada al cespite " et " O tu che l'alma adora " sont ardues, les ensembles également, parce qu'on doit vous entendre au-dessus de la mêlée. Pourtant, le plus difficile reste le dernier trio. Quoi qu'il en soit, Ernani demeure l'un des plus grands rôles ténor jamais écrits par Verdi.

« Le personnage est fantastique ! J'adore ce hors-la-loi qui vole les riches pour donner aux pauvres, un peu comme Robin des Bois ou Fra Diavolo. En réalité, Ernani est un aristocrate qui a passé des années à la tête d'une troupe de bandits. Mais ses sentiments pour Elvira le contraignent à renouer avec son passé et ses rapports avec le roi et le comte (Silva) à retrouver ses racines. Il est contraint de révéler sa véritable identité : Giovanni d'Aragona, duc de Segorbia et Cardona, personnage très noble et tragique, qui mourra d'avoir été fidèle à la promesse faite à Silva. A cette époque, les gens s'estimaient liés par leurs promesses. C'était une question d'honneur. Aujourd'hui, bien sûr, ce comportement nous déconcerte. Comment Ernani a-t-il pu se sentir lié par son engagement envers ce Silva ? En effet, la basse Silva est son ennemi juré. A mon avis, il s'agit de l'un des personnages les plus terrifiants et impitoyables de tout le répertoire. Contrairement à Fiesco dans *Simon Boccanegra*, autre personnage terrifiant que Verdi attribue à la basse (lui se laisse attendrir, comprend et pardonne à la fin, même si c'est trop tard pour Simon), Silva est dépourvu de toute humanité. Il est fait d'acier pur, inaltérable. Un homme vraiment mauvais. Ernani se retrouve donc plongé dans une situation peu enviable, puisqu'il doit se battre non seulement contre ce terrible individu mais contre un autre homme, lui aussi investi d'un immense pouvoir : le roi en personne. »

ENZO

Ponchielli, La Gioconda

Enzo n'a pas énormément marqué la carrière de Domingo même si son interprétation était impétueuse et sa voix sensationnelle. Il n'a donné de ce rôle que 17 représentations. Malgré cela, Enzo occupe une place toute particulière pour lui. En effet, c'est avec lui qu'il fit ses débuts dans sa ville natale, Madrid, le 14 mai 1970. On comprend aisément qu'il se souvienne de ce jour-là comme de l'un des plus importants de sa carrière.

« Lorsque le public de ma ville natale a commencé à m'applaudir, après que j'ai chanté l'une des arias d'Enzo, j'ai été incapable de poursuivre. J'ai passé quelques minutes à pleurer et à tenter de ravaler mes larmes. Et je ne sais pas comment j'ai réussi à chanter le duo suivant avec Laura, qui est l'un des morceaux les plus difficiles de cet opéra. C'est un souvenir vraiment poignant. »

Onze ans plus tard, en mai 1981, Domingo interpréta Enzo à Berlin, puis au Metropolitan Opera en septembre 1982 et février 1983, et à l'Opéra national de Vienne en mai 1986, avec Eva Marton dans le rôle-titre. On peut se procurer un enregistrement vidéo de ce dernier spectacle.

« Enzo, de même que le Des Grieux de Massenet, fait partie des deux grands rôles ténor que je n'ai jamais enregistrés en disque. J'espère réparer cet oubli en 2001 ! C'est un rôle merveilleux que j'ai interprété pour la première fois à Madrid le 14 mai 1970. La musique d'Enzo est extraordinaire ! Son aria “ Cielo e mar ! ” et le duo avec Laura, “ Laggiu, nelle nebbie remote ”, sont absolument sublimes, de même que l'ensemble “ Gia ti veggo immota e smorta ”, et son duo terriblement dramatique avec Barnaba. L'aria, si fameuse, et surtout le duo avec Laura, représentent les passages les plus ardus. Vous n'avez pas un instant pour respirer. Et, après avoir terminé ces phrases galopantes, il vous reste à chanter un terrible si bémol avec Laura, avant de poursuivre avec des lignes plus lyriques. De même, je trouve l'ensemble du troisième acte très beau ; il possède de merveilleuses mélodies.

« Dramatiquement parlant, les personnages ne semblent pas très complexes. Ils sont tous si basiques, si “ carrés ” qu'on les apprécie davantage pour leur musique que pour leurs profondeurs cachées. Enzo est aimé par Gioconda, mais lui la considère comme une amie. En revanche, il éprouve une grande passion pour Laura qu'il souhaite épouser avant de partir en exil. Mais hélas ! la famille de la jeune fille l'oblige à épouser un homme plus vieux qu'elle, Alvise. En bref, je dirais que cet opéra est un pur enchantement vocal. »

RÔLE-TITRE

Donizetti, Roberto Devereux

La mise en scène par le NYCO de cet opéra de Donizetti rarement monté, avec Beverly Sills dans le rôle de la reine Elizabeth Ire et Domingo dans le rôle-titre, fut selon le New York Post : *« Sans aucun doute l'événement musical le plus passionnant de l'automne 1970. » Cet opéra magnifique et sous-estimé n'avait pas été donné à New York depuis 1851, et le NYCO mit tout en œuvre pour le monter. Le metteur en scène en était Tito Capobianco et le chef d'orchestre Julius Rudel, le directeur artistique du NYCO. Et ce fut un grand succès.*

Ces représentations, qui suscitèrent des tonnerres d'applaudissements et les plus grands éloges de la critique, se déroulaient en alternance avec celles du Bal *dans sa version suédoise, données au Met où Domingo interprétait Gustavus III, aux côtés de Montserrat Caballé. Ces deux grandes cantatrices n'eurent qu'à se féliciter de l'avoir pour partenaire : « Quand ils se trouvent face à Sills, les ténors ont l'air pâles et sans saveur », écrivit le* Time. *« Mais Sills et Domingo ont campé une Elizabeth et un Essex si remarquables que tout directeur d'opéra qui se respecte pourrait être tenté d'échanger un cycle du Ring contre l'avantage de les accueillir dans son théâtre. Mettant un genou à terre dans un geste de supplication, bombant le torse avec une bravoure de soldat, Do-*

mingo a fait de l'émouvant duo du premier acte une véritable rencontre entre deux égaux romantiques. »

Domingo bénéficiait déjà d'une cote extraordinaire à New York où, comme le remarque ce magazine, le public se pressait en masse aux guichets tous les soirs où il était à l'affiche. Sa magnifique performance dans cette œuvre injustement sous-estimée nous a fait regretter qu'il n'ait pas accordé une place plus importante aux rôles bel canto au cours de sa carrière. C'est pourquoi on ne peut que s'étonner de l'entendre dire qu'il ne se considère pas comme le chanteur de bel canto idéal. Mais il faut sans doute mettre cette remarque sur le compte de sa trop grande modestie. En effet, si cette affirmation se justifie en ce qui concerne les années qui suivirent ses interprétations d'Otello, en revanche il était permis d'en douter en octobre 1970, quand, après la première, Harold Schönberg écrivait dans le New York Times *: « M. Domingo est le ténor le plus doux qui existe, et le rôle de Roberto lui va comme un gant. Ce chant si coulant, si précis, composé de longs phrasés portés par un son aussi caressant que du velours, est d'une qualité inestimable. »*

De telles déclarations nous font regretter de ne pas avoir assisté à ces spectacles, d'autant que Domingo ne se consacre plus guère à cette partie du répertoire lyrique. Ceux qui ont eu la chance d'être présents lors de ces cinq représentations devraient chérir ce souvenir à tout jamais.

« Mon deuxième grand rôle bel canto, huit ans après que j'ai interprété Edgardo dans *Lucia*, fut le comte d'Essex dans le *Roberto Devereux* de Donizetti. Cela se passa dans le cadre du NYCO en 1970 ; un événement capital, puisque Beverly Sills chantait la reine Elizabeth et que nous avions Julius Rudel à la direction musicale. Comme on peut aisément l'imaginer, le fait de camper un personnage aussi riche qu'Essex, aux côtés d'une partenaire telle que Beverly, représenta pour moi à la fois un défi et une expérience terriblement excitante.

« Essex m'intéresse beaucoup, car c'est un homme qui se retrouve plongé dans une situation peu enviable. Il vit une histoire d'amour tourmentée avec une femme très puissante, la reine d'Angleterre, et, comme Radamès l'apprit à ses dépens, ce genre de situation ne donne jamais rien de bon. Quoi qu'on fasse, ces femmes vous tiennent à leur merci et mènent l'homme qui les aime par le bout du nez. A la fin, on a l'impression qu'Essex est un peu fatigué de toutes les intrigues et des jeux de pouvoir qui surgissent inévitablement dans l'orbe des puissants. Aussi tente-t-il de se suicider.

« J'ai été vraiment surpris de découvrir à quel point cet opéra est fascinant sur le plan vocal ! Les rôles d'Essex et d'Elizabeth sont aussi fabuleux l'un que l'autre ! Franchement, on ne s'attend pas à rencontrer une telle musique dans des œuvres si rarement jouées. On se dit que leur rareté n'est pas simplement due au hasard. Mais en l'occurrence, je crois que si les théâtres ont tendance à bouder *Roberto Devereux* c'est que cet opéra exige une distribution exceptionnelle. En effet, il nécessite la participation de quatre grands chanteurs de l'envergure de Joan Sutherland, Montserrat Caballé, Beverly Sills ou Leyla Gencer... La partition d'Essex est très difficile, surtout dans ses duos avec la reine et les autres personnages principaux, Sara, la comtesse de Nottingham, “ Ah, quest'addio fatale ”. On trouve également une musique exceptionnelle dans son duo avec le baryton et dans son aria finale, la cabaletta intitulée “ A morte ”, qu'il entonne avant de marcher vers l'échafaud. Ce fut un rôle très agréable à chanter et je ne comprends pas pourquoi je ne l'ai jamais refait. Il est vrai que les théâtres préfèrent m'engager sur des rôles plus importants et plus populaires. »

RODOLFO

Verdi, Luisa Miller

Domingo chanta Rodolfo pour la première fois le 4 novembre 1971, au Metropolitan Opera où il le reprit huit ans plus tard, en janvier 1979. En juin 1979, il en donna cinq représentations tout aussi mémorables au Covent Garden et, toujours à Londres, il l'enregistra pour Deutsche Grammophon dans une distribution comprenant en outre Katia Ricciarelli, Renato Bruson et Elena Obratsova, sous la baguette de Lorin Maazel. A l'époque, toutes les compagnies de disques semblaient s'être entichées de Luisa Miller *ou voulaient tout simplement profiter de sa soudaine popularité. Domingo ne fut pas le seul des Trois Ténors à enregistrer le rôle : Pavarotti le fit pour Decca et Carreras pour Philips.*

Trois ans plus tard, en janvier et juin 1982, Domingo chanta ses deux derniers Rodolfo à Hambourg. Dans toute sa carrière, il ne donna que seize représentations de ce rôle. Ce chiffre n'est pas énorme, mais Domingo remporta néanmoins un succès marquant dans cet opéra qu'il interpréta selon l'idée qu'il s'est toujours faite de Verdi : un compositeur de Bel canto avec un grand « B ». L'exemple le plus patent en est « le morceau de bravoure » qui intervient au deuxième acte. Je veux parler de l'aria de Rodolfo « Quando le sere al placido », avec lequel il monta au zénith aussi bien à New York qu'à Londres et qu'il chanta d'une manière qui mettait en lumière tout son art : tout d'abord une prononciation vibrante et passionnée traduisant de façon poignante l'ardeur de l'amant et la tension contenue dans ses élans; puis, à la fin de l'aria, le passage à un son lyrique, plus doux, adapté à la mélancolie du personnage. La grande particularité de l'interprétation de Domingo – de cette « mélodie bel canto lyrique d'une grande beauté », selon les mots de Charles Osborne, le fameux spécialiste de Verdi – réside dans le fait que, tout en n'oubliant pas de l'orner de toutes les beautés du style bel canto, il sait enrichir sa voix d'une tension, d'une ferveur lancinantes. Il obtient ainsi un chant qui va au-delà de la belle mélodie lyrique. Son interprétation de ce rôle en son entier – aussi bien sur scène qu'en disque – est à mon avis la plus marquante qui soit, en raison même de la « goccia di verismo » (goutte de vérisme) qu'il instille dans ce rôle par essence lyrique.

« J'ai tendance à associer dans mon esprit le Rodolfo de *Luisa* et le personnage d'Arrigo dans *Les Vêpres siciliennes.* Ces deux rôles comportent un certain nombre de ressemblances tant sur le plan musical que dramatique. D'abord, ils jouent beaucoup dans les aigus aussi bien l'un que l'autre – pourtant Rodolfo n'est pas aussi excessif ni *tout à fait* aussi exigeant qu'Arrigo. Ensuite ces deux personnages sont des fils rebelles. En fait, par certains côtés, Rodolfo me rappelle beaucoup d'adolescents révoltés d'aujourd'hui.

« Il est amoureux d'une jeune fille innocente, victime du destin. Leur seul tort est d'être nés dans des familles rivales, comme Roméo et Juliette. Pour servir ses propres intérêts, le père de Rodolfo, le comte Walter, veut marier son fils à Federica, la mezzo. Luisa, quant à elle, a été promise par son père à un certain Wurm. Ces deux derniers ne cessent de lui répéter que Rodolfo épousera probablement Federica mais la jeune fille n'en a cure. Elle aime sincèrement Rodolfo et rien d'autre ne compte pour elle. Lors du final du premier acte, notre jeune héros, poussé par sa passion, menace son propre père de révéler son passé criminel et la manière douteuse dont il est devenu le comte Walter, à moins qu'il ne revienne sur sa décision et ne lui permette d'épouser Luisa.

« Sur le plan vocal, Rodolfo est un rôle agréable mais pas si facile que cela. Les difficultés commencent dès le début du premier acte. Sa phrase d'ouverture : " Ah mi amor che sprimere ", et son duo avec Luisa comportent un peu de colorature. Le duo avec Federica est tout aussi ardu, car non seulement il est haut mais on doit le chanter avec une voix légère. Et, à la fin du premier acte, survient l'ensemble dans lequel Rodolfo menace son père de tuer la jeune fille s'il s'obstine à la lui faire épouser.

« Puis, fort heureusement, le ténor disparaît pour un temps. Mais quand il revient, il doit attaquer la fameuse aria intitulée " Quando le sere al placido ", qui a toujours été l'une de mes préférées. Rodolfo a reçu une lettre de Luisa l'informant qu'elle voit Wurm – Wurm, quel nom pour un personnage d'opéra ! Il s'engouffre donc dans cette aria où il évoque la période bénie de leur amour et exprime sa douleur d'avoir été trahi. Il provoque Wurm en duel. Mais ce dernier, trop lâche pour relever le défi, tire un coup en l'air et s'enfuit. Sur ces entrefaites, le père de Rodolfo arrive et tente de consoler le jeune homme qui s'élance dans une glorieuse cabaletta.

« Au dernier acte, Rodolfo rappelle un peu Otello. Son entrée en scène s'accompagne d'une tonalité grave et de phrases musicales empreintes de tristesse, semblables à celles qui signalent l'apparition menaçante du Maure au dernier acte d'*Otello*. Sans lui poser aucune question, il administre le poison à Luisa avant de le boire lui-même. Et c'est seulement après qu'elle lui révèle la vérité : elle a écrit cette lettre sous la contrainte et elle n'aime que lui. Rodolfo tue Wurm puis il meurt avec Luisa. Cette scène comporte la musique la plus émouvante qui soit : l'extraordinaire duo que Rodolfo chante avec Luisa, et le grand trio qu'ils exécutent avec le père.

« On voit donc qu'il s'agit d'un opéra très pessimiste, de bout en bout. Il est vrai qu'il est tiré de la grande pièce de Schiller, *Kabale und Liebe*. Toutefois Rodolfo est un rôle très agréable à chanter et je suis désolé de ne plus pouvoir le faire ; sa tessiture est tellement haute que je ne serais plus capable de la soutenir durant toute une soirée. »

VASCO DE GAMA

Meyerbeer, L'Africaine

Le 3 novembre 1972, Domingo a chanté pour la première fois Vasco de Gama à San Francisco dans une nouvelle production où Shirley Verrett tenait le rôle de Selika. Six ans plus tard, il le redonna au Covent Garden, cette fois avec Grace Bumbry, puis le délaissa pendant une décennie, jusqu'en 1988, date à laquelle la mise en scène de San Francisco fut reprise. Ce rôle était idéal pour lui – comme chacun a pu le constater en ces trois occasions – aussi bien du point de vue vocal que dramatique, et cela en dépit du fait que Vasco de Gama soit un personnage un peu trop simple.

*Durant les six années qui séparèrent les premières représentations de San Francisco de la production du Covent Garden en 1978, Domingo était dans le plein épanouissement de son art et s'affirmait déjà comme le plus grand chanteur-acteur de notre époque. Grace Bumbry qui campa Amneris pour quelques représentations d'*Aïda *à l'Opéra national de Vienne en 1973, un an après la production de* L'Africaine *à San Francisco, l'avait trouvé (comme elle l'explique dans la présentation de Radamès) splendide sur le plan vocal, mais pas vraiment parfait du point de vue dramaturgique. « Mais quand je l'ai retrouvé sur* L'Africaine, *j'ai noté une grande différence. En lui j'ai discerné l'apparition d'un acteur-chanteur, ou d'un chanteur-acteur, d'une enver-*

gure totalement différente. Ce processus était en pleine maturation. Je me rappelle que son rendu de " O Paradis " fut magnifique, et pas seulement pour sa virtuosité vocale mais aussi pour la façon dont il avait mené l'action aboutissant à cet acmé. Il fut une source d'inspiration pour tout le monde; un artiste de l'envergure de Placido ne peut qu'influencer les personnes qui l'entourent. Il vous pousse à donner ce qu'il y a de meilleur en vous ! »

« J'avais persuadé Kurt Herbert Adler de produire cette rareté à San Francisco, avec Shirley Verrett dans le rôle de Selika. Par la suite, je l'ai de nouveau interprété dans une production improvisée au Liceo de Barcelone, et finalement au Covent Garden en 1978.

« Je n'irai pas jusqu'à dire que *L'Africaine* est un chef-d'œuvre, mais je pense qu'il contient la meilleure musique de Meyerbeer. Quant à l'argument, il est très mince. Vasco en lui-même n'est pas particulièrement intéressant et son personnage ne se développe pas du tout au cours de l'action. Son moment le plus puissant se situe au premier acte, quand il défie le Conseil Royal de Lisbonne et le convainc de le laisser entreprendre le long voyage qui le mènera jusqu'aux Indes. Ici, la vérité historique est respectée. Il part donc et, durant son périple, rencontre Selika, une superbe esclave africaine.

« Du point de vue vocal, c'est un rôle très agréable, en dépit de quelques passages extrêmement ardus. La tessiture est particulièrement exigeante. Vous avez non seulement la très belle et très fameuse aria intitulée " O paradis " – un morceau de bravoure que le public attend et par lequel il jugera votre prestation – mais aussi des phrases truffées de la bémol. Voilà pourquoi, bien qu'il soit agréable à chanter, ce rôle est loin d'être facile !

« Cet opéra comporte quelques maladresses. J'en citerai une qui révèle le manque de profondeur du rôle : sans aucune raison, Vasco disparaît avant la fin de l'opéra. Mais le chant, lui, est tout sauf plat. Il est fantastique, au contraire, et je considère Vasco comme l'une de mes meilleures interprétations. Je suis aussi très fier de l'avoir fait sortir de l'oubli relatif où il était plongé. »

ARRIGO

Verdi, Les Vêpres siciliennes

Arrigo fut l'une des plus grandes réussites de la carrière de Domingo. C'est le rôle Verdi le plus difficile après Otello. Pourtant, si l'on devait considérer Otello uniquement du point de vue vocal, sans tenir compte de l'immense engagement émotionnel qu'il exige de ses interprètes, on pourrait être tenté d'affirmer qu'il est plus facile qu'Arrigo, surtout pour un chanteur comme Domingo.

Domingo l'a chanté pour la première fois à Paris le 9 avril 1974, neuf mois avant son premier Otello. Deux mois plus tard, il le donna à Hambourg, puis au mois de septembre suivant au Metropolitan Opera et, à la fin de la même année, au Liceo de Barcelone : treize représentations en tout. (Quatorze si l'on compte la Générale à Paris.) Sa tessiture « stratosphérique » fait d'Arrigo un rôle presque impossible à chanter. Comme Domingo le dit lui-même, aucun de ses illustres prédécesseurs et de ses contemporains n'a jamais tenté l'aventure sur ce rôle. Pavarotti lui-même, qui est pourtant le ténor léger type, ne s'y est pas risqué. Cette particularité rend la maîtrise technique de Domingo encore plus remarquable. Car c'est une chose que de pouvoir produire des si bécarre et même des contre-ut, grâce à ses ressources vocales, c'en est une autre que d'être capable de tenir pendant une soirée entière une tessiture aussi aiguë et périlleuse – comprenant un ré bémol – que celle d'Arrigo. Et remporter un succès retentissant malgré tous ces handicaps représente un achèvement absolument herculéen !

Il est d'autant plus regrettable que nous ne possédions aucun enregistrement vidéo des Vêpres *par Domingo. On doit se contenter d'un enregistrement audio produit par RCA, avec Martina Arroyo dans le rôle d'Elena, Ruggero Raimondi dans celui de Procida et Sherrill Milnes dans celui de Montforte, sous la baguette de James Levine. Domingo, qui aime particulièrement cet opéra, en dépit de ses difficultés, prévoit de le diriger à Vérone en 2002, avec Sylvie Valayre dans le rôle d'Elena et, de nouveau, Ruggero Raimondi dans celui de Procida.*

« C'est indéniable, Arrigo est l'un des deux rôles les plus difficiles de mon répertoire. Nous avons affaire à un personnage très intéressant : très rude, très agressif, fanatique et, par-dessus tout, extrêmement difficile du point de vue vocal. C'est lui qui, avec Otello, se révèle le plus exigeant avec Otello, en raison de l'énorme engagement émotionnel qu'il implique. Mais je suis très fier d'avoir ajouté Arrigo à mon répertoire. En effet, rares furent les ténors à avoir osé le faire. Caruso ne l'a jamais chanté, pas plus que Björling ou Di Stefano. Le rôle est " stratosphérique " – il comporte un contre-ré vers la fin. Quant à l'opéra lui-même, on hésite à le monter ; il est difficile à mettre en scène et, de plus, requiert un quatuor de grands chanteurs – une soprano, un ténor, un baryton et une basse – et la plupart des théâtres capables de s'offrir un tel casting ont tendance à opter pour *Don Carlos*.

« J'ai chanté Arrigo dans trois mises en scène – à Paris, à Hambourg et au Met en 1974 – de Joseph Svoboda. Je ne sais pas pourquoi mais, dans mon esprit, j'ai tendance à associer Arrigo au Rodolfo de *Luisa Miller*. Ces deux rôles jouent beaucoup dans les aigus et les deux héros sont des fils rebelles. Mais si Rodolfo agit pour des raisons personnelles, Arrigo, lui, vit une tout autre histoire. C'est un personnage phénoménal, un révolutionnaire engagé dans la lutte pour la libération de son pays opprimé par les Français. Cet engagement génère en lui une énorme tension puisqu'il l'oppose à un homme qui – il le découvre au cours de l'intrigue – n'est autre que son propre père : Guy de Montfort, le gouverneur français de Sicile. A cette tension s'ajoute son amour passionné pour Elena, qui est elle-même profondément impliquée dans le complot contre l'occupant français. Dès qu'elle comprend qu'Arrigo est incapable de tuer son père, elle devient son ennemie. Plus tard, elle regrettera son comportement.

« Sur le plan vocal, cette forte tension se reflète dans la redoutable tessiture d'Arrigo – l'une des plus ardues de tout le répertoire. Au premier acte, il participe à un merveilleux ensemble, suivi d'un duo intense avec son père. Au deuxième acte, l'important duo avec Elena et l'autre grand duo qu'il chante avec son père, reprennent la belle mélodie entendue à l'ouverture. Au troisième acte, nous avons le duo crucial et éminemment dramatique dans lequel le baryton, Guy de Montfort, révèle qu'Arrigo est son fils – ce lien de parenté lui a sauvé la vie et lui a valu d'être libéré de prison. Arrigo, abasourdi, consterné, souffre profondément de cette stupéfiante révélation. En effet, s'il a accepté de participer au complot c'est qu'il devait aboutir à la mort du gouverneur. Or cet homme tant détesté s'avère à présent être ce père responsable, pense-t-il, de la mort de sa mère qu'il a abandonnée. Il déclare : Comment se peut-il que tu sois mon père ? Etre ton fils me fait *horreur*.

« Cet acte contient en outre deux des meilleurs duos ténor/baryton de tout le répertoire de Verdi. Chez ce compositeur, tous les duos ténor/baryton sont des chefs-d'œuvre, qu'ils se trouvent dans *I Masnadieri*, dans *La Force du Destin*, *Don Carlos* ou *Otello*. Mais je pense que les deux duos rassemblant Arrigo et Montforte dans *Les Vêpres* font partie des plus beaux que Verdi ait jamais écrits, surtout le deuxième qui reprend le thème de l'ouverture. Le duo qu'Arrigo chante avec Elena est tout aussi somptueux. Je trouve sa fameuse aria du quatrième acte « Un giorno di pianto » *vraiment* difficile car, malgré sa splendeur et sa grande intensité dramatique, sa tessiture est une vraie torture. Le trio et le quatuor sont d'une difficulté comparable. Et juste à la fin, au cinquième acte, après le duo du Mariage, une fois que vous avez tenu cette tessiture épuisante toute la soirée, arrive l'arietta, un morceau très bref mais très ardu, qui comporte un contre-ré ! Je suis heureux de dire que, dans l'enregistrement que j'ai effectué de ce rôle, j'ai chanté ce contre-ré, comme il se doit. En dépit de ses difficultés et de sa tessiture redoutable, Arrigo est un rôle que j'aurais souhaité chanter davantage. Aujourd'hui, je projette de le diriger ! »

ROMÉO

Verdi, Roméo et Juliette

Domingo n'a chanté ce légendaire héros romantique qu'une seule fois dans sa carrière, lors d'une série de six représentations, au Metropolitan Opera en octobre 1974, avec Judith Blegen dans le rôle de Juliette. Et comme tous les ténors qui entreprennent ce rôle le confirment, il l'a trouvé vraiment très difficile, surtout pour une voix lirico spinto *comme la sienne. D'habitude, on confie plutôt ce rôle à des ténors lyriques-légers ou purement lyriques.*

Il ne reprit contact avec cette œuvre qu'une seule fois, douze ans plus tard, en 1986, quand on lui demanda de la diriger au Metropolitan Opera avec une distribution prestigieuse comprenant, dans les rôles-titres, Alfredo Kraus et Cecilia Gasdia qui faisait alors ses débuts au Met.

Tout en dirigeant Roméo *au Met, il tenait le rôle principal du* Goya *de Menotti au Washington Opera. Il ne cessait donc de faire la navette entre les deux villes – mais il est vrai que Domingo a l'habitude de ce genre d'emploi du temps ! En l'occurrence, il n'avait pas le choix parce que les dates du* Goya *avaient été fixées après celles de* Roméo, *que le Met n'était pas en mesure de modifier. Sa prestation de chef d'orchestre fut bien reçue et l'on apprécia grandement de voir l'un des plus grands ténors espagnols en diriger un autre. Il s'agissait donc là d'un événement tout à fait spécial.*

« Je n'avais que 33 ans lorsque j'ai chanté Roméo. C'était le bon âge, le bon moment et le bon endroit pour le faire, et j'ai passé des instants délicieux avec lui. Quand j'y repense, je regrette de ne l'avoir donné qu'une fois. J'aurais aimé le chanter à Paris !

« Tout comme Hoffmann, Roméo est l'un des rôles les plus longs et les plus difficiles du répertoire. Il est interminable et très haut. Mais je les aime tous les deux et je les ai joués avec la plus grande application et le plus grand plaisir. Bien sûr, les représentations que j'ai données au Met constituaient un immense challenge pour moi, puisque j'arrivais après l'énorme succès de Franco Corelli qui avait inauguré cette mise en scène.

« Mais j'ai été très heureux du résultat. Non seulement la musique est fort belle – parfois plus belle encore que celle de Faust – mais c'était aussi mon premier rôle basé sur un personnage shakespearien et j'ai eu grand plaisir à l'interpréter. Bien qu'il s'agisse d'une reprise et non d'une mise en scène nouvelle, j'ai beaucoup travaillé le jeu de scène avec Marta en portant une attention toute particulière à la façon dont je me déplaçais : je marchais à la manière " Renaissance ", presque sur la pointe des pieds, avec un léger balancement juvénile.

« Du point de vue vocal, sa longueur constitue la principale difficulté de *Roméo*. Il est haut, mais ce n'est pas uniquement une question de tessiture ; certaines notes de son aria et des duos sont très exposées. On pourrait dire que tout l'opéra n'est qu'un duo continuel – je ne connais pas d'autre œuvre qui comporte autant de duos pour soprano et ténor. Par conséquent, on a du mal à savoir lequel on préfère aux autres ; peut-être le duo de la Chambre, si exceptionnel que je l'intègre toujours au programme de mes concerts, de manière à savourer sa beauté une fois de plus. »

DICK JOHNSON
(ou RAMERREZ)

Puccini, La Fille du Far West

Dick Johnson est l'un des rôles les plus populaires de Domingo; il l'a interprété pas moins de 80 fois en 25 ans, la première le 26 novembre 1974 à Turin et la dernière le 15 décembre 1995 à Bonn. Entre-temps, il l'a chanté à Miami et au Covent Garden, respectivement en avril et mai 1977, puis de nouveau au Covent Garden en 1978 et 1982, à Vienne, Buenos Aires et San Francisco en 1979, à Madrid en 1983, à Barcelone en 1984, à Vienne en 1988, à Berlin en 1989, à Chicago en 1990, puis à la Scala, à Los Angeles et au Metropolitan Opera en 1991 et 1992.

Il aime particulièrement ce rôle qui est loin d'être facile à chanter mais terriblement amusant à jouer. L'atmosphère de l'Ouest américain du XIXe siècle l'enchante, lui rappelle les bandes dessinées et les westerns de son enfance. Quand il interpréta Dick Johnson, sa bonne humeur fut contagieuse. En fait, c'est lorsque nous avons évoqué ce rôle – nous en avons passé en revue plus de soixante pour les besoins de ce livre –, qu'il s'est spontanément exclamé : « Que puis-je vous dire ? A présent que nous avons revisité tous mes rôles, l'un après l'autre, je m'aperçois combien ils me manquent ! »

Parmi les nombreuses productions de La Fille *où il est apparu, trois étaient l'œuvre de Piero Faggioni qu'il considère, à juste titre, ainsi qu'il l'a déclaré dans le chapitre consacré à Don José, comme l'un des metteurs en scène d'opéra les plus brillants (il regrette néanmoins que son extrême perfectionnisme et sa nature irascible l'aient empêché d'occuper dans le monde de l'opéra une place encore plus grande, comme il le mérite). En tant qu'ancien acteur, Faggioni possède le talent de se couler dans la peau des personnages ; il perçoit les motivations derrière chacune de leurs expressions et « les fait ressortir » pour le plus grand bien du chanteur qui les interprète. Domingo déclare qu'il doit à Faggioni une grande partie des idées qui lui ont permis de peaufiner les rôles de Don José, de Cavaradossi, de Paolo, d'Otello, mais aussi de Dick Johnson. Des trois* Filles *de Faggioni, sa préférée reste celle du Covent Garden, qui bénéficia des décors spectaculaires de Ken Adam (aussi connu pour ses décors des films de James Bond). Grâce à l'excellent enregistrement vidéo qui a été fait de cette production, les admirateurs de Domingo peuvent goûter la superbe interprétation qu'il donna de Dick Johnson aux côtés de Carol Nebbet dans le rôle de Minnie, et de Silvano Carroli dans celui de Jack Rance, sous la baguette de Nello Santi.*

Il convient de signaler en outre l'existence de trois autres enregistrements – l'un est disponible sur CD, les deux autres sont des vidéos produites par Deutsche Grammophon et Sony –, les deux premiers avec Sherrill Milnes et le dernier avec Juan Pons dans le rôle de Jack Rance, Carol Nebbet, Barbara Daniels et Mara Zampieri dans le rôle de Minnie, sous les directions de Zubin Mehta, Lorin Maazel et Nello Santi.

« Voilà encore un merveilleux rôle Puccini. Que puis-je vous dire ? A présent que j'ai revisité avec vous tous ces rôles que je ne chante plus, je m'aperçois combien ils me manquent ! Ramerrez, en particulier, est très cher à mon cœur. Certaines mises en scène de *La Fille* m'ont laissé des souvenirs très agréables. A mes yeux, la meilleure demeure celle de Piero Faggioni au Covent Garden en 1977, dans des décors de Ken Adam, avec Zubin Mehta dans la fosse d'orchestre. Le seul fait de savoir que je chanterai de nouveau ce rôle à Los Angeles en 2002, avec Catherine Malfitano dans le rôle de Minnie, m'empêche de succomber à la nostalgie !

« Mais quelque agréable que soit Ramerrez, alias Dick Johnson, ce n'est pas un rôle facile à chanter. Bien au contraire. Le premier acte présente certaines difficultés dans la phrase " Amai la vita e l'amo " qui est très haute et se termine par un si bécarre. Que voulez-vous ? Je n'ai jamais été à mon aise dans les aigus. Vous trouverez peut-être des ténors qui vous diront que ces notes-là sont leurs préférées. Mais pas moi. A l'acte II, l'aria " Or son sei mesi " est l'une des plus difficiles de Puccini. Elle possède à la fin une série de si bémol soutenus, vraiment pénibles à exécuter – " La mia vergogna, a-himé, a-himé, a-himé vergogna mia " – en raison de la fatigue qui s'abat sur vous à ce moment-là. Mais, bien que ma technique, mon soutien et mon contrôle respiratoires m'aient permis de chanter cette série de si bémol sans respirer, j'en suis arrivé à la conclusion suivante : pour l'effet expressif, il vaut mieux respirer avant chaque " a-himé ". Même si cette respiration ressemble à un hoquet, elle donne plus d'élan à la phrase.

« Du point de vue dramatique, cet opéra est très amusant à interpréter. C'est une sorte de western où l'on rencontre l'une des plus grandes héroïnes de Puccini, Minnie. Aucun compositeur – pas même Strauss – n'a aimé ses personnages féminins autant que Puccini ; et il donne à Minnie l'une des plus belles entrées en scène qu'une héroïne d'opéra puisse espérer ! Non seulement elle est la seule femme présente dans cette œuvre (à l'exception de Wowkle, sa squaw, qui n'a que quelques lignes à chanter), mais sa première entrée est fort spectaculaire : elle arrive dans un bar rempli d'admirateurs ! Tous ces hommes, les mineurs et le tenancier du bar, l'adorent positivement et, à la fin, c'est leur affection qui parvient à sauver son amant. Ils sont très jaloux de l'amour que Minnie voue à Ramerrez, et veulent le voir exécuté, mais ne peuvent se résoudre à commettre une telle ignominie par respect pour cette fille, cet ange qui a tant fait pour eux. C'est une réaction très humaine.

« De nouveau, nous avons affaire à une héroïne et une situation typiques de Puccini. Je ne sais pas si je préfère les femmes de Puccini ou celles de Verdi, qui demeurent plus mystérieuses. On en sait moins d'elles que des héroïnes de Puccini. Quand je chante Des Grieux ou Ramerrez dans un spectacle qui se passe bien, je ne peux dire laquelle de leurs amoureuses j'aime le mieux ! Dans un sens, les femmes de Puccini sont bien plus modernes. En règle générale, elles ont une vie sexuelle ! Quand nous la voyons pour la première fois, Minnie est encore vierge, mais je suis persuadé qu'au deuxième acte, lorsque le shérif Jack Rance quitte la cabane de la jeune femme après avoir perdu son pari aux cartes, elle fait l'amour avec Ramerrez. La musique nous fournit une preuve presque tangible de la consommation de leur passion ! Au troisième acte, on comprend que Minnie et lui ont vécu ensemble pendant un certain temps. Minnie a connu l'amour et elle bondit comme une lionne pour sauver son amant. Et, chose exceptionnelle, on lui permet de le garder. C'est l'un des rares opéras qui ne se termine pas tragiquement. » (*Turandot* aussi connaît une fin heureuse, mais gâchée par la mort de Liu.)

RÔLE-TITRE

Verdi, Otello

Si l'on devait associer un seul rôle à la personne de Domingo, ce serait celui d'Otello qu'il incarna de manière unique et exemplaire durant le dernier quart de ce siècle. Il l'a chanté pour la première fois en 1975, à l'âge de 34 ans, à l'Opera de Hambourg, et cela contre l'avis général. Les spécialistes du chant, les critiques, les directeurs d'opéra étaient convaincus qu'il échouerait! La seule voix discordante dans ce concert de mises en garde – en dehors de la sienne, car il était persuadé que ce rôle lui convenait et qu'il convenait à ce rôle – fut celle de Birgit Nilsson :

« En 1966, trois bonnes années avant que nous ne travaillions vraiment ensemble, j'ai entendu pour la première fois Placido Domingo chanter Rodrigo au NYCO, et je me suis dit en moi-même, un jour, cet homme sera un grand Otello! Les gens se sont moqués de moi : " Sa voix est tellement lyrique, comment pourra-t-elle jamais s'étendre à un rôle aussi dramatique? " Moi, je l'entendais déjà chanter Otello. Et j'ai été profondément heureuse le jour où ma prédiction s'est réalisée! »

Il remporta son pari dès la première représentation, en 1975. Comme il est le premier à l'admettre, l'Opéra de Hambourg, dont le directeur August Everding assura la mise en scène du spectacle, aplanit toutes les difficultés qui auraient pu en perturber la phase de préparation. Domingo et le reste de la distribution – une distribution idéale comprenant Katia Ricciarelli dans le rôle de Desdemona, Sherrill Milnes dans celui de Iago et de grandes vedettes jusque dans les rôles mineurs : Werner Hollweg pour Cassio, Hans Sotin pour Lodovico et Hannah Schwarz pour Emilia, avec James Levine à la direction musicale – eurent tout le temps de répéter. Domingo lui-même parle de 150 heures de répétition !

« Je suis incapable de vous dire si Placido était calme ou nerveux », déclare Sherrill Milnes. « Il s'entend parfaitement à dissimuler ce genre de choses et présente toujours une façade sereine et affable. Tout ce que je sais, c'est qu'il était déjà un splendide Otello. Si l'Otello de Placido tient une place particulière dans l'histoire du rôle c'est que, malgré la force physique qui émane de lui, vous ressentez aussi une certaine vulnérabilité. Le fait qu'il ne possède pas la puissance vocale d'un Del Monaco ou d'un Vickers œuvre en sa faveur. Vous aimez son Otello, vous pleurez pour lui, bien plus que vous ne l'avez fait pour ceux du passé. Et, je le répète, il aime les paroles qu'il prononce avec un élan unique ; il les crache, il les mord, il les caresse. Il ressent chacune d'entre elles.

« Il y eut cinquante-huit rappels mais, croyez-le si vous le voulez, ce chiffre n'est pas un record. En 1989, lors de la dernière d'une série de représentations d'Otello – qui s'avérait être, en outre, l'ultime spectacle de la saison – à l'Opéra de Vienne, on en compta davantage. Là aussi, Katia incarnait Desdemona et Michael Shœnwandt dirigeait l'orchestre. Dès le début, nous avons senti qu'il y avait de l'électricité dans l'air, comme si ce soir-là les astres nous étaient favorables – les Allemands parlent de Sternstunde – et, au terme de notre duo Otello-Iago, au deuxième acte, la salle explosa littéralement ! Ce fut un véritable délire. A la fin, nous nous sommes avancés, avec les solistes et toute la troupe, et une demi-heure, soit quarante à cinquante rappels plus tard, nous étions toujours là. Nos visages étaient crispés à force de sourire, comme cela arrive dans les réceptions de mariage. Au bout d'une heure et demie et de cent un rappels, nous sommes enfin partis ! »

Depuis lors, Domingo a chanté ce rôle dans le monde entier. J'ai eu la chance d'assister à un grand nombre de ces représentations, en commençant par les fabuleux spectacles dirigés par Carlos Kleiber au Covent Garden et à la Scala en 1980, et plus tard à New York, Vienne et de nouveau à Londres, dans une mise en scène d'Elijah Moshinsky.

Pourtant rien ne me préparait à ce dont je fus témoin au Metropolitan Opera en automne 1999, lors de la dernière d'une série de représentations. (« Vous étiez persuadés que ce serait ma dernière, pas vrai ? », lança Domingo avec un sourire amusé aux convives attablés autour du dîner organisé à la suite du spectacle. « Vous tous qui êtes venus me voir ce soir pensiez de même ! ») Ce fut tout bonnement le plus grand de tous les Otello de Domingo, peut-être la plus impressionnante représentation à laquelle j'aie assisté de toute ma vie. On ne regardait plus un spectacle, on n'écoutait plus Domingo chanter Otello. On regardait Otello, cet esprit grand et noble, s'enfonçant peu à peu dans l'enfer qu'il s'était lui-même créé. On en oubliait de s'apitoyer sur le sort de Desdemona. Car chaque parole prononcée par le Maure sonnait comme un nouveau clou enfoncé dans la croix de sa douleur, une croix presque visible. A la fin, il y eut un silence de mort qui dura quelques instants, puis un tonnerre d'applaudissements. Pourtant, ce qu'il y avait d'unique dans cette ovation – chose à laquelle je n'ai assisté nulle part ailleurs, durant toutes les années où je me suis intéressée à l'opéra – c'était que, après Dieu sait combien de rappels (je n'ai pas compté), j'ai remarqué que la foule en délire ne scandait plus DO-MIN-GO mais O-TEL-LO, O-TEL-LO, O-TEL-LO. Les gens comprenaient qu'ils n'avaient pas seulement vu Domingo dans le rôle d'Otello. Ils avaient vu Otello en personne. Ce fut le verdict le plus émouvant qu'un artiste puisse espérer de son public.

Ce triomphe fut confirmé par Anthony Tommasini, qui écrivit dans le New York Times *: « Je l'ai entendu chanter Otello de nombreuses fois, mais je n'ai jamais été plus ému par sa vocalité* *passionnée et sa ferveur dramatique. » Elijah Moshinsky, qui collabora avec Domingo sur deux mises en scène de cette œuvre, déclara : « L'Otello de Domingo reste insurpassé dans l'histoire de ce rôle. Sa création a été le fruit du travail de toute une vie. Comme un autoportrait de Rembrandt, il est devenu de plus en plus noir et profond. »*

« C'était le rôle dont tout le monde avait peur. Ils disaient que je ne devais pas le faire parce qu'il me briserait la voix ! Mais j'ai toujours su qu'ils avaient tort, que ce rôle me convenait, même si j'étais très jeune, à peine 34 ans, quand je l'ai chanté pour la première fois en 1975, à Hambourg. Et je pense que ce premier Otello fut un immense spectacle, avec Katia (Ricciarelli) dans le rôle de Desdemona et Sherrill (Milnes) dans celui de Iago, Jimmy (Levine) à la direction d'orchestre et August Everding à la mise en scène. Il y eut un grand remue-ménage dans la presse internationale et parmi les directeurs de théâtre, et les gens sont venus de partout pour le voir ! Bien entendu, quand je compare ces premières représentations à celles que j'ai données vingt ou vingt-cinq ans plus tard, je m'aperçois que j'aurais pu faire beaucoup *mieux*, que mon interprétation aurait pu être beaucoup plus puissante. Mais cela ne signifie pas que les premières étaient mauvaises !

« Après Hambourg, j'ai chanté Otello à l'Opéra de Paris, dans une mise en scène de Terry Hands ; ensuite il y eut celle de Zeffirelli à la Scala, celle de Ponnelle à Munich, de Faggioni à Bregenz et Madrid, de Moshinsky à Londres, d'Olmi à Salzbourg. Mais la seule qui m'ait marqué le plus profondément reste celle de Zeffirelli. Ce dernier m'a fourni l'élément " africain ", qui s'avéra essentiel dans mon interprétation du rôle. En fait, je pourrais dire que mon Otello prend sa source aux idées de Zeffirelli qui fut lui-même influencé par l'incarnation monumentale, bien que controversée, de Lord Oliver, plus " africain " que

" maure ", dans la pièce de Shakespeare donnée à l'Old Vic. Je pense moi aussi qu'Otello est un homme profondément ancré dans ses origines africaines, malgré sa brillante carrière militaire et le respect unanime dont il jouit à Venise. Il est maure, il ne peut le nier, et il porte au-dedans de lui toutes les croyances inhérentes à sa religion, de même que l'insécurité sociale propre à son statut d'étranger, alors que, dans le même temps, il est le plus courageux des guerriers. Sa couleur de peau ne commence à le préoccuper que dans le quatuor où il chante : " Forse perché ho sul viso quest'atro tenebroz. " Et plus il se sent rejeté par ce qu'il aime le plus au monde, plus il se replie sur ses racines, la dernière chose à laquelle il puisse se raccrocher. Scéniquement, le moyen le plus efficace de communiquer ce repliement consiste à faire apparaître Otello au quatrième acte habillé de manière complètement différente. Il porte alors des vêtements africains assortis d'une boucle d'oreille, costume que je n'utilise pas dans les trois premiers actes où il est vêtu en Vénitien. Les habits africains symbolisent son retour aux croyances et aux rituels religieux propres à sa race. D'ailleurs, dès qu'il entre dans la chambre de Desdemona, toutes ses expressions ont un lien avec la religion. Il lui demande d'abord si elle a dit ses prières. Il veut qu'elle se prépare à mourir et, pour lui, le meurtre qu'il s'apprête à commettre est une punition rituelle pour la faute terrible dont il la croit coupable... Mais il garde l'espoir qu'après son propre suicide, ils se retrouveront dans une autre vie où, qui sait, tout sera meilleur. A mon avis, le plus poignant dans cet opéra c'est qu'il se donne la mort loin du corps de Desdémone. Il s'en écarte assez pour ne pas pouvoir l'atteindre. Il tente de ramper vers elle, en pensant au duo d'amour " Un bacio, un bacio, ancora un bacio " mais ne va pas jusqu'au bout. Il ne lui donne pas ce dernier baiser... et je trouve cela accablant. Non seulement Verdi a fait de cette scène un moment d'un pathos exceptionnel mais il l'a ornée d'une sorte de beauté plastique incroyable, si l'on peut parler de beauté quand il est question de mort.

« Lorsque l'on interprète ce rôle, il faut garder à l'esprit un autre facteur clé. Il s'agit des relations entre Otello et Iago. J'ai eu la chance d'avoir pour partenaires quelques-uns des plus grands Iago de notre époque. Certains étaient remarquables de subtilité et de retenue, d'autres manifestaient clairement leur duplicité ! Les subtils, je les regardais dans les yeux. Les autres, je me contentais de les écouter, sans jamais les regarder. Il est difficile d'imaginer qu'on puisse ajouter foi aux insinuations d'un homme tel que Iago, et c'est pourquoi, d'un bout à l'autre de l'opéra, je ne le regarde jamais dans les yeux. Dans le cas contraire, je serais tenté de faire réagir mon personnage de la manière dont je réagirais moi-même dans une telle situation : je lui intimerais d'arrêter sur-le-champ son odieux manège et d'avouer toute la vérité – ce qu'Otello ne fait pas. Ainsi, j'évite les yeux de Iago et je laisse sa voix agir, comme les sirènes qui trompèrent Ulysse par leurs chants. A l'instar de celle des sirènes de l'*Odyssée*, la voix de Iago doit revêtir un son très particulier, une qualité presque hypnotique qui vous enivre, vous empêche de raisonner et vous pousse à entendre ce que vous voulez entendre : les paroles qui surgissent de vos doutes et de vos peurs inconscientes.

« Après avoir interprété Otello tant de fois, j'en suis arrivé à la conclusion que, pour des questions de cadence – dans l'opéra de Verdi, tout se déroule plus vite que dans la pièce de Shakespeare –, il est préférable de retenir le plus longtemps possible l'explosion de la jalousie, en ignorant les insinuations de Iago et en les traitant comme des paroles sans importance. Bien sûr, tout bascule avec le mouchoir, le petit détail qui pousse Otello vers le précipice et entraîne sa chute. C'est à ce moment qu'il s'écroule et se voit totalement anéanti... Et cette pseudo-conversation entre Iago et Cassio, la manière dont il manipule ce géant est vraiment très improbable... Mais il est vrai que plus on est haut placé, plus la destruction est grande et la chute irrémédiable, qu'il s'agisse d'un héros d'opéra ou d'une personne en chair et en os... L'acte d'autodestruction commis par Otello est vraiment horrible.

« Des points de vue dramaturgique et vocal, Otello est le plus exigeant de tous mes rôles, surtout en raison du deuxième acte, incroyablement intense, qui est presque un opéra à lui tout seul, l'équivalent de *Paillasse*. On commence par la scène tendue et vocalement périlleuse avec Iago, pour passer ensuite à ce que je considère comme la partie la plus difficile de toute l'œuvre : le quatuor, qui possède une tessiture affreusement éprouvante. Il y a là une série de si bémol, nécessitant une sorte de sons " couverts ", jamais *a forte*, débouchant sur un final qu'on doit presque chanter *a cappella*. Bien qu'il s'agisse d'un ensemble, je puis vous assurer que, sans ce quatuor, *Otello* serait bien plus facile ! A la fin de ce morceau, le Maure s'exclame : " Tu fuggi, m'hai legato alla croce. " A partir de cet instant et jusqu'à la fin du deuxième acte, vous ne cessez pas de chanter sans jamais pouvoir reprendre votre souffle : il y a d'abord cette aria si déchirante, intitulée " Ora e per sempre addio ", puis le duo ouvertement dramatique avec Iago, " Sí, pel ciel ". Otello est le plus éprouvant de tous mes rôles Verdi. Sur ce plan, je le compare à l'Arrigo des *Vêpres siciliennes* que j'ai chanté pour la première fois à Paris en 1974, et qui possède une tessiture redoutable s'étendant jusqu'au ré bémol.

« Dans tout cet opéra, il est essentiel d'adapter la coloration de la voix à la situation dramatique et à l'évolution psychologique d'Otello. Par exemple, après le solo de violoncelle, intervenant à la fin du premier acte, l'atmosphère est si parfaitement installée que la voix *doit* prendre la couleur du violoncelle, l'instrument idéal pour exprimer une ligne *legato* longue, fluante et sans faille. Qu'on ne le fasse pas, qu'on produise à la place une voix légèrement " blanche ", et on détruit instantanément l'ambiance extatique qui doit prévaloir durant le duo. Quand vous débutez, vous devez faire un effort conscient pour penser à répondre à l'instrumentation. Mais, avec le temps et l'expérience, cela devient une sorte de réflexe qui apporte énormément à votre interprétation.

« Quand je considère l'ensemble de mon répertoire, je dois avouer qu'Otello est le plus épuisant de *tous* mes rôles. La combinaison du chant et du drame y est *si* intense qu'elle vous vide complètement... Et curieusement, je pense surtout au dernier acte, au moment où, ayant surmonté toutes les difficultés vocales du rôle, vous pouvez vous donner, vous abandonner totalement à lui et le *ressentir*... Vous (Otello) revenez à vos racines et entrez dans la peau du justicier. Vous vous avancez vers la chambre de votre femme pour la punir, vous *devez* la punir. Pourtant, comme vous redoutez l'autre monde, l'au-delà, vous lui demandez si elle a dit ses prières. Il vient rendre justice, aveuglé par sa jalousie. Il dit : tu as péché et je dois te punir. Cela fait partie de sa religion, cet aspect de sa personnalité qu'il ne peut occulter. Dans l'autre monde, les choses seront peut-être différentes. Mais pour l'instant, elles sont ainsi. Quand vous ressentez tout cela à travers chaque fibre de votre corps, vous en sortez totalement exténué.

« Bien sûr, les années passant et la maturité venant, vous êtes amené à modifer certaines choses. Avec le temps, j'ai pu assombrir la couleur de mon chant, par exemple, parce que ma voix était devenue plus sombre d'elle-même. J'ai également appris à préserver ma puissance vocale en me servant de mon jeu de scène. Dans mon interprétation, je me suis mis à privilégier la présence pure, en reléguant le simple jeu théâtral au second plan. Plus vous vous enfoncez dans un personnage, et plus vous pouvez le faire émaner de vous. Et ce faisant, vous parvenez à vous couler encore plus profondément dans sa peau... En conclusion, je dirais qu'Otello est le genre de rôle qui vous donne l'impression de n'avoir jamais fini de le découvrir... Je ne sais s'il en est encore temps mais, bien que je l'aie déjà donné 213 fois, j'aimerais m'atteler à une nouvelle production d'*Otello*, avec un metteur en scène totalement nouveau, qui amènerait des idées neuves. D'autant plus que l'année 2000 fut celle de mon 25e anniversaire dans ce rôle. »

Rôle principal dans *Samson et Dalila* : « Comme avec Jean dans *Hérodiade* et *Parsifal*, dans cet opéra le combat se joue entre une femme et Dieu. » Domingo avec Denyce Graves interprétant Dalila au Metropolitan Opera en 1990. Winnie Klotz/ Metropolitan Opera

Don José dans *Carmen* : Domingo avec Teresa Berganza dans une mise en scène historique de Piero Faggioni à Hambourg en 1977. Joachim Thode

Rôle principal dans *Les Contes d'Hoffmann* : l'une des plus grandes réalisations de Domingo, « un rôle à la fois difficile à jouer et à chanter ».
Clive Barda

Avec Leona Mitchell interprétant Antonia au Covent Garden dans une mise en scène de John Schlesinger. C'est la mise en scène des *Contes d'Hoffmann* que préfère Domingo.
Zoe Dominic

Dans le rôle d'Hoffmann, portant des fragments de la poupée brisée dans l'acte d'Olympia. Photo Fayer

Canio dans *Paillasse* : L'une des interprétations les plus populaires de Domingo, « Il vous est possible d'interpréter ce rôle de diverses manières. On peut se montrer légèrement brutal, ivrogne ; on peut jouer le chef, le padrone, le paterfamilias de cette troupe de comédiens ambulants ; ou bien camper un homme qui soupçonne sa femme parce qu'il se sent plus vieux qu'elle ; ou encore donner l'image d'un homme honnête et bon qui ressent une profonde déception, un grand choc lorsqu'il découvre que sa femme en aime un autre. C'est cette dernière version que je préfère ». Winnie Klotz/ Metropolitan Opera

Comte Almaviva dans *Le Barbier de Séville* : le seul rôle rossinien de Domingo qu'il ne chanta qu'une fois à Guadalajara en 1966. Un chant qui « est si haut, nécessite une telle agilité et une telle légèreté de toucher que vous devez vous servir de toute votre technique. » Mais il interpréta également le célèbre « Duetto del metallo » dans *Hommage à Séville*, un film sensationnel de Jean-Pierre Ponnelle, dédié aux héros d'opéra et provenant de la capitale andalouse. Domingo y interprète les chants d'Almaviva et de Figaro avec aplomb et distinction. On le voit ici en Almaviva, rasé par lui-même en Figaro !

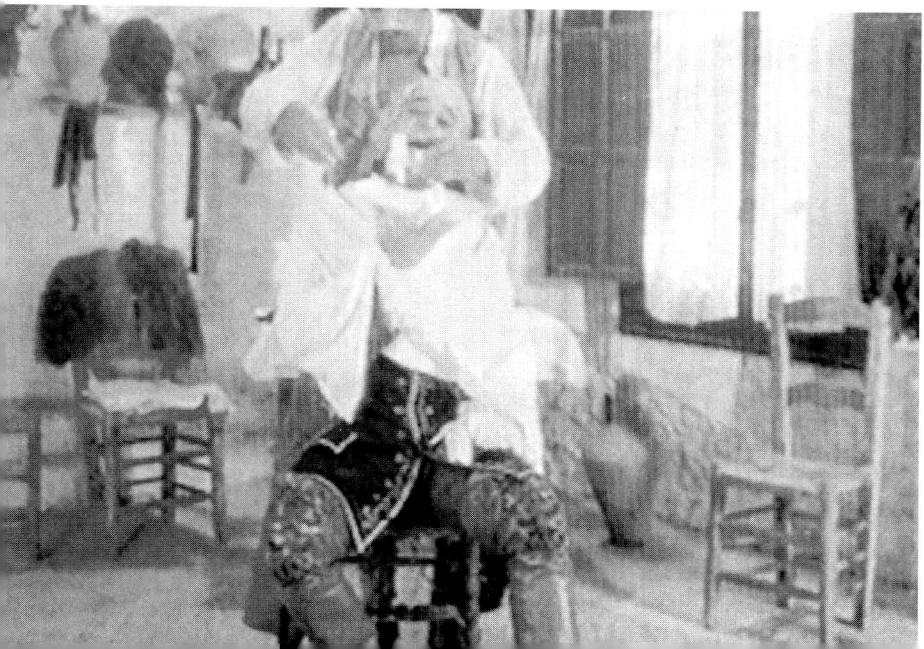

Domingo interprétant Radamès dans *Aïda* mis en scène par Sonja Frisell au Metropolitan Opera : « Radamès est un rôle très proche de la perfection. *Aïda* parle de deux femmes qui luttent pour conquérir le même homme – vous ! » Beth Bergman

Alvaro dans *La Force du destin* au Metropolitan Opera : « Il fait partie des personnages les plus malheureux, les plus malchanceux, les plus complexes et les plus torturés de mon répertoire. Il comporte en outre les musiques pour ténor les plus difficiles que Verdi ait jamais écrites. »
Winnie Klotz/Metropolitan Opera

Lohengrin : Le premier rôle wagnérien de Domingo à l'origine de son histoire d'amour avec Wagner. © Robert Cahen

« Lohengrin est un beau personnage qui vient d'une autre sphère de vie : du ciel. » Photographié au Metropolitan Opera en 1984. © Beth Bergman

Rôle principal dans *Lohengrin* à l'Opéra de Vienne en 1985 : un chant que Domingo affectionne, essentiellement pour sa « dimension surréelle ».
© Photo Fayer

Dans le rôle de Manrico dans *Le Trouvère* au Covent Garden en 1989 : « Le plus romantique des héros “espagnols” de Verdi. » Clive Barda/London

Rôle principal dans *Ernani* : l'opéra dans lequel Domingo fit ses débuts à la Scala en décembre 1969. Lelli & Masotti

Calaf dans *Turandot* : rôle dans lequel Domingo fit ses débuts à Vérone en 1969 et qu'il a toujours aimé chanter : « C'est un homme obsédé et suicidaire, si hanté par cette femme qu'il joue à la roulette russe pour la conquérir. » Robert Cahen

Vasco de Gama dans *L'Africaine* : « Sur le plan vocal, c'est très agréable mais pas du tout facile... il y a la célèbre aria « Ô Paradis » que les gens attendent et par laquelle ils jugeront votre prestation. » Avec Grace Bumbry dans le rôle de Selika au Covent Garden. Zoe Dominic

Domingo dans le rôle de Dick Johnson dans la *Fille du Far West* : « Du point de vue dramatique, cet opéra est très amusant à jouer. C'est une sorte de western où l'on rencontre l'une des plus grandes de toutes les héroïnes de Puccini, Minnie. » Ici avec Barbara Daniels dans le rôle de Minnie au Metropolitan Opera. © Beth Bergman

Domingo dans le rôle d'Otello, peut-être son plus grand rôle : « La création de ce rôle a été le fruit de toute une vie de travail et, comme un autoportrait de Rembrandt, a gagné en profondeur et en noirceur. » Zoe Dominic

Lucero dans *Divinas palabras* au Teatro Real de Madrid en 1997 : « Un personnage qui est une sorte de gitan, un peu profiteur, un peu conquistador, et quelque peu désagréable. » © Astrid Kessler

Jose de Espronceda dans *El Poeta* au Teatro de la Zarzuela à Madrid : « La musique est très belle mais malheureusement le livret ne reflète pas la vie prodigieusement intéressante et mouvementée de ce célèbre poète romantique espagnol. » © Teatro de la Zarzuela

Ci-contre : Placido dans *Parsifal*, ici avec Jessye Norman dans le rôle de Kundry : « Un singulier personnage, un de ces êtres illuminés dont la dimension mystique est très difficile à transposer sur une scène. » « Le finale de l'opéra est un moment tellement mystique que je ne trouve aucun mot assez fort pour le décrire. J'ai l'impression que Dieu est sur le point de descendre sur scène pour nous bénir et élever nos âmes ».
Winnie Klotz/Metropolitan Opera

Paolo dans *Francesca da Rimini* de Zandonai : « C'est l'un des plus beaux duos du répertoire ». Ici avec Renata Scotto dans le rôle de Francesca et une fantasmagorique mise en scène de Piero Faggioni au Metropolitan Opera.
© Beth Berman

Siegmund dans *La Walkyrie* à Vienne : « Sieglinde et lui sont les personnages les plus aimables et les plus magnifiques du *Ring*. Je regrette terriblement que Wagner ait créé ce couple de personnages suprêmement adorables pour les faire disparaître de la *Tétralogie* à la fin de *La Walkyrie* ».
Opéra de Vienne

Rôle principal dans *Stiffelio* au Metropolitan Opera : avant-dernier rôle de Verdi sur scène. Ce fut « une surprise phénoménale de découvrir cette œuvre et ce merveilleux personnage si tard dans ma carrière ». Winnie Klotz/ Metropolitan Opera

Pery dans *Il Guarany* à Bonn en 1974 : « J'ai choisi de le chanter d'abord à Bonn puis à Washington parce que je voulais inaugurer mon poste de directeur artistique avec quelque chose de beau, d'exotique, de différent et de nouveau ! » Astrid Kessler

Rôle principal dans *Idoménée* au Metropolitan Opera : « Un rôle fantastique doté de tout ce qu'on aime : beaucoup de grands airs et un merveilleux personnage à interpréter. Il souffre de l'ouverture jusqu'au finale ! » Robert Cahen

Jean dans *Hérodiade* à Vienne : « Un saint homme qui ne peut se permettre de succomber à la passion charnelle, même si, dans cet opéra, au contraire du *Salomé* de Strauss, le prophète partage les sentiments de Salomé. » Photo Fayer

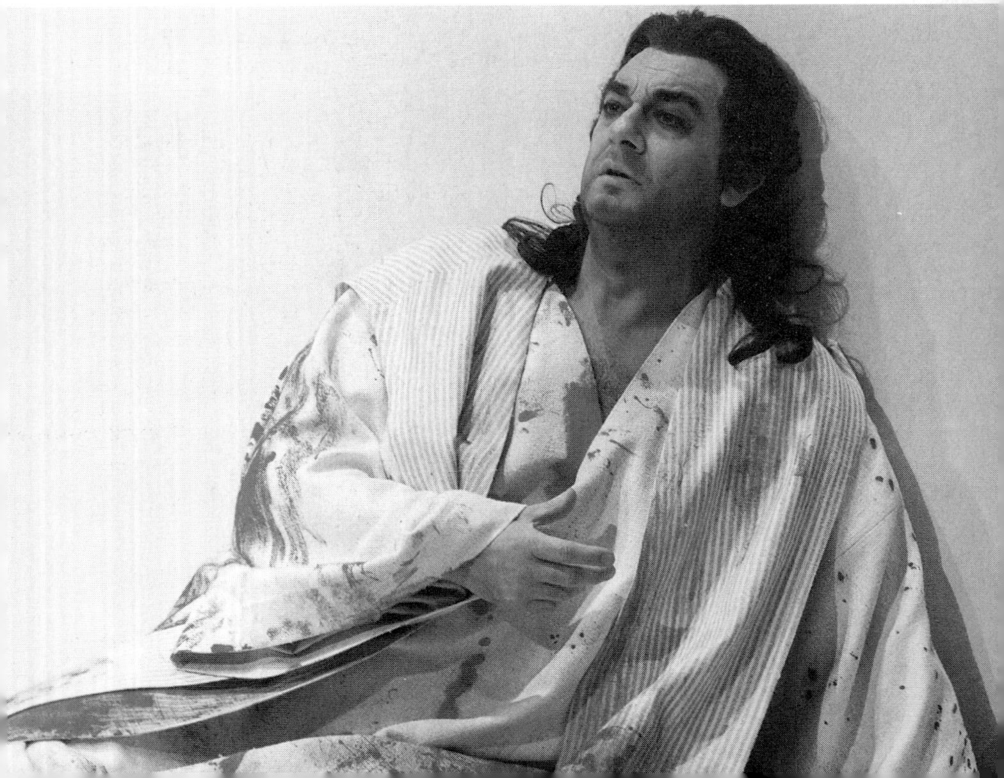

Gabriele Adorno dans *Simon Boccanegra* au Metropolitan Opera : le dernier rôle de Verdi que Domingo ait interprété, admettant qu'il « aurait dû être l'un de ses premiers, étant généralement attribué à de jeunes ténors en début de carrière », mais auquel il a apporté une fraîcheur et une jeunesse musicales étonnantes.
Avec Kiri Te Kanawa dans le rôle d'Amelia au Metropolitan Opera, en 1992.
Winnie Klotz/Metropolitan Opera

Jean de Leyden dans *Le Prophète* : « Un rôle très, très long et atrocement difficile et un personnage considéré comme une sorte de dieu par sa secte. Cela me rappelle ces mystérieux cultes qui de nos jours continuent encore de se répandre aux Etats-Unis. » (avec Agnes Baltsa dans le rôle de Fides à Vienne.) Alex Zeininger, Opéra de Vienne

L'une des plus grandes interprétations de ses quarante années de carrière – Gherman dans *La Dame de Pique* en juin 1999 à Vienne : « L'Otello du répertoire russe. Finalement on m'a convaincu de le chanter même si je ne parle pas russe. Comment pourrais-je laisser passer un rôle aussi grand, aussi substantiel sans que je tente d'y goûter ? » Photo Fayer

Ci-dessous à gauche : Domingo dans une mise en scène d'Elijah Moshinsky en mars 1999, avec Galina Gortchakova dans le rôle de Lisa. Winnie Klotz/ Metropolitan Opera

Ci-dessous à droite : Domingo interprétant Gherman avec Elisabeth Soderström dans le rôle de la Comtesse. © Beth Bergman

Rôle principal dans *Le Cid* au Théâtre de la Maestranza à Séville : « En tant qu'Espagnol patriote, ce fut merveilleux d'interpréter un rôle qui m'a donné l'occasion de chanter la grandeur, la liberté et la gloire de l'Espagne et de son roi ». Astrid Kessler

Page suivante : Don Juan dans *Margarita la Tornera*, le dernier rôle de Domingo au XXe siècle : « Comme le Don Giovanni de Mozart, c'est un séducteur de femmes professionnel pour lequel séduire une religieuse est l'ultime défi, l'ultime extase... mais un héros dont l'âme, contrairement au héros de Mozart, est sauvée à la fin. » Au Teatro Real de Madrid en décembre 1999. Astrid Kessler

LORIS IPANOV

Giordano, Fedora

Loris Ipanov fait partie des rôles que Domingo a tenu à réhabiliter. Il l'a chanté pour la première fois au Liceo de Barcelone, le 15 février 1977, avant d'en donner soixante-quatre représentations à travers le monde – aux côtés de partenaires aussi prestigieuses que Mirella Freni, Agnes Baltsa et Maria Guleghina –, à Modène pour le 40e anniversaire de Freni sur scène, au Liceo en 1988, à Madrid, à la Scala, Zurich, Chicago, Vienne, Londres, au Metropolitan Opera, à Los Angeles, Buenos Aires, Washington, Mexico et Rome. Notons à ce propos que c'est avec Loris Ipanov et aux côtés de Daniella Dessi dans le rôle-titre, que Domingo fit ses débuts à Rome où, jusqu'alors, il n'avait donné que des concerts – auxquels on doit ajouter le téléfilm sur la Tosca*, tourné dans les lieux mêmes où sont censés se situer les divers épisodes de l'intrigue.*

Vocalement, Loris est un rôle de bravoure pour ténor – il possède une fameuse aria, et son personnage tient dans l'intrigue une place tout aussi importante que l'héroïne qui donne son titre à l'opéra. Caruso le créa au Teatro Lirico de Milan, et c'est avec lui que ce ténor légendaire remporta son premier grand succès. Gigli, lui aussi, le chanta de nombreuses fois avec Maria Caniglia. Pourtant, on ne l'avait pas entendu à Rome depuis 1968, date à la-

quelle Antonietta Stella interpréta le rôle-titre avec Mario del Monaco dans le rôle de Loris.

On peut affirmer sans grand risque d'erreur que nous devons à Domingo l'actuelle flambée de mises en scène de Fedora. *A ses yeux, Loris – encore un de ces personnages pathétiques qu'il affectionne tant – est le rôle idéal, arrivé à ce stade de sa carrière. Rappelons-le, en 1960, Domingo avait été engagé comme ténor par l'Opéra national du Mexique, après avoir exécuté, à la demande du jury, la célèbre aria de Loris, « Amor ti vieta » tout en déchiffrant la partition. Sa réussite dans cette œuvre peut donc être considérée comme un juste retour des choses.*

« Avec Siegmund dans *La Walkyrie* et Alvaro dans *La Force du destin*, Loris fait partie des héros les plus malheureux de mon répertoire. Autant dire que je l'aime énormément ! La situation dans laquelle il se débat est vraiment pitoyable. Il est passionnément épris de Fedora Romanov, son ennemie mortelle : elle croit qu'il a assassiné son fiancé. Bien sûr, elle agit par ignorance mais, quand elle découvre la vérité, il est trop tard pour arrêter l'enchaînement d'événements tragiques qu'elle a déclenché. Le frère de Loris, arrêté en Russie, connaît une fin horrible en se noyant dans sa cellule. Sa mère en a le cœur brisé et meurt sans revoir Loris, parti en exil.

« Je me suis toujours demandé comment Loris, alors qu'il connaît la part prise par cette femme dans le malheur de sa famille et le complot qu'elle a fomenté contre lui, peut pardonner à Fedora quand elle avale le poison et meurt dans ses bras. C'est un immense dilemme. On peut admettre que l'approche de la mort le pousse à dire : “ Je te pardonne. Meurs en paix. ” En revanche, si elle avait vécu, je ne pense pas que leur couple aurait pu s'épanouir...

« Du point de vue vocal, bien que très dramatique, ce n'est pas un rôle très difficile. Il est court, mais on doit être en très bonne forme pour l'interpréter correctement. Loris possède l'une des plus fameuses arias du répertoire ténor, " Amor ti vieta ", ainsi qu'un autre beau passage, " Mia madre, la mia vecchia madre ", au deuxième acte. Il arrive qu'on doive se battre avec l'orchestration, qui est fort lourde – en outre, dans certains passages, la tessiture est très haute. Voilà pourquoi il faut être en bonne condition physique. Mais, dans l'ensemble, Loris n'est pas un rôle difficile.

« Vous me demandez ce qui se passe les soirs où l'on n'est pas au mieux de sa forme – ce qui m'est arrivé, une fois, durant une série de représentations du *Bal masqué* à Los Angeles, et une autre lors de la soirée d'ouverture de ma dernière série d'*Otello* au Met quand je souffrais d'un rhume. En de pareilles circonstances, vous n'avez pas le choix. Il faut vous servir de toute votre technique, demeurer très vigilant, éviter de vous laisser aller. Vous ne pouvez pas vous oublier dans le rôle parce que vous devez contrôler votre technique et doser votre timbre bien plus soigneusement qu'à l'accoutumée. En général, il est préférable de ne pas donner trop de puissance. Mais le plus frustrant c'est que vous n'avez pas le droit de vous abandonner dans le personnage ni de chanter de façon spontanée. Vous devez réfléchir, penser à la façon de placer votre voix, alors que les soirs où vous allez bien, tout cela vient de soi-même. »

RÔLE-TITRE

Massenet, Werther

Domingo a très peu chanté Werther. On ne compte que douze représentations de ce rôle dans toute sa carrière : sept à l'Opéra national de Bavière, en décembre 1977 et 1979, et cinq au Metropolitan Opera en octobre 1978. A Munich, sa Charlotte était Brigitte Fassbaender, et la mise en scène, spécialement créée pour lui, était le fruit du travail de Kurt Horres.

C'était une production sombre et morbide, encore plus exagérée que le héros mélancolique qui donne son titre à l'opéra. Domingo estimait qu'on découvrait trop tôt les intentions de Werther. En effet, le deuxième acte avait pour décor un cimetière – le dénouement était donc trop attendu, dramatiquement parlant. Mais il apprécia la mise en scène du troisième acte et sa sobriété : les débris enneigés de la chambre de Charlotte, avec une table, une porte arrachée, les pistolets.

La mise en scène de Munich permit à Domingo d'explorer les tendances masochistes et le désir de mort inhérents à ce personnage. Il a davantage développé cet aspect quand il l'a chanté à New York. Comme il se plaît à le répéter, Domingo estime qu'il ne connaît vraiment un rôle qu'après l'avoir chanté vingt fois. On peut donc supposer que son Werther aurait mûri et serait devenu encore plus obsédant s'il avait continué de le chanter. Bien qu'Alfredo Kraus possède peut-être mieux la langue française et projette la mélancolie de ce personnage dans la couleur vocale exacte, rien ne peut surpasser la passion et la douleur intenses exprimées par Domingo lorsqu'il chante « O souffle du printemps », dans les enregistrements qu'il fit pour Orfeo et Deutsche Grammophon, aux côtés de Brigitte Fassbaender et d'Elena Obratsova dans le rôle de Charlotte.

« J'aime tant le rôle de Werther que je suis persuadé que tout ténor rêve de le chanter, qu'il l'avoue ou pas. J'éprouve beaucoup d'attirance pour la beauté de sa musique, le romantisme, le caractère et l'état d'esprit de ce personnage. Werther est très proche de moi. Mais, malheureusement, je ne l'ai que rarement chanté. Je vous étonnerai sûrement en vous disant que je me suis préparé aussi minutieusement pour Werther que pour Otello, tant du point de vue vocal qu'émotionnel ou physique – j'en ai même perdu cinq kilos.

« Je vois ce personnage comme le pur produit de cette époque romantique où le suicide et les héros mélancoliques étaient à la mode. Bien sûr, il souffre. Mais il est si masochiste qu'il arrive à tout prendre au tragique. Il aperçoit des enfants, " Ah, les enfants ", et instantanément il pense au pire. Il contemple un magnifique paysage et, de nouveau, son âme s'emplit de douleur. Quand il rencontre Charlotte pour la première fois, après l'entrée en scène d'Albert, il pense déjà à se tuer. Il chante : " Moi, je mourrai. " C'est comme s'il cherchait un prétexte pour se suicider ! Et s'il n'y avait pas eu Charlotte, quelqu'un d'autre aurait suscité en lui cette pulsion morbide.

« Sur le plan vocal, c'est un rôle très difficile, sauf dans le premier acte qui coule de lui-même. En revanche, au deuxième acte, arrive cette aria très dramatique et fort émouvante : " Un autre est son époux ", qu'il faut toujours exécuter avec brio. Dans l'aria suivante, intitulée " Lorsque l'enfant revient d'un voyage ", il évoque déjà la mort... Au troisième acte, juste avant sa grande aria, survient le moment " oraculaire ", typique de Massenet. Cette fois, il prend la forme d'une simple phrase : " Toute mon âme est là ", précédant sa splendide aria " Pourquoi me réveiller, O souffle du printemps ". Ce chant est à la fois romantique, mélancolique et d'une intensité très dramatique... La dernière scène se déroule calmement, mais vous devez la parer d'une grande beauté et contrôler très rigoureusement votre voix. En effet, le chant de Werther, malgré sa douceur, est sous-tendu par une grande puissance... La couleur de votre voix doit aussi refléter la présence de la mort. Le public réagit toujours très fortement à cette scène... En fin de compte, Werther est l'un des plus beaux rôles qu'on puisse interpréter. »

JOSE DE ESPRONCEDA

Torroba, El Poeta

El Poeta, *unique opéra de Federico Moreno Torroba, le célèbre compositeur qui nous a donné quelques-unes des zarzuelas (les opérettes espagnoles) les plus populaires, dont* Luisa Fernanda, *fut écrit spécialement pour Domingo et donné pour la première fois à Madrid, le 19 juin 1980. Bien qu'il comporte quelques beaux morceaux, comme Domingo lui-même le fait remarquer – le monologue d'Espronceda à l'acte II, son duo avec Teresa et l'aria de Teresa à l'acte III – son livret était trop superficiel pour susciter chez Torroba l'inspiration qui lui eût permis de créer un chef-d'œuvre et de traiter son sujet – le remarquable poète romantique du XIXe siècle espagnol, José de Espronceda – de manière efficace.*

Espronceda (1808-1842), descendant d'une famille de militaires, reçut une éducation libérale, humaniste, et embrassa les causes progressiste et réformiste. Dans sa jeunesse, il fut exilé quelque temps parce qu'il faisait partie de la jeune société secrète libérale : « Los Numantinos ». A son retour à Madrid, il décida d'émigrer au Portugal et, après son expulsion, de se rendre à Londres, ville qui donnait alors asile à nombre de libéraux espagnols. C'est là qu'il rencontra Teresa Mancha et tomba amoureux d'elle. Durant le bref séjour parisien du poète à l'âme tourmentée, elle épousa un riche marchand qu'elle abandonna pour s'enfuir à Paris dès qu'Espronceda refit surface. Finalement, ils s'installèrent à Madrid où la société les rejeta, bien qu'une fille soit née de leur union. Teresa quitta Espronceda en 1836 et mourut deux ans plus tard dans la plus abjecte pauvreté. Enfin, il épousa Carmen de Osorio à laquelle il dédia son premier recueil de poèmes. Il accéda bientôt à la célébrité et devint ambassadeur d'Espagne à La Haye, après la révolution progressiste de 1840. Quand, en 1842, il mourut soudainement du croup, on lui fit de splendides funérailles.

*Après la première d'*El Poeta, *on s'accorda à dire en Espagne que le librettiste José Mendez Herrera était passé à côté de la complexité et de l'originalité de ce poète fort populaire dans son pays et, après les trois représentations données au Teatro de la Zarzuela (le seul grand Opéra madrilène jusqu'à l'inauguration du Teatro Real en 1997), cette œuvre ne fut plus jamais montée.*

Pourtant, la prestation de Domingo fut fort appréciée, tout comme celle d'Angeles Gulin dans le rôle de Carmen de Osorio. Rétrospectivement, il est ravi d'avoir donné à Moreno Torroba, ce grand ami de sa famille, qui mourut en 1999, la joie de composer un opéra pour lui et d'entendre son œuvre chantée avec une telle distribution.

« Federico Moreno Torroba, l'un des plus célèbres compositeurs espagnols de zarzuelas, n'avait jamais écrit d'opéra. Mais on lui doit de remarquables pièces pour guitare. C'était un grand ami de ma famille et il avait beaucoup travaillé avec mes parents. Quand il sentit qu'il était temps pour lui de se mettre à l'opéra, il décida d'en écrire un spécialement pour moi. Nous avons donc passé en revue divers thèmes possibles. J'ai suggéré Goya, un personnage qui m'avait toujours fasciné – et qui finirait par devenir le sujet d'un autre opéra composé à mon intention. Mais il lui préféra l'idée de *El Poeta*, une œuvre basée sur la vie de José Espronceda, un poète espagnol qui avait mené une existence fort intéressante et connu l'exil politique.

« Mais l'ennui avec *El Poeta* c'est que la vie fascinante d'Espronceda ne transparaissait pas dans le livret, par trop faible et superficiel. C'est un problème qu'on rencontre chez beaucoup de librettistes, de nos jours. Ils se préoccupent rarement de creuser leurs sujets et, en fin de compte, se contentent d'en effleurer la surface. Quand j'ai fini par lire la biographie d'Espronceda, j'ai été surpris de découvrir la profondeur de cet écrivain et les aspects passionnants de sa vie. Il y avait de quoi construire un grand livret. Et il est fort dommage que cela n'ait pas été le cas, parce qu'il existe de très beaux passages dans la musique de Torroba.

« Mais quelles que soient les qualités de la partition, elles n'ont pas suffi à pallier la faiblesse du livret. Aussi, bien qu'*El Poeta* eût reçu un bon accueil de la part du public, on ne l'a plus remonté depuis. Il semble être tombé dans l'oubli. »

POLLIONE

Bellini, Norma

De même qu'Edgardo dans Lucia, *Pollione est le rôle bel canto le plus important de Domingo, même s'il ne l'a chanté que sept fois au cours de sa carrière. Ces représentations ont toutes eu lieu au Metropolitan Opera, et lors de la première, le 21 septembre 1981, Renata Scotto tenait le rôle-titre. C'est un rôle typiquement Bel canto avec un grand B, et en tant que tel, il nécessite plus de substance sonore et une couleur vocale plus foncée que le rôle bel canto moyen. Cette particularité le destinait tout naturellement à Domingo qui servit ce rôle d'une façon percutante.*

« Placido Domingo interprétait Pollione, un rôle que beaucoup de ténors trouvent ingrat. Domingo a fait tout ce qu'il fallait pour le rendre vivant. Sa voix riche, ferme, expressivement flexible semble plus impressionnante à chaque saison », écrivit Opera News, *tandis que le* New York Post *ajoutait : « Le ténor poli de Placido Domingo était dans une condition parfaite pour Pollione qu'il interpréta avec brio. J'aurais pourtant aimé qu'il ose s'attaquer au contre-ut du premier acte. »*

Cette réflexion nous amène à aborder la question fort controversée de la transposition, qui s'est présentée à plusieurs reprises dans la carrière de Domingo et dont il discute en détail dans les chapitres consacrés à Manrico et à Enée. Un chanteur est-il habilité à transposer quelques notes insolites, ou même quelques portées et à les baisser d'un demi-ton ou d'un ton, pour les adapter à sa tessiture et les marier de manière crédible au reste de sa prestation ? Dans certains cas, les notes aiguës en question n'ont même pas été écrites par les compositeurs, mais insérées au cours des années. Telle est la coutume dans le monde de l'opéra. On sait bien que les compositeurs eux-mêmes étaient – et sont – toujours prêts à adapter certains passages de leur musique à telle ou telle voix. Voilà pourquoi on peut apporter une réponse favorable à la grande question de la transposition, surtout quand celle-ci permet au public – et parfois, à travers les enregistrements vidéo, à la postérité – de voir un grand artiste de classe internationale dans un rôle qu'il n'aurait jamais entrepris si cette possibilité n'existait pas.

Décidément, il est fort regrettable qu'aucun enregistrement vidéo n'ait immortalisé ces spectacles ni les deux autres rôles bel canto tenus par Domingo. Ils nous auraient permis de goûter la manière unique dont il combine le bon goût, l'ardeur et l'intensité sonore, d'admirer l'innovation dramatique qu'il apporte à ces héros, tout comme la Callas le faisait avec ses héroïnes. Ces grands chanteurs donnent vie et mouvement à leurs personnages de façon si expressive et réaliste que le temps s'abolit ; ils deviennent nos contemporains, des gens comme vous et moi. Une performance rarement atteinte par les soi-disant experts du bel canto. (A l'exception de Leyla Gencer, la grande soprano turque qui n'a jamais eu la pleine reconnaissance qu'elle méritait.)

« Comme vous le savez, je suis toujours en quête d'un nouveau répertoire. Aussi, lorsque le Met m'a offert cinq représentations de Pollione dans *Norma* à l'automne 1981, ai-je sauté sur l'occasion de m'attaquer à ce morceau de choix ! Je dois dire que ce fut un vrai plaisir, car nous avions une splendide distribution conduite par Renata Scotto dans le rôle de Norma et Tatiana Troyanos dans celui d'Adalgisa, avec Jimmy (Levine) à la direction d'orchestre. L'expérience fut donc éminemment agréable.

« Pollione est l'un des rôles bel canto les plus gratifiants qui soient, parce que *Norma* possède plus de chair que l'opéra bel canto moyen. La première aria de Pollione, " Meco all'altar ", et la cabaletta intitulée " Me protegge, me difende un poter maggior di loro ", qui sont très difficiles, nécessitent presque un *lirico spinto*, un son plutôt dramatique. C'est pourquoi le rôle de Pollione a toujours été tenu par des ténors possédant une certaine puissance vocale, comme Corelli. Le reste de la partition de Pollione, et surtout son duo avec Adalgisa, requiert une technique fantastique, parce qu'il contient des passages assez longs exigeant de la colorature. Ensuite Pollione doit chanter un trio assez coriace et un duo très intense avec Norma avant le glorieux ensemble final précédant la scène où Norma et lui s'avancent vers le bûcher.

« Je trouve le personnage de Pollione assez difficile à comprendre. Bien sûr, nous ne connaissons pas toute son histoire, parce que le livret ne nous apprend rien de son passé et ne nous dit pas s'il a bien vécu sa relation avec Norma. Il semble évident qu'ils ont été très proches à un certain moment puisqu'ils eurent deux enfants. Mais nous n'en voyons rien car, dès le début de l'opéra, Pollione est amoureux d'Adalgisa. A la fin, il se repent sincèrement et s'apprête à mourir avec Norma. C'est le genre de situation qui peut arriver à tout être humain.

« La musique de *Norma* est d'une beauté à couper le souffle – avec *Lucia,* c'est le plus bel opéra bel canto –, à tel point qu'on ne peut que déplorer la mort prématurée de Bellini et de Donizetti. On prétend que Bellini, qui était incroyablement beau, a été empoisonné par une femme – une fin qui s'accorde parfaitement à l'esprit de l'opéra, pourrait-on dire. Avec le don qu'il possédait pour la mélodie, s'il avait vécu et continué à composer, il serait apparu comme un musicien encore plus grandiose. »

ÉNÉE

Berlioz, Les Troyens

Domingo n'a tenté Enée qu'une seule fois, dans une mise en scène dirigée par Fabrizio Melano et montée à l'occasion du centenaire du Metropolitan Opera, en septembre 1983. Bien qu'il ait été engagé pour six représentations, il s'est retiré au bout de la quatrième. Deux mois avant l'ouverture, il a voulu rompre son contrat, car il commençait à douter que sa voix fût adaptée à ce rôle.

En quelque vingt ans, ce fut le seul rôle sur lequel il émit des doutes; c'est du moins ce qu'il déclara au New York Times, *la semaine précédant la première. Il sentait qu'il était de son devoir de demander au Met de lui chercher un remplaçant. Comme il le précisa, ce n'étaient pas les notes aiguës qui le tracassaient, mais la tessiture entière. Haute du début jusqu'à la fin, il craignait qu'elle ne lui cause des problèmes vocaux par la suite. Pourtant, il stipulait qu'il « continuerait avec Jimmy » (Levine) si jamais on ne lui trouvait aucun remplaçant.*

Le public lui fit une tumultueuse ovation et je suppose que cet accueil a dû le soulager grandement. Il venait de relever un immense défi. C'est dans ce contexte de tension, de doute suivi de soulagement qu'on doit replacer la déception qu'il ressentit devant ce qu'il considéra comme une réception tiède par la critique :

certains journalistes chicanèrent sur ses transpositions. Pourtant la plupart des grandes revues lui furent favorables. Des critiques jugèrent bon de faire remarquer à leurs lecteurs que ces transpositions ne tenaient que huit pages dans une partition aussi longue que celle de Tristan et Isolde. *« Même avec ces concessions, écrivit le* New York Times*, le rôle d'Enée a exigé un terrible effort de la part de M. Domingo, mais il s'en est brillamment sorti ». L'article continuait en disant que Domingo et Troyanos « avaient exécuté leur grand duo d'amour " Nuit d'ivresse " d'une manière exquise ».*

Le New York Daily News *poussa encore plus loin la louange en déclarant : « On a raconté que Placido Domingo avait souhaité annuler son contrat. Mais, en fait, le rôle d'Enée se révéla lui convenir parfaitement. Il avait vraiment fière allure dans la peau du noble Troyen, sa voix inégalable vous prenait aux tripes, et bien que le texte français lui ait posé quelques petits problèmes, il en a préservé le sens et l'a dit avec panache. Seuls deux brefs passages – son entrée et un morceau de l'aria du dernier acte – furent transposés dans un registre plus grave. En revanche, le reste du rôle, dont le duo d'amour qui joue si cruellement avec les aigus, fut chanté avec confiance dans la bonne clé. » Le prestigieux* Village Voice *ajouta : « Oui, Domingo s'est acquitté de son premier Enée sans entacher sa réputation... il a fait de ce spectacle une vraie performance de star. »*

Devant ce consensus presque unanimement favorable, la première rétractation de Domingo n'apparaît pas justifiée. Elle fut sans doute causée par l'immense et, pour lui, rare tension qui présida à la préparation de ce rôle pour lequel il ne se sentait pas totalement sûr de lui. Cette inquiétude prit des dimensions excessives et pesa quelque temps sur son équilibre nerveux. Mais avec les années, les choses reprennent leur vraie place et, aujourd'hui, il considère son unique incursion dans ce rôle comme un succès colossal. Ce qu'elle fut, en effet.

« Enée représenta un immense défi pour moi, l'un des plus grands de toute ma carrière. C'était un rôle spécial pour une occasion spéciale, le centenaire du Met en 1983. J'ai décidé de le faire et, bien que je fusse assailli de quelques doutes qui ne m'ont pas quitté jusqu'au tout dernier moment, je suis très heureux du résultat. Quoique le répertoire français ait toujours tenu une place importante dans ma carrière, je n'ai chanté Berlioz sur scène que cette seule et unique fois.

« Si l'on considère ce rôle comme l'un des monstres sacrés du répertoire ténor c'est en raison de sa longueur et de sa tessiture. Cette dernière est remarquablement haute et se situe souvent dans la zone du *passaggio*. Vous avez en outre des notes terriblement aiguës à chanter. Mais je l'ai fait avec un grand plaisir. Et si vous écoutez la dernière aria, vous verrez qu'elle fait un tabac !

« Comme certains de mes rôles " mystiques " – Samson, Parsifal et Jean dans *Hérodiade* – Enée est un personnage pris dans un dilemme entre son devoir et l'amour pour une femme, Didon. En l'occurrence, il n'est pas question de religion puisqu'il s'agit pour lui de choisir entre une femme et son devoir patriotique. Cela fait de lui un héros à la fois très excitant et très émouvant. C'est un rôle extraordinaire tant du point de vue dramatique que vocal. La grande aria d'Enée, le merveilleux et long duo " Nuit d'ivresse et d'extase infinie " – qui, à mon avis, rendit merveilleusement lorsque je l'ai donné avec Tatiana (Troyanos) dans le rôle de Didon – et certaines musiques de bataille sont tout à fait exceptionnels. Le passage le plus difficile reste sans nul doute " Nuit d'ivresse ". Sa tessiture ardue nécessite la plus grande vigilance parce qu'il s'agit d'un chant doux, avec une ligne ample, coulante, sans brisure, l'inépuisable imagination de Berlioz passant d'une pensée, d'une phrase à l'autre...

« *Les Troyens* est une pièce si compliquée à mettre en scène qu'on a tendance à ne la monter qu'en des occasions très spéciales. Dans le cas qui nous occupe, tout le monde a été satisfait, sauf certains critiques qui pinaillèrent sur le fait que j'aie transposé le contre-ut et les dernières portées de l'ultime aria d'Enée, l'Aria de l'Adieu (“ Debout, Troyens ! ”) En fait, tout le monde accepte les transpositions que l'on effectue traditionnellement dans les rôles de Rodolfo, Faust, Manrico et Chénier. Mais dès qu'un chanteur renommé prend l'initiative de le faire, ils se sentent obligés de l'attaquer. Personnellement, je considère la première des *Troyens* comme l'une de mes plus grandes prestations. Qu'ils n'aient rien trouvé d'autre à dire sur le sujet m'a rendu malade. J'ai donc pensé, si c'est tout ce qu'ils estiment que j'ai à offrir, qu'ils aillent chercher d'autres ténors ! Aussi me suis-je retiré après quelques représentations.

« Mais, bien que je ne l'aie pas rechantée depuis, j'aime profondément cette œuvre et je prévois d'y assister en tant que spectateur à la saison prochaine puisque le Met envisage de la remonter. Ben Heppner sera phénoménal dans le rôle d'Enée ! »

PAOLO

Zandonai, Francesca da Rimini

Cette œuvre de Zandonai fut rarement montée. Domingo interpréta le beau personnage de Paolo à deux reprises : l'une en concert au Carnegie Hall, en mars 1973, et l'autre dans une nouvelle mise en scène, au Metropolitan Opera en mars 1984, avec Renata Scotto dans le rôle-titre. Après son passage à New York, le spectacle partit en tournée à Washington, Atlanta, Memphis, Minneapolis, Detroit, Toronto et Cleveland.

Cette sublime production bénéficia des décors d'Ezio Frigerio, évoquant à s'y méprendre la magnificence et l'austérité des villes médiévales de Rimini et de Ravenne. La scène de la Bataille entre les guelfes et les gibelins – dans laquelle des carreaux d'arbalète et des projectiles enflammés traversaient la scène – n'avait rien à envier au cinéma hollywoodien. Par cette mise en scène somptueuse, Faggioni tenta de compenser une partition relativement terne et manquant d'originalité. On n'y trouve pas une seule aria mémorable – ce qui sauve parfois certains opéras médiocres. Le seul passage vraiment beau est constitué par le long duo auquel Domingo fait allusion plus bas.

La mise en scène et la performance de Domingo suscitèrent les éloges de la critique : « Placido Domingo, bien que largement sous-employé dans ce rôle, campa un Paolo particulièrement solide. Sa présence et son talent de ténor ont fourni certains des moments les plus agréables de la soirée », écrivit le New York Times. *Le* New York Post *ajouta : « La voix de Domingo était libre, passionnée et d'une qualité remarquable. Ses notes les plus aiguës vibraient merveilleusement. » « La musique de Paolo seyait au ténor aussi magnifiquement que les costumes de Franca Squarciapino », remarqua le* Wall Street Journal.

« *Francesca da Rimini* est un opéra que j'ai très peu chanté, mais il me plaît énormément. On le monte rarement parce qu'il est très difficile à mettre en scène. Mais j'ai eu la chance de l'interpréter dans une merveilleuse production de Piero Faggioni au Metropolitan Opera, bénéficiant des splendides décors d'Ezio Frigerio, qui ont immédiatement créé l'atmosphère adéquate. J'aimerais beaucoup emmener cette mise en scène à Los Angeles dans les prochaines années, et me mettre en quête d'une bonne distribution.

« De fait, non seulement cette œuvre est très difficile à mettre en scène, mais c'est un véritable casse-tête que de lui trouver une distribution correcte. Il lui faut une superbe soprano *lirico spinto* ou dramatique – dans la production à laquelle j'ai participé, nous avions Renata Scotto –, un baryton de grande classe et un deuxième ténor pour tenir le rôle du frère Malatesta, Malatestino. Le duo d'amour entre Paolo et Francesca, au troisième acte, est l'une des plus belles pièces musicales jamais écrites. C'est un très long morceau – Paolo et Francesca lisent ensemble l'histoire de Lancelot et de Guenièvre, et cette lecture leur permet d'exprimer leur propre passion – chargé d'une telle sensualité que l'on y *ressent* réellement l'amour qu'ils éprouvent l'un pour l'autre. Et je suis fier de dire que la vidéo que nous avons tournée avec Renata au Met est vraiment fabuleuse !

« Paolo le Beau est un personnage très complexe et la situation dans laquelle il se trouve plongé l'est encore plus !

En raison du complot fomenté par son frère Giovanni (ou Gianciotto) le " Lame " à l'acte I, où il n'apparaît pas du tout, il est obligé de tromper Francesca en se faisant passer pour son futur époux. Il s'agit de la scène où ils se rencontrent pour la première fois et où ils tombent amoureux. Situation fort embarrassante, d'autant plus que c'est avec Giovanni qu'on la marie ! À peine née, la belle histoire d'amour se brise, et après une série de développements complexes, le mari jaloux les tue tous les deux.

« Le livret de cet opéra, donné pour la première fois à Turin en 1914, est tiré d'une pièce de D'Annunzio. C'est la seule œuvre de Zandonai qui figure encore au répertoire. »

RÔLE-TITRE

Menotti, Goya

Le Goya *de Gian Carlo Menotti, célèbre compositeur italien ayant passé presque toute sa vie en Amérique et rédigé son livret en anglais, fut le deuxième opéra écrit spécialement pour Placido Domingo. C'est lui-même qui en suggéra l'idée à Menotti en 1983. Comme il l'explique dans son commentaire d'*El Poeta *de Moreno Torroba, Domingo pensait à Goya depuis longtemps, car il a toujours ressenti une grande fascination pour cet immense artiste qui domina la peinture espagnole au début du XIX*e *siècle. Comme Torroba ne semblait pas le suivre sur ce terrain, Domingo mit son idée sous le coude et attendit qu'un autre compositeur partage son enthousiasme.*

Menotti, qui admire Goya tout autant que Domingo, sauta sur sa proposition. Il produisit une œuvre attractive sur le plan musical et fort intéressante au point de vue dramatique, avec des incursions psychologiques dans le monde de l'artiste. On y découvre la manière dont un créateur évolue dans le monde qui l'entoure, et sa façon de vivre le sentiment amoureux. Thèmes qui appartiennent autant à Menotti qu'à Goya et que, personnellement, je trouve très émouvants. L'histoire repose sur la soi-disant passion vécue par Goya et la duchesse d'Albe, l'aristocrate la plus démocrate, la plus anticonformiste et la plus téméraire d'Espagne. On ne peut que remarquer la présence d'un contraste entre les prises de position progressistes de la duchesse et la réticence de Goya à aborder dans sa peinture des sujets à teneur sociale. C'était un artiste ambitieux qui brûlait de devenir peintre officiel de la Cour d'Espagne.

L'opéra fut donné pour la première fois à Washington, le 15 novembre 1986, en présence de la reine d'Espagne. Il y eut en tout cinq représentations. Le public et la presse de Washington se montrèrent enthousiastes : « Goya est du grand théâtre. Il est intense, comique, pénétrant, spectaculaire et parfois poignant. C'est la première fois qu'on le met en scène, mais il fonctionne parfaitement sur presque tous les plans. Sa musique atteint son but, car elle est employée avec un remarquable savoir-faire. La partition typiquement lyrique fonctionne superbement, comme toutes les musiques de Menotti. » Le critique poursuivait en disant que, contrairement à la plupart des opéras, l'intérêt principal de ce spectacle ne se trouvait ni dans la musique ni dans l'intrigue, qui ne collait que vaguement à la réalité historique. « Il résidait davantage dans l'exploration intense, et parfois angoissée, de la dynamique de l'amour et de la place de l'art dans la vie d'un peintre. Tout cela avait plus à voir avec la réflexion du compositeur-librettiste sur sa propre création qu'avec une description fidèle de la vie de Goya. »

La performance de Domingo suscita les plus grandes louanges tout comme celle de Victoria Vergara qui incarnait la duchesse : « Domingo exécute plusieurs arias pleines de passion, il chante et joue merveilleusement bien et ne quitte presque jamais la scène », écrivit le Washington Post. *Le* Washington Times, *lui, fit le commentaire suivant : « L'interprétation de M. Domingo était aussi touchante que son chant était splendide. »*

Mais, comme Domingo le signale dans les lignes qui suivent, une critique particulièrement violente a injustement ruiné la carrière de cette œuvre.

« Six ans après *El Poeta*, j'ai repris contact avec Goya dont la vie, comme je l'ai déjà mentionné, m'a toujours fasciné. J'ai donc chanté le rôle-titre de l'opéra éponyme de Gian Carlo Menotti, qui fut composé pour moi et donné pour la première fois à Washington, en présence de la Reine d'Espagne. *Goya* est une pièce magnifiquement mélodieuse que j'ai pris beaucoup de plaisir à interpréter et que j'aimerais vraiment refaire. Menotti et moi avons travaillé main dans la main. Pourtant, malgré ses grandes qualités d'homme de théâtre, je ne crois pas qu'il soit allé assez loin dans l'exploration du personnage. En fait, nous sommes convenus que si jamais nous avions la chance de remonter cet opéra, nous approfondirions cet aspect.

« Malheureusement, jusqu'à présent, l'occasion ne s'est pas présentée. Nous avions projeté de le monter à Los Angeles, à Genève et au Covent Garden, mais la pièce fut si méchamment et, à mon avis, si injustement attaquée par certains critiques que ces trois théâtres ont pris peur et se sont désistés. Un journaliste en particulier s'est montré tellement virulent qu'en quelques mots, il a réussi à détruire une œuvre écrite par un compositeur fameux et respecté. Les gens accusent toujours Menotti de se prendre pour Puccini. Je leur réponds pourquoi pas ? Les premier et deuxième actes de *Goya* sont très mélodiques. Et puis, Menotti a imaginé quelque chose de très pertinent : pour le troisième acte, quand Goya perd l'ouïe, il a composé une musique bien plus atonale.

« *Goya* a été remonté à Spoleto – en italien, cette fois – où il fut bien reçu. J'ajouterais que le Théâtre de Vienne m'a demandé de le chanter en 2004, et en italien. Je ne sais qu'en penser. Il m'est difficile de me prononcer, à ce stade de ma carrière. Bien sûr, je sais qu'en termes d'opéra, une période de quatre ans n'est rien et je pourrais finir par accepter, parce que j'ai foi dans cette œuvre et que, fort heureusement, Gian Carlo est encore parmi nous. Il pourra donc effectuer tous les changements et ajustements nécessaires pour que son *Goya* devienne un opéra vraiment beau et durable. »

RÔLE-TITRE

Wagner, Parsifal

Depuis le milieu des années 80, Domingo se sentait prêt à aborder ce rôle si particulier. S'il ne l'a pas tenté plus tôt c'est uniquement parce qu'il redoutait de mettre en danger ses rôles lyriques italiens. Six ans après, il a senti que le temps était venu. Son premier Parsifal fut donné au Metropolitan Opera, en mars 1991 et au mois de septembre suivant, il le chanta également à Vienne avant d'ouvrir avec lui la saison 1991-92 à la Scala, devant les acclamations du public et de la critique. A l'été 1993, il eut la satisfaction – d'autant plus grande qu'il n'est pas un chanteur wagnérien – de réitérer son triomphe au Festival de Bayreuth, où il revint deux ans plus tard. Ses tout derniers Parsifal furent donnés en concert à Rome, Londres et Salzbourg en 1998. Il a donc chanté ce rôle trente-cinq fois en tout.

Voir Domingo jouer Parsifal est une expérience si forte et si prenante qu'on a l'impression d'être privilégié. Assister à un événement si intense du point de vue spirituel est une véritable bénédiction. Je ne souhaite pas ajouter grand-chose à sa propre analyse du rôle. Elle révèle énormément de choses non seulement sur Parsifal, mais aussi sur Domingo, l'artiste et l'homme, et nous permet de percevoir la force intérieure qui le meut – le centre d'où il tire sa puissance, son inspiration artistique et cette profonde humanité qui illumine chacun des personnages auxquels il donne vie. Dans sa vie privée, cette force ne cesse d'étonner les gens qui le côtoient.

« *Parsifal* est une œuvre unique. Son lien avec le Saint-Graal installe une atmosphère très particulière dans cet opéra. Certains soutiennent qu'il ne s'agit pas d'une œuvre sacrée. Je ne suis pas d'accord avec eux. C'est bien une œuvre sacrée. Son contenu profondément religieux, mystique, est très étroitement lié au christianisme. On y parle du Saint-Graal, de l'Eucharistie, de l'essence même de notre religion. Bien sûr, on pourrait s'ingénier à analyser sa signification cachée. Certaines personnes s'en chargent. Mais je crains qu'à trop intellectualiser, on risque de passer à côté de son message premier.

« En tant que personnage, Parsifal est exceptionnel – un être illuminé comme le sont Lohengrin et Jean le Baptiste dans *Hérodiade* – dont la dimension mystique est très difficile à transposer sur une scène. Toutefois, il existe quelque chose dans la dimension surnaturelle de ces personnages qui les rapproche de mes intérêts profonds. Je retrouve un peu de moi en eux. Car il est vrai que vous pouvez avoir les pieds sur terre, vivre dans une relative mondanité, tout en gardant en vous une certaine innocence enfantine – qualité qui fait partie intégrante de ces héros.

« Quand nous le rencontrons pour la première fois, Parsifal est un être totalement innocent : un jeune sauvage qui a toujours vécu dans les bois et ne connaît rien hormis la chasse qui lui permet de se nourrir. Et, tout au long de l'opéra, nous assistons au processus d'apprentissage – qui s'effectue par l'amour et surtout par la compassion, la douleur et la tristesse – qui le fait passer de l'état de néophyte à celui d'initié. Peu à peu, Parsifal parvient à la connaissance universelle. Déjà, au premier acte, quand il est plongé dans l'ignorance, le cœur de cet insensé, ce “ reiner Tor ”, s'émeut des malheurs d'autrui. Il compatit d'abord aux souffrances d'un cygne qu'il a tué par sottise – et ressent de la honte quand on lui fait remarquer qu'il a mal agi. Puis il se morfond devant la douleur d'Amfortas. Dans son innocence, il perçoit l'effroyable égoïsme de ces chevaliers du Graal qui laissent Amfortas vivre les affres du martyre, et de Titurel dont l'intolérance pousse son fils à *connaître* la douleur et l'angoisse causées par le spectacle du Graal. Parsifal ne comprend pas ce qu'il voit, mais son cœur se serre. Il souffre pour Amfortas ; son âme s'ouvre à la conscience : c'est le premier pas vers l'éveil spirituel.

« A l'acte II, dans le jardin de Klingsor, nous voyons Parsifal découvrir la beauté du monde et la joie de vivre, en compagnie des splendides créatures que le magicien met à sa disposition. C'est le moment le plus ensorceleur de sa vie. Au beau milieu de cette scène, il entend Kundry l'appeler pour la première fois par son nom, puis il apprend d'elle que son père est mort et que sa mère, se voyant abandonnée par son fils, l'a suivi dans la tombe. Dans cette scène, nous voyons Parsifal grandir et faire pour la première fois l'expérience de la douleur. Puis vient le baiser de Kundry, point nodal de l'acte. Jusqu'alors, Parsifal n'est qu'à demi conscient, à demi éveillé. Mais, avec le baiser, tout s'éclaire pour lui. C'est l'ultime épreuve, celle qui fait de lui un homme. A présent, il perçoit la souffrance d'Amfortas. Il comprend exactement ce qui lui est arrivé. Et cette nouvelle maturité doit se refléter dans votre voix. Dès lors, vous chantez avec une couleur vocale totalement différente. Cela doit commencer après le baiser, au moment où vous chantez “ Amfortas, die Wunde ”. Ensuite, vient le passage où Parsifal narre ce qu'il a vu dans le temple – l'un des plus sublimes moments du répertoire. Il est difficile sur le plan vocal mais le texte est vraiment gigantesque. Très peu de scènes du répertoire soutiennent la comparaison avec ce monumental duo entre Parsifal et Kundry, hormis peut-être le duo d'amour entre Tristan et Iseut, celui qui rassemble Siegmund et Sieglinde au premier acte de *La Walkyrie*, et le duo Amelia-Riccardo dans *Un Bal masqué,* qui se rapprochent, sans pourtant l'égaler, du génie à l'œuvre dans ce passage de *Parsifal* – l'une des scènes les plus dramatiques du répertoire d'opéra. Parsifal reçoit la révélation de la nature de son devoir et de l'importance de sa mission : il doit libérer Amfortas en le guérissant avec l'arme qui le blessa – la Sainte Lance – et restaurer la bénédiction du Graal sur les chevaliers.

« D'un côté, nous avons l'accession progressive de Parsifal à la connaissance et, de l'autre, le désespoir de Kundry : d'abord son conflit avec Klingsor qui la contraint à séduire Parsifal et, finalement, son échec. Car, durant leur rencontre, Kundry tombe réellement amoureuse de Parsifal. On ne sait pas si elle éprouve un amour véritable ou si elle comprend de manière intuitive qu'il possède la clé de son salut. La conversation porte sur la rédemption et Kundry, rejetée, le supplie de partager avec elle une heure d'amour. Parsifal répond que cette heure leur vaudrait à tous deux une éternelle damnation et qu'ils entraîneraient dans leur chute les chevaliers qui, eux aussi, sont en quête du salut. Kundry ordonne alors à Klingsor de transpercer Parsifal avec la Sainte Lance, celle qui blessa Amfortas. Mais Parsifal triomphe : le triomphe d'une volonté supérieure, d'une foi plus forte et d'un plus grand sens du devoir. Il détruit le château de Klingsor et, non sans tristesse, se sépare de Kundry. En effet, j'ai le sentiment que Parsifal aussi, d'une certaine façon, est tombé amoureux de Kundry. Elle lui a révélé tant de choses, éveillé en lui tant de conscience. Mais il sait que cet amour est impossible ; il doit entreprendre la mission qui vient de lui être confiée. Avant de disparaître, il se retourne et dit : “ Tu sais où tu pourras me retrouver si tu souhaites la rédemption. ”

« Puis c'est le grand prélude à l'acte III, un morceau d'une grande complexité musicale que l'orchestre doit jouer avec la plus extrême précision – toutes les couleurs instrumentales, tous les intervalles sont là pour nous préparer à la scène la plus sublime de tout l'opéra : celle du Vendredi saint, qui débute avec deux grandes surprises. D'abord, la transformation de Kundry. La séductrice de l'acte précédent, devenue pénitente, erre sur la scène en répétant “ dienen, dienen ” (servir, servir). La deuxième surprise nous est offerte par Gurnemanz qui tarde à reconnaître Parsifal, ce qui montre combien ce dernier a changé durant ces quelques années. Et, après que Parsifal eut narré ses voyages, tout ce temps qu'il a passé à errer avant de regagner le château, muni de la Sainte Lance, Gurnemanz répond d'une manière que je trouve révélatrice. Alors qu'à la fin du premier acte, il parle de Parsifal comme d'un “ verrücktes Knabe ” (un jeune fou), il s'adresse maintenant à lui en l'appelant “ O Herr ”. A ce moment-là, je ressens la même chose que Parsifal : un grand triomphe personnel. Je me souviens de la façon dont on le traitait auparavant – on le méprisait, on l'appelait “ Tor ”, on disait qu'il ne méritait que la compagnie des oies !

« Gurnemanz raconte alors à Parsifal la série des malheurs qui se sont abattus sur Amfortas et les chevaliers depuis qu'il les a quittés et que Titurel est mort, ils ne peuvent plus partager la Sainte Communion, la bénédiction du Graal. En entendant cela, Parsifal regrette amèrement de n'être pas revenu plus tôt. Puis nous assistons à une purification rituelle, le lavement des pieds et l'onction de Parsifal qui devient le Gardien du Graal. Ensuite, c'est le baptême de Kundry. Tout ce qui constitue cette scène – l'orchestration, la mélodie, les paroles – est si beau que j'en suis presque ému jusqu'aux larmes. Le génie de Wagner a atteint de tels sommets dans cette œuvre qu'on se surprend à songer : Dieu, s'il avait vécu plus longtemps, qu'aurait-il pu faire de plus ? Tout ce qu'il avait de meilleur en lui, il l'a donné dans cet opéra.

« Quant au final de l'acte, où Parsifal rapporte la Lance aux chevaliers, guérit Amfortas et dévoile le Graal qui, de nouveau, répand ses bienfaits sur les chevaliers, c'est un moment tellement mystique que je ne trouve aucun mot assez fort pour le décrire. J'ai l'impression que Dieu est sur le point de descendre sur scène, pour nous bénir et élever nos âmes vers une sorte de Résurrection. Je *sens* le doigt de Dieu nous toucher l'espace d'un instant. Au moment où Parsifal accorde cette bénédiction, je me surprends à espérer qu'elle se répande sur le public, sur le monde entier, et lui apporte la paix. C'est une expérience profondément émouvante.

« Du point de vue technique, Parsifal nous réserve les mêmes difficultés que tous les autres personnages jeunes. On doit chanter ce rôle avec une voix juvénile, du moins au début. Et pourtant les jeunes chanteurs sont incapables de l'interpréter. Sur le plan vocal, il n'est guère compliqué. Vous n'avez pas grand-chose à chanter. A deux reprises, votre voix doit jaillir avec la plus grande fraîcheur, et donc être bien reposée. Ces deux passages sont tellement exposés que vous pouvez aisément vous faire prendre. Le premier moment délicat arrive juste après le baiser de Kundry, lorsque Parsifal chante " Amfortas die Wunde " et surtout, quelques phrases plus loin, " O Klage, O Klage, furchtbare Klage ", passage très ouvert et exposé. Le deuxième s'étend sur deux ou trois pages, dans le duo entre Parsifal et Kundry qui commence par " Auf Ewigkeit wärst du verdämmt ", etc. Mais la principale difficulté chez Parsifal consiste dans le fait que vous devez utiliser deux voix : l'une pour le jeune " fou " et l'autre pour le Parsifal mûr. Puis, au troisième acte, dans la scène du Vendredi saint, il vous faut alléger votre voix pour la rendre lumineuse et trouver le bon ton pour faire passer cet enchantement.

« Mais Parsifal, bien qu'il ne soit pas très ardu du point de vue vocal, demeure difficile sur le plan *musical*, surtout en raison de l'immense concentration qu'il requiert. Même quand vous ne chantez pas, vous restez sur scène pendant de longues périodes. Durant ces phases de silence, votre concentration doit être totale, pour qu'il se dégage de vous cette dimension mystique propre au personnage. Au premier acte, par exemple, les passages où Parsifal se tient dans le temple sans rien dire sont essentiels au rendu de la narration. Le héros enregistre et assimile tant de connaissances que vous ne pouvez vous contenter de rester planté là, sans que rien se dégage de vous ! J'ai entendu dire que certains ténors profitaient de l'obscurité qui règne souvent dans cette scène pour s'esquiver un moment en coulisses. Je ne peux tout bonnement pas comprendre comment on peut faire une chose pareille. En effet, il vous faut *vivre*, *ressentir* et réagir silencieusement à tout ce que vous voyez et entendez. Il s'agit d'un moment crucial, celui où le cœur de Parsifal s'ouvre pour la première fois.

« Je dois dire que participer à cette œuvre – l'une des plus grandes, sinon la plus grande jamais écrite – est un absolu privilège. Elle vous conduit si près de Dieu, de notre foi et de nos croyances... Je suis profondément heureux de savoir qu'il me reste encore de nombreux Parsifal à chanter pendant la saison 2000-2001, la saison que j'ai nommée " la saison Parsifal " car je vais le chanter à Washington en novembre 2000, puis à Paris en février 2001, Madrid en mars et New York en mars/avril ! »

RAFAEL RUIZ

Penella, El Gato Montes

Comme il l'explique plus bas, Domingo a interprété pour la première fois ce matador impétueux et chevaleresque au Teatro de la Maestranza, à Séville – qui se situe à un jet de pierre des fameuses arènes de cette cité magique –, dans le cadre des manifestations culturelles qui accompagnèrent l'Expo universelle de 1992. L'influence de Domingo et son enthousiaste plaidoyer en faveur de cette œuvre ont très certainement encouragé ce théâtre à la produire et à trouver les sponsors internationaux nécessaires à cette entreprise. Domingo ne s'en tint pas là. Il réussit à convaincre Deutsche Grammophon d'enregistrer l'opéra.

Il considère El Gato Montes *comme la réponse espagnole au* Carmen *de Bizet. A l'époque, il expliqua son amour pour cet opéra en disant qu'il brillait par son exubérance et reflétait à merveille les couleurs musicales de l'Espagne. Cette œuvre exubérante souleva de vives réactions de la part du public, aussi bien à Séville qu'à Washington où elle fut donnée par la suite, avec quelques changements et ajouts à la partition, que Domingo nous décrit dans les lignes qui suivent.*

On lut pourtant çà et là quelques commentaires caustiques. Pouvait-on considérer cette pièce comme un opéra ? Devait-on l'exporter ? Ces réticences ne venaient pas de la presse américaine, comme on aurait pu le croire, mais de l'un des journaux les plus influents d'Espagne, El País. *Le critique se demandait s'il était pertinent d'appeler opéra une pièce musicale comme* El Gato Montes, *lui préférant le terme « zarzuellon » (une zarzuela substantielle). Toutefois, il reconnaissait que Domingo, dans le rôle du torero Rafael Ruiz, Veronica Villaroel dans celui de Soledad, et Juan Pons dans le rôle-titre, s'acquittaient fort bien de leurs tâches.*

« *El Gato Montes* de Manuel Penella est une pièce que j'ai toujours connue, puisqu'elle faisait partie du répertoire de mes parents. Après avoir chanté Rafael pour la première fois à Séville, à l'occasion des festivités entourant l'Expo et le cinquième centenaire de la découverte de l'Amérique, je l'ai fait tourner à Washington, Los Angeles et Madrid (bien que je n'aie pas chanté dans la mise en scène de Washington).

« Je tenais à le faire parce que cet opéra comporte quelques magnifiques passages, beaucoup de drame et de pathos, dans le premier acte, et un duo qui fait partie des morceaux les plus populaires de la musique espagnole. On le joue dans toutes les arènes avant chaque corrida – je l'avoue, j'adore la corrida –, si bien que tous les Espagnols la connaissent par cœur. Le premier acte, long de 50 minutes, est très puissant, mais ensuite je ne sais ce qui passa par la tête de Penella ! Son deuxième acte possède encore quelques beaux morceaux, mais il est très court. Et après cela, voilà qu'il se débarrasse à la fois du ténor et de la soprano !!! Le ténor, un matador, trouve la mort lors d'une corrida et, en apprenant la nouvelle, l'héroïne, Soledad, meurt d'une crise cardiaque ! Si bien que l'on se retrouve avec le seul baryton – le Gato Montes du titre –, un hors-la-loi amoureux de Soledad. Penella a construit le triangle qu'on retrouve dans presque tous les opéras, mais il n'en a rien fait. Le baryton emporte le corps de Soledad dans sa cachette, au cœur des montagnes de la Sierra Morena, où les policiers finissent par le capturer. Quand il les voit arriver, il leur dit qu'il préfère être tué par un de ses bandits que par eux. Du point de vue dramatique, cette fin est d'une platitude affligeante.

« Quand nous avons décidé d'emmener cette œuvre à Washington, j'ai pris la liberté de me mêler un peu de l'intrigue et d'ajouter quelques morceaux du même compositeur. Par exemple, nous avons attendu la fin du deuxième acte pour faire mourir le ténor. Dans cette nouvelle version, le Gato Montes emmène Soledad vivante dans les montagnes, où ils chantent un superbe duo sur une musique de Penella. L'héroïne clame son amour pour cet homme qui n'est devenu hors-la-loi qu'après avoir tué pour *la* protéger ! Par la suite, le torero la prend sous sa protection, mais elle est toujours amoureuse du Gato Montes. Quand, au final, la police et tout le village réussissent à l'arrêter, elle se jette devant lui et se fait tuer à sa place. Voyant cela, le bandit se donne la mort. Ces modifications ont rehaussé l'aspect dramatique de la narration. Je n'arrive pas à comprendre pourquoi Penella n'a pas eu l'idée d'agir ainsi de lui-même.

« *El Gato Montes* est un opéra et non pas une zarzuela. La raison en est d'abord l'absence de dialogue parlé. Généralement, les œuvres qui comportent plus de quelques lignes de dialogue sont considérées comme des zarzuelas (ou des opérettes, dans le théâtre musical autrichien ou français), même si la qualité de la musique est plus ou moins comparable. La principale différence entre zarzuela et opérette viennoise réside dans le style. A part cela, on y retrouve les mêmes composantes – chant, dialogue, un peu de danse. Toutefois l'opérette est plus joyeuse. La plupart des opérettes, à l'exception du *Pays du sourire*, se déroulent dans la bonne humeur alors que les zarzuelas recèlent un conflit qui se résout à la fin. Ce sont en général des drames paysans – situés en Galice, en Andalousie ou dans telle ou telle autre région d'Espagne – plutôt que des divertissements montrant les plaisirs de la vie mondaine. »

SIEGMUND

Wagner, La Walkyrie

Siegmund fut le troisième et, jusqu'à présent, le dernier grand rôle wagnérien de Domingo. Après son incursion réussie dans le répertoire wagnérien avec Lohengrin et Parsifal, il chanta son premier Siegmund à l'Opéra national de Vienne, le 19 décembre 1992 – ceux qui ont eu la chance d'assister à cette soirée ne sont pas près de l'oublier. Le reste de la distribution comprenait Waltraud Meier dans le rôle de Sieglinde, Hildegard Behrens dans celui de Brünhild et Robert Hale dans celui de Wotan, sous la direction de Christoph von Dohnanyi. Comme je l'ai déjà mentionné, sa première rencontre avec Lohengrin et Parsifal avait eu lieu à Hambourg et au Metropolitan Opera. Cette fois, il décida de recevoir le baptême du feu dans l'un des plus grands théâtres du monde germanophone. C'était comme s'il se jetait dans la gueule du loup !

Le résultat fut à la mesure de son audace et surpassa même les attentes de ses plus ardents admirateurs. Au lieu d'aboyer ces sons qu'on a trop souvent tendance à confondre avec le chant wagnérien, il adopta le son exquis que le compositeur a toujours désiré entendre dans la bouche de ses interprètes sans obtenir satisfaction, la plupart du temps : une ligne legato *sans brisure, rehaussant le ravissement que provoque le duo de la fin du premier acte. Et le texte fut prononcé dans un allemand assez clair pour qu'un germanophone point trop averti, comme moi, parvienne à en saisir l'essentiel – et pas une seule voyelle méditerranéenne en vue! Domingo fut ovationné durant plus de vingt-cinq minutes; ses collègues ténors eux-mêmes furent impressionnés: « Entreprendre Siegmund en allemand ici, au Théâtre national de Vienne, et obtenir un triomphe – eh bien, chapeau, je lui tire mon chapeau! », s'écria José Carreras à l'époque.*

Encouragé par ce succès, et après avoir donné quelques autres représentations à Vienne six mois plus tard, en juin 1993, Domingo décida de chanter le premier acte de La Walkyrie *au mois de septembre suivant, à New York, pour le gala d'ouverture de la saison 1993-94 du Metropolitan Opera. Depuis lors, il a interprété ce rôle à la Scala et au Met dans la mise en scène d'Otto Schenk, en avril 1996 et mars/avril 2000, ainsi qu'à Bayreuth en juillet/août 2000.*

Bien que pleinement satisfait du succès remporté par son premier Siegmund, Domingo entreprit de développer et de perfectionner son interprétation. Le 6 décembre 1996, il chanta Siegmund au Covent Garden, pour son 25e anniversaire dans ce théâtre. A cette époque, il était déjà l'un des plus grands Siegmund de notre époque. « Le rôle lui sied à merveille. Point trop haut, il exploite au mieux le milieu de sa voix. Il est vrai qu'on a connu des Otello – Vickers, Vinay – qui donnaient aussi de bons Siegmund. Ajoutez à cela la chaleur latine et ce sens italianisant *de la ligne musicale, et vous obtenez le magnifique Siegmund que vous avez toujours rêvé d'entendre », écrivit le* Times.

« La chose la plus remarquable, dans le Siegmund donné par Domingo au Covent Garden, c'est que l'artiste s'est intégré sans difficulté à une mise en scène déjà existante. Deux ou trois répétitions lui ont suffi. Sans se soucier de savoir si elle lui convenait ou pas, il l'a suivie dans ses moindres détails et il est parvenu à la galvaniser. Il infusa de la vie, de la puissance et de la vitalité dans ce qui était la mise en scène la plus faible dans cette production du Ring », dit Peter Katona, le responsable du casting de l'Opéra

Royal, Covent Garden. « Nous avons assisté à l'un de ces miracles qui se produisent parfois sur les scènes d'opéra. Bien que je sois un fervent défenseur des longues périodes de répétition, je dois admettre que parfois des miracles peuvent survenir, avec un minimum de préparation ou même sans aucune répétition. Je soupçonne que ce genre de choses a dû arriver à Placido plus qu'à n'importe qui d'autre, parce que c'est un grand musicien. A mon sens, sa musicalité est plus puissante et plus remarquable que son talent d'acteur dont on parle tant. Car il semble aller chercher la musique à l'intérieur de lui pour l'insuffler à l'extérieur, un peu comme on gonfle un ballon. Nous avons vu une fleur fanée revenir soudain à la vie. »

« En 1992, quand j'ai chanté mon premier Siegmund, le répertoire wagnérien avait pris une grande importance pour moi. Je vivais une histoire d'amour avec Wagner – une histoire d'amour qui dure toujours ! En tant que musicien, je trouve sa musique suprêmement satisfaisante. Aucun autre compositeur n'a travaillé si soigneusement le texte et l'orchestration. Les rôles étaient une véritable obsession pour lui ; il savait les mêler à la musique d'une manière unique et faire jouer les rythmes d'une phrase parlée en fonction de l'accompagnement. Il écrivait toujours les bonnes notes sur les bonnes syllabes, qu'elles soient courtes ou longues.

« Je sais que certaines personnes ont été surprises par le lyrisme que j'ai mis dans mon chant wagnérien. Mais il se trouve que j'ai la chance de ne pas être un Heldentenor ! En effet, la plupart des ténors qui chantent Siegmund d'habitude ont tendance à être soumis à un régime sévère à base de Siegfried, de Tannhaüser et même de Tristan. Contrairement à eux, mon expérience de Wagner se limitait à Lohengrin – un rôle très italianisant – et à Parsifal. Ces deux rôles m'ont permis de me familiariser avec le chant wagnérien sans endommager ma voix.

« Même pour quelqu'un qui apprend vite comme moi, Siegmund fut extrêmement difficile à assimiler. J'ai dû me battre avec un texte très complexe, écrit dans une langue qui m'est familière mais que je ne possède pas aussi bien que le français et l'italien. Je l'ai appris durant les heures de repos séparant les représentations d'autres œuvres. Il m'a fallu l'étudier durant des jours et des nuits qui se terminaient souvent au petit matin. Parfois je me réveillais en pleine nuit, en me demandant comment telle ou telle phrase devait se prononcer. Et les choses que vous apprenez la nuit, vous ne les oubliez *jamais* !

« Siegmund est l'un des plus grands héros de la littérature d'opéra. Ce personnage a connu une vie très difficile et les deux premiers actes constituent une terrible épreuve pour lui. Il lutte vraiment pour survivre. Il se bat contre Hunding et sa famille mais aussi contre le destin lui-même. Il remporte la première bataille, contre Hunding, mais pas la seconde, celle contre le destin qui apparaît sous les traits de Wotan et de Fricka. Le pouvoir des dieux étant le plus fort, Siegmund sera broyé par leurs dissensions politiques.

« Quand j'ai abordé ce rôle, j'ai résolu de me polariser sur le *personnage* et ce qui lui arrive durant l'action, plus que sur l'approche vocale, qui me serait donnée par la musique. Il faut savoir que le premier acte de *La Walkyrie* est un vrai marathon ! Il dure soixante-cinq minutes – plus d'une heure de concentration à plus de 100 % et du chant à n'en plus finir ! L'action tourne autour de quatre points forts. Dans le premier acte, le héros raconte son histoire à Hunding qui l'identifie comme l'ennemi que sa famille et lui ne cessent de pourchasser ; Hunding, respectant les lois d'hospitalité, ne le combattra qu'au matin ; il lui conseille de se munir d'une arme puissante. Le deuxième point fort survient au moment où Siegmund parle de l'épée que son père lui a promise : “ Ein Schwert verhiess mir der Vater ” ;

il se demande où se trouve cette épée, et cette idée l'obstine de plus en plus. (Domingo emploie toujours les mots « obstiner » et « obstination » au lieu d'« obséder » et d'« obsession ».) Le troisième point fort est l'histoire de Sieglinde : « Der manner Sippe sass hier im Saal », qui se termine sur le « Winterstürme », la fameuse scène que tout le monde attend – comme on attend, je le suppose, les cris de « Wälse, Wälse » à la scène précédente, lorsque Siegmund évoque l'épée que son père lui a promise. Le public veut savoir combien de temps vous pourrez tenir votre sol bémol et votre sol bécarre ! Puis arrive le quatrième point fort : après son glorieux duo d'amour avec Sieglinde, Siegmund arrache l'épée Notung de l'arbre où elle est fichée et ils s'enfuient ensemble. C'est le moment le plus intense de cet acte qui, soit dit en passant, se termine par un la bécarre. Et cette note est terrible car elle arrive à la fin d'un acte immensément long, possédant une tessiture très dure de bout en bout. Bien qu'il n'y ait pas d'autre la bécarre dans ce rôle ne contenant par ailleurs aucune note plus aiguë, cela paraît aussi périlleux qu'un si bécarre ou même qu'un contre-ut ! Dans le premier acte, pratiquement tout le chant de Siegmund se situe dans le *passaggio*. Cela signifie qu'au moment où on s'élève vers ce la bécarre, on est si épuisé qu'on doit vraiment pousser sa voix. L'usage permanent de la voix médiane et la zone du *passaggio*, qui vous force à pousser votre voix, ont contribué à bâtir la réputation qui s'attache à la musique de Wagner, dont on dit qu'elle est dangereuse pour la voix et surtout pour les jeunes voix.

« Inutile de préciser que Siegmund est aussi l'un des personnages les plus merveilleux qui soient, dramatiquement parlant. Le génie de Wagner lui a permis de remplir cette œuvre de toutes sortes de sentiments : espoir, désespoir, exaspération, amour foudroyant, visions du futur. Mais on regrette terriblement qu'il n'ait créé ce couple de personnages si adorables – les plus aimables et magnifiques de tout le *Ring* – que pour les faire disparaître de la Tétralogie à la fin du deuxième acte de *La Walkyrie* ! Siegmund ne fut créé que pour servir de père à Siegfried, et que le cycle du *Ring* se poursuive. Je trouve cela profondément triste car ce personnage est si fabuleux que j'aurais aimé que Wagner invente une suite à son histoire ! Ce sont tous deux des personnages fabuleux. Que puis-je vous dire ? Regardez le deuxième acte. Vous les voyez s'enfuir de leur logis et vous ressentez la tristesse de Sieglinde qui, avant de trouver le grand amour, avait dû se donner à Hunding.

« Sur ces entrefaites, Brünhild apparaît et explique tout. Après l'intervention fracassante de Fricka, tout espoir est perdu pour Siegmund. Wotan ne le protégera plus. Néanmoins, vers la fin, Siegmund parvient à convaincre Brünhild de le laisser vivre. Il se bat de toutes ses forces pour préserver son nouveau bonheur et obtient d'elle une promesse que, bien sûr, elle ne pourra tenir (le plus grand des dieux ne l'y autorisera pas...). Siegmund doit donc mourir, et cette mort est l'une des plus incroyables qu'il m'ait été donné d'interpréter. Pendant que je meurs – dans les bras de Wotan –, je comprends qu'il est mon père et c'est à cause de lui que je meurs, et ma tristesse est telle que je ne peux m'arrêter de pleurer. Par chance, je n'ai plus rien à chanter, parce que je ne sais pas comment j'y arriverais. L'histoire tragique de Siegmund, de ces deux nobles âmes qui traversent tant de souffrances rien que pour mourir et disparaître de l'histoire, m'accable profondément. Dans tout le répertoire, aucune souffrance ne peut se comparer à la leur... sauf, peut-être, celle de Loris Ipanov quand il pardonne à l'héroïne de *Fedora*. »

RÔLE-TITRE

Verdi, Stiffelio

« S'il y a un trésor enfoui dans l'œuvre de Verdi, il se trouve sans doute là, dans Stiffelio *», écrivit le* New York Times *en mars 1993, après la production du Metropolitan Opera, qui suivit l'énorme succès de la mise en scène de l'Opéra Royal de Covent Garden à Londres ayant fait sortir cette œuvre de l'oubli.* Stiffelio *fut composé juste avant* Rigoletto *et ne fut monté qu'après avoir été sévèrement censuré, à l'époque de Verdi. Après 1857, il a complètement disparu, et Verdi reprit l'essentiel de sa musique dans* Aroldo.

Domingo fait remarquer que Stiffelio *est un opéra à la narration fort atypique – l'intrigue, loin d'être ancrée dans la tradition du XIXe siècle, semble presque moderne. Apprenant l'adultère de sa femme, le prêcheur Stiffelio réagit d'une manière étonnante. Trop passionné pour se montrer complaisant et trop pieux pour désirer la vengeance, il ne peut que pardonner – attitude admirable mais se situant à l'opposé de la tradition de l'opéra !*

Quoi qu'il en soit, ce fut une performance de Domingo, aussi bien au Met que dans tous les théâtres où il interpréta ce rôle – vingt-huit fois jusqu'à aujourd'hui : à Madrid, Londres et Los Angeles en 1995, Vienne en 1997 et, de nouveau, au Met en 1998. « La reprise au Met fut remarquable grâce à la prestation de Placido Domingo », écrivit le New York Times. *« M. Domingo interprète le rôle de manière splendide. Confronté au mensonge et à la prévarication des gens qui l'entourent, Stiffelio apparaît comme une sorte de prémonition d'Otello, et le ton vibrant employé par Domingo renforce cette impression. Le moment où il découvre la liaison de sa femme – un hurlement parfaitement mélodieux – est saisissant. L'*arietta *du troisième acte, qui serait célèbre si elle se trouvait dans un autre opéra, est ici magnifiquement rendue, tout comme le sermon final donné de la chaire, où le renoncement et le découragement qui possèdent le personnage sont exprimés avec une suprême assurance. »*

Il convient d'insister sur le fait que Domingo avait 52 ans – au cours de cette décennie consacrée à son autorenouvellement – quand il a relevé pour la première fois ce défi. Ce qui rend la splendeur vocale avec laquelle il a chanté ce rôle encore plus remarquable.

« Stiffelio est mon avant-dernier rôle Verdi. J'en savais certains passages parce que Mario del Monaco l'avait chanté, mais je ne connaissais pas très bien l'ensemble de l'opéra lorsque j'ai commencé à l'étudier, dans les années 90. Et je dois dire que ce fut une surprise phénoménale que de découvrir cette œuvre et ce personnage si tard dans ma carrière. C'est un rôle merveilleux, tant du point de vue vocal que dramatique. J'aime autant son histoire – très atypique, en termes d'opéra – que sa partition, qui est loin d'être facile.

« Je suis heureux d'avoir interprété la version originale de l'œuvre plutôt que l'autre, révisée et moins crédible, intitulée *Aroldo*, dans laquelle le héros est un Anglais revenant des croisades. *Stiffelio* sonne plus vrai et il est plus poignant : comme dans la pièce de laquelle le livret est tiré, le héros est un prêtre dont l'épouse, dans un moment de faiblesse, se lie à un terrible personnage nommé Raffaele. L'une des nombreuses curiosités de cet opéra consiste dans le fait que le méchant, Raffaele, est aussi un ténor! Cela vient à l'encontre de la tradition qui veut que le rôle du méchant soit tenu par un baryton ou une basse. Ici, le baryton, le père de Lina, est un brave type, de même que la basse, un autre prêtre.

« Stiffelio lui-même est un personnage très noble, très droit qui souffre énormément et dont la psychologie évolue considérablement au cours de l'action. Mais son intégrité saute aux yeux dès le départ. Quand il découvre qu'un homme a été vu sortant de sa maison par la fenêtre, l'idée ne l'effleure pas que l'individu en question venait de rendre visite à sa femme Lina. Il se dit qu'il sort de la chambre de sa cousine qui vit avec eux. Et quand on lui présente une preuve, le portefeuille que l'homme a perdu en s'échappant, il décide de la brûler. Or, cet homme n'est autre que Raffaele, l'amant de sa femme, qu'il considérait comme un ami.

« Sur le plan vocal, ce rôle est périlleux dès le début : on commence avec une aria très difficile, un ensemble et un duo. Ce dernier peut se comparer à " Celeste Aida ". D'accord, il n'a pas une fin aussi exposée mais il possède quand même une tessiture très haute. Puis, tout de suite après, vous avez un autre duo, celui-là avec Lina. En fait, ce morceau tient plus de l'aria que du duo. Ainsi, dès le début de l'opéra, vous devez exécuter deux morceaux de bravoure coup sur coup. Après cela, arrive la grande scène avec Lina. Stiffelio sait qu'à l'intérieur du livre de prières de sa femme, une lettre est cachée. Or ce livre est fermé à clé. Il lui demande de l'ouvrir et, comme elle refuse, il l'y oblige. La lettre tombe à terre. Le père de Lina, qui sait que quelque chose de grave est en train de se passer, la ramasse. Cette scène est très dramatique. Elle se termine par un ensemble monumental commençant à la manière d'une aria.

« Le second acte est tout aussi merveilleux. Sa tessiture est très haute de bout en bout. A mon avis, son trait le plus exceptionnel réside dans son fantastique quatuor. Ce genre de pièce musicale – un dialogue entre Stiffelio et Lina, accompagné par des observations de son père et de Raffaele – trouvera plus tard son apothéose dans “ Bella figlia dell’amore ”, le grand quatuor de *Rigoletto.* On sait que *Stiffelio* a été écrit juste avant *Rigoletto* et les deux autres opéras romantiques de Verdi, *Le Trouvère* et *La Traviata.* L’acte se termine d’une manière assez discrète. Stiffelio défaille en apprenant que l’homme qu’il considérait comme son ami se révèle être l’amant de sa femme.

« Le troisième acte est l’un des plus fascinants et des plus originaux du répertoire. Stiffelio demande le divorce – chose assez rare dans les intrigues d’opéra – et tend les papiers à sa femme pour qu’elle les signe. Elle accepte et, après les avoir signés, lui demande de l’entendre en confession, comme n’importe quel prêtre – situation terrible et fort inhabituelle pour un mari, ou même un ex-mari ! Et c’est l’un des moments les plus inspirés de Verdi, qui donne lieu à un duo vraiment divin. Cette scène est unique dans l’histoire de l’opéra ! Un divorce suivi d’une confession, c’est vraiment incroyable ! Le dernier geste de Stiffelio est encore plus insolite ; il monte en chaire et, dans son prêche, fait allusion aux rapports de Marie-Madeleine et du Christ. Il dit que Jésus a pardonné à la femme adultère : “ Perdonata, perdonata. ” C’est très dramatique et très, *très* émouvant.

« Mais cet opéra déjà si étonnant réservait une dernière surprise à chacun d’entre nous. Il remporta un grand succès partout où je l’ai chanté, que ce soit au Met, au Covent Garden, à Vienne ou à Los Angeles – quand j’y repense, je suis très satisfait de savoir que nous avons sorti cette œuvre de l’oubli et que, grâce à nos efforts, *Stiffelio* a maintenant sa place dans le répertoire. »

PERY

Gomes, Il Guarany

Pery fut l'un des ajouts les plus imaginatifs au répertoire de Domingo. Durant les années 90, il y a joint plus de nouveaux opéras qu'il ne l'avait fait depuis le début de sa carrière. Il chanta ce rôle pour la première fois le 5 juin 1994 à Bonn, dans une coproduction du Théâtre national de Bonn et de l'Opéra de Washington. Il y eut en tout onze représentations. (Au cours de la saison suivante, 1994-95, il chanta trois autres nouveaux rôles : Jean dans Hérodiade, *Idoménée et Gabriele Adorno dans* Simon Boccanegra.*)*

Il Guarany, *composé par le Brésilien Carlos Gomes, un élève de Ponchielli, et tiré de l'ouvrage romanesque* O Guarani *de José de Alencar, fut créé à la Scala en 1870. Verdi l'admirait et il devint bientôt un symbole national pour les Brésiliens, dont le pays avait récemment acquis son indépendance face au Portugal. En fait, le héros et l'héroïne d'*Il Guarany *– Pery et Ceci, diminutif de Cecilia –, qui osèrent enfreindre le tabou de la ségrégation raciale, sont les équivalents brésiliens de Roméo et Juliette.*

Musicalement parlant, mises à part quelques influences verdiennes, l'œuvre rappelle un peu le style de Ponchielli, le professeur de Gomes, Meyerbeer et Wagner. On n'y trouve par ailleurs pratiquement aucune référence à la musique indienne.

Durant les premières années qui suivirent sa création, Il Guarany *– opéra italien écrit par un Brésilien – fut donné dans la plupart des grands théâtres du monde, dont le Covent Garden en 1872 et le Metropolitan Opera en 1884. Puis il disparut peu à peu du répertoire, sans doute parce qu'il était difficile à mettre en scène et que sa distribution était un véritable casse-tête. Si Gomes avait pu imaginer le succès qu'allait remporter son opéra, aussi bien devant le public milanais qu'auprès de ses propres compatriotes, il n'aurait sûrement pas été aussi nerveux avant la première. Craignant le fiasco, il s'était réfugié dans les cintres de la Scala !*

La coproduction Bonn-Washington a permis de rassembler un budget suffisant pour que le metteur en scène puisse donner libre cours à son imagination. Giancarlo del Monaco, fils du grand ténor Mario del Monaco et directeur de l'Opéra de Bonn, prit la défense de cette œuvre que son père avait interprétée et aimée. Domingo, quant à lui, était ravi à l'idée de sortir de l'ombre un opéra latino-américain aussi valable que celui-là. La prochaine étape consista à trouver un metteur en scène capable de rendre justice à cette œuvre. Ils ont convaincu Werner Herzog, le cinéaste allemand auteur de Fitzcarraldo *(le lien entre l'opéra et le décor de la jungle brésilienne paraissait irrésistible), d'en assurer la mise en scène. Le travail fourni par Herzog justifia largement la confiance qu'on avait placée en lui. L'énorme budget qui lui fut imparti lui permit de créer de magnifiques effets et de produire une mise en scène poétique, visuellement fascinante et puissante sur le plan dramatique. Les lumières baissaient et, pendant deux minutes, le théâtre s'emplissait de chants d'oiseaux tropicaux enregistrés. Ce dispositif installait l'ambiance idéale pour mettre en valeur les décors évocateurs plaçant l'œuvre dans son contexte. La scène de la conversion de Pery au christianisme fut puissamment traitée et Domingo la joua de manière fort émouvante. Quant à la scène finale, où la forteresse des « baddies », la tribu indienne cannibale des Aimore, explose, tuant tous ses occupants sauf les deux amants, elle était si réaliste qu'elle semblait presque apocalyptique.*

« *Il Guarany*, ainsi que plusieurs autres opéras d'Antonio Carlos Gomes – comme *Fosca* – fut donné pour la première fois à la Scala, en 1870. A son crédit, il faut signaler que Verdi lui-même, dont on sait qu'il appréciait fort la musique de Gomes, comptait parmi les admirateurs de cette œuvre. Gomes possède un style magnifique et il est très doué pour la mélodie. Le style de ce compositeur se rapprochait beaucoup de ceux de Donizetti, de Verdi et de Ponchielli dont il fut l'élève. En fait, le grand ensemble d'*Il Guarany* rappelle fort celui de *La Gioconda*. Je suppose que cette œuvre est tombée dans l'oubli parce qu'elle exige la présence sur scène d'une pléiade de chanteurs de premier ordre, tout comme *Fosca* et *Salvatore Rossa*. Quand les directeurs de théâtre ont de tels artistes à leur disposition, ils ont plutôt tendance à monter *Don Carlos*, ou un autre grand opéra de Verdi !

« J'ai choisi de le chanter d'abord à Bonn, dans une mise en scène magnifique de Werner Herzog coproduite par l'Opéra de Washington. Je voulais inaugurer mon poste de directeur artistique à Washington avec quelque chose de beau, d'exotique, de différent et de *nouveau* ! Et cet opéra remporta un franc succès auprès du public, dans ces deux villes ; il fut retransmis à la télévision et fit l'objet d'un enregistrement vidéo.

« Du point de vue vocal, le rôle-titre, Pery, est très difficile. Pour commencer, il est très long. Vous restez en scène presque toute la soirée. Vous avez deux duos avec Cecilia, dont l'un est si connu au Brésil que la plupart des Brésiliens le considèrent presque comme leur hymne national (de fait, certaines chaînes de télévision brésiliennes terminent leurs émissions avec une mélodie tirée de l'ouverture d'*Il Guarany*), l'un avec Gonzales, un autre avec le père de Cecilia. Au début du deuxième acte, on trouve une aria intitulée " Vanto io pur ", où Pery prend la mesure de l'écart qui sépare le monde de Cecilia du sien. Il participe aussi à la plupart des ensembles. D'un bout à l'autre de l'œuvre, sa tessiture est très exigeante, tournant la plupart du temps autour du *passaggio*. Sur le plan dramatique, comme pour Alvaro dans *La Force*, on doit établir un équilibre entre sa passion pour Cecilia et son orgueil d'Indien, de Guarany.

« Tout compte fait, je suis très heureux d'avoir contribué à faire sortir de l'ombre cette œuvre fort séduisante. »

RÔLE-TITRE

Mozart, Idoménée

Idoménée fut l'un des rôles auxquels Domingo s'attaqua dans les années 90, période remplie de nouveaux défis qui lui permirent de conserver la fraîcheur de sa voix et son enthousiasme créatif. Mozart représentait l'une de ses lacunes les plus criantes. Depuis sa jeunesse au Mexique et à Tel-Aviv, le répertoire de Domingo ne comportait plus aucune œuvre du maître autrichien. De fait, Domingo n'est pas un ténor mozartien. Mais il existe un rôle mozartien que des ténors non mozartiens peuvent aborder : Idoménée, l'un des plus beaux et des plus poignants jamais écrits par Mozart. Il est chargé de tant de sentiments, de tant de références aux propres relations de Mozart avec son père, que sa musique semble parfois dépasser le cadre strict de la forme classique. Dans certains passages, on croit presque entendre du Verdi. Voilà pourquoi Pavarotti (au festival de Salzbourg en 1983) et Domingo ont tous deux chanté Idoménée avec le plus grand bonheur.

Après huit représentations au Met, durant la saison 1994-95 – quatre en octobre 1994 et quatre en mars 1995 – plus une en tournée avec le Met à Francfort en mai 1996, Domingo interpréta ce rôle avec un égal succès à l'Opéra national de Vienne, en janvier 1997. Cela nous donne un total de seize représentations de ce rôle qui fut également enregistré pour Deutsche Grammophon avec

Mozart, Idoménée

Carol Vaness, Cecilia Bartoli, Thomas Hampson et Bryn Terfel, sous la direction de James Levine.

« Idoménée est mon dernier rôle mozartien. J'y suis venu tardivement, au milieu des années 90. C'est un rôle de maturité et je suis très heureux de l'avoir chanté à ce moment de ma vie, car il est immédiatement devenu l'un de mes préférés. C'est un rôle fantastique, doté de tout ce qu'on aime : beaucoup de grands airs, un personnage merveilleux à interpréter qui souffre de l'ouverture jusqu'au final ! On le sent dès sa première apparition – au moment où il pose les yeux sur son fils, après avoir promis à Neptune de sacrifier la première personne qu'il rencontrera, pour le remercier de l'avoir sauvé de la noyade – et cela ne cesse pas jusqu'à la dernière scène. En fait, je n'ai jamais souri avec autant de spontanéité dans un opéra que lors du final d'*Idoménée* ! En effet, la douleur d'Idoménée est immense, inconcevable. Je suis incapable d'imaginer ce qu'un père peut ressentir quand il sait qu'il doit tuer son propre fils.

« Bien sûr, si l'on considère cette histoire du point de vue moral, on peut dire que cet homme est puni pour son épouvantable égoïsme et son arrogance. Pourquoi a-t-il fait cette monstrueuse promesse à Neptune ? Il aurait pu promettre autre chose : de pardonner à ses ennemis ou de s'offrir *lui-même* en sacrifice, au lieu de jurer de s'en prendre au premier être rencontré sur la rive. Car, même si Idamante n'était pas passé par là, un autre innocent, le fils (ou le mari ou le père) de quelqu'un d'autre aurait péri. A mon avis, le fait de prétendre que sa propre vie est plus importante que celle d'un autre est une attitude profondément détestable du point de vue spirituel...

« Sur le plan vocal, bien qu'Idoménée ne soit pas facile, il demeure merveilleux, se rapprochant plus du bel canto que du rôle mozartien typique. En effet, l'intrigue est si intense, si dramatique que Mozart a dû dépasser les limites de la forme " classique ". Dans ma première aria, " Vedrommi intorno ", je viens de sortir de l'eau, soulagé d'être encore en vie, et, avant même de comprendre que la personne qui s'approche est mon fils, je souffre pour l'innocente victime qui devra payer mon salut de sa vie. Puis arrive la glorieuse aria " Fuor del mar ", que Mozart orna de la plus belle des musiques, et de pas mal de colorature. Bien que difficile, il est fantastique à chanter. La prière, elle aussi, est très belle. Je n'ai pas chanté la dernière aria, mais uniquement le récitatif, parce que ce passage a été coupé dans la mise en scène du Met. Ces récitatifs mozartiens comptent parmi les plus beaux moments de cet opéra. Ils nous révèlent non seulement les sentiments intimes d'Idoménée mais ceux de tous les personnages et, je le répète, ces passages sont si intenses qu'ils ne ressemblent presque plus à du Mozart... Et pourtant l'un des moments les plus époustouflants de cette œuvre demeure la réponse du chœur, au troisième acte, après que j'ai révélé que, pour plaire au dieu, je vais devoir sacrifier mon propre fils. Cette musique chorale, " O voto tremendo ", est tout à fait incroyable, avec une modulation glissant vers le sol majeur. Elle est si poignante, si magnifique que vous vous dites, en l'entendant, qu'il n'existe aucun compositeur aussi simple et aussi grand que Mozart. »

JEAN BAPTISTE

Massenet, Hérodiade

*Domingo a chanté le Jean Baptiste de l'*Hérodiade *de Massenet (opéra tiré de Gustave Flaubert) dans deux mises en scène : celle de Lotfi Mansouri à San Francisco, en novembre 1994, avec Renée Fleming dans le rôle de Salomé, Dolora Zajick dans le rôle-titre et Juan Pons dans celui d'Hérode, sous la baguette de Valery Gergiev; et celle de Hermann Nitsch, à Vienne en février 1995, avec Nancy Gustavson dans le rôle de Salomé, Agnes Baltsa dans le rôle-titre et Juan Pons, de nouveau, dans le rôle d'Hérode, sous la direction de Marcello Viotti.*

En ces deux occasions, Domingo a superbement interprété le prophète. Il a mêlé le lyrique et l'héroïque, en faisant montre d'un style parfait et d'une éblouissante beauté vocale. Heureusement pour nous, Sony en a sorti un excellent enregistrement discographique – il n'en existe hélas! pas de vidéo – réalisé avec la distribution réunie pour la mise en scène de San Francisco.

« Je ne dirais pas qu'*Hérodiade* fait partie des chefs-d'œuvre de Massenet. Il est extrêmement long, environ trois heures et demie, et toute sa musique n'est pas toujours de la même qualité. Du point de vue dramatique, il est intéressant de comparer la manière dont Jean Baptiste apparaît dans *Hérodiade,* d'un côté, et dans la *Salomé* de Richard Strauss de l'autre. Dans ce dernier opéra, il a un rôle nettement plus important, mais, hélas ! ce rôle n'est pas destiné au ténor ! Pourtant j'ai été très heureux d'ajouter Jean Baptiste à ma liste de rôles français, et surtout à mes rôles Massenet qui sont aujourd'hui au nombre de quatre sur scène et un – Araquil dans *La Navarraise* – en disque.

« *Hérodiade* compte un certain nombre de particularités significatives. Pour commencer, le Baptiste partage les sentiments de Salomé. Mais c'est un saint homme et, en tant que tel, ne peut se permettre de succomber à la passion charnelle. Hérodiade ignore jusqu'à la fin que sa rivale dans le cœur d'Hérode n'est autre que sa propre fille. Quant à Salomé, elle ignore jusqu'à la fin qu'Hérodias est sa mère. Elle le découvre lorsque – sans qu'elle ait demandé la mort de Jean – on lui présente la tête du prophète sur un plateau et que, armée d'un poignard, elle se jette sur Hérodias qu'elle considère comme responsable de cette tragédie. Quand cette dernière lui révèle qu'elle est sa mère, espérant ainsi avoir la vie sauve, Salomé horrifiée retourne l'arme contre elle ! On constate donc que Jean Baptiste n'est pas le rôle le plus important de cet opéra. Il est également secondaire sur le plan vocal. Mais il possède malgré tout quelques beaux passages, surtout dans son duo d'amour avec Salomé au premier acte, un morceau très sensuel et en même temps très lyrique, au cours duquel il lui demande de l'aimer " comme on aime dans les rêves ". Au dernier acte, l'aria qu'il chante en prison " Adieu, donc, vains objets " est tout aussi magnifique, de même que le duo avec Salomé dans lequel il confesse son amour pour elle.

« En chantant Jean Baptiste, j'ai senti que mon intérêt pour Massenet grandissait. J'ai eu très envie d'aborder d'autres rôles et je pensais en particulier à Roland dans *Esclarmonde*. J'aurais également adoré chanter Jean dans *Le Jongleur de Notre-Dame* mais, comme tant d'autres, ce rôle hélas ! ne m'est plus accessible. »

GABRIELE ADORNO

Verdi, Simon Boccanegra

Bizarrement, c'est en janvier 1995 que Domingo interpréta pour la première fois ce rôle Verdi que la plupart des ténors chantent en début de carrière. Cela se passa au Metropolitan Opera, dans une excellente mise en scène de Giancarlo del Monaco bénéficiant de décors très évocateurs conçus par Michael Scott. Le reste de la distribution comprenait Kiri Te Kanawa dans le rôle d'Amelia, Vladimir Chernov dans le rôle-titre, Robert Lloyd et Roberto Scandiuzzi partageant le rôle de Fiesco, sous la baguette de James Levine.

Domingo campa ce héros, bien plus jeune que lui, à quatorze reprises. Ce qui démontre parfaitement la qualité et la puissance de son talent et constitue un remarquable exemple pour tous les jeunes ténors. Chaque fois que je l'ai vu chanter Gabriele, à New York et à Londres, il semblait plus jeune que les autres artistes présents sur scène, dont beaucoup avaient la moitié de son âge. « Placido Domingo apporte la vie sur la scène et nous rappelle que le grand opéra est constitué d'une conjonction entre personnalité, voix, musique, costumes et décors. C'est lui qui a fait le plus d'étincelles durant cette soirée et on peut seulement regretter que Verdi n'ait pas donné un plus grand rôle à son Gabriele Adorno », écrivit le New York Times.

Après ces cinq premiers spectacles, Domingo chanta Adorno cinq fois au Covent Garden, avec Kallen Esperian dans le rôle d'Amelia et Roberto Scandiuzzi dans celui de Fiesco en juin/juillet 1997, et quatre en janvier/février 1999, dans une reprise de la production du Met dont nous possédons un excellent enregistrement vidéo.

« Gabriele Adorno, mon dernier rôle Verdi à ce jour, aurait dû être l'un de mes premiers et j'admets que la chose est étrange ! On l'attribue généralement à des ténors en début de carrière. C'est un personnage jeune, impulsif, follement amoureux de l'héroïne, Amelia, très impliqué dans la politique génoise et convaincu de la complicité du Doge dans l'enlèvement de son aimée.

« Ce fut une expérience fort réconfortante pour moi que de pouvoir aborder ce rôle si tardivement et de devoir alléger ma voix afin de produire un son juvénile. En effet, il est essentiel pour un ténor de savoir préserver la fraîcheur de sa voix. Les ténors ne doivent pas paraître leur âge lorsqu'ils sont mûrs car presque tous les personnages qu'ils sont appelés à incarner sont jeunes. Aussi, quelque dramatique que soit le rôle, on ne doit jamais le rendre *pesant* du point de vue vocal. Il faut toujours y infuser de la légèreté. Tout dépend du rôle et de la façon dont il est écrit. C'est une question de positionnement de la voix. Il faut *penser* jeune et réfléchir au timbre. Si, par exemple, vous m'entendez chanter l'une des arias d'Otello en concert, puis l'une des arias d'Adorno, vous remarquerez immédiatement le changement de couleur vocale.

« Le succès que j'ai remporté dans ce rôle si tardif pour moi m'a donc comblé de satisfaction. Je l'ai chanté aussi bien dans sa dernière version, la plus courante (au Met), que dans sa version originale, qui est un peu plus difficile (au Covent Garden). Je crois que je préfère la plus courante, à une exception près : le duo d'Adorno et de

Fiesco, le duo de la Vengeance qui, dans la version originale, est à la fois puissant, excitant et vengeur – lorsque Adorno évoque la haine qu'il éprouve envers le Doge – alors que dans la deuxième version, il devient très doux, comme assourdi ; c'est une sorte de conversation imprégnée d'accents religieux. A mes yeux, la solution idéale – que nous avons mise en pratique à Washington – consiste à jouer la version courante en y intégrant le second duo entre Adorno et Fiesco.

« Tout compte fait, Adorno est une partition fort agréable qui ne présente pas de difficultés majeures – ce qui ne signifie pas qu'elle est facile car il n'existe pas de rôle facile dans le répertoire d'opéra. Le premier duo avec Amelia comporte une tessiture problématique, mais il est suivi d'un ensemble comprenant quelques passages très nobles et très beaux pour le ténor. Au deuxième acte, le plus difficile pour le ténor, nous avons l'aria, l'exquis duo avec Amelia puis le trio. Et là, le problème n'a plus seulement à voir avec la tessiture. Il faut posséder aussi de l'endurance, de l'énergie. Vous devez veiller à ce que votre voix reste jeune de bout en bout. Dans la dernière scène, Adorno doit chanter quelques belles phrases et participer à un superbe ensemble.

« J'ai beaucoup apprécié d'ajouter ce personnage jeune et attachant à mon répertoire. Depuis que je l'ai interprété, je rêve d'entreprendre un autre rôle Verdi : Arrigo dans *La Battaglia di Legnano*. Je le chanterai en concert, avec la compagnie du Covent Garden, au Festival Hall de Londres, en juin/juillet 2000. Je prépare également un album regroupant toutes les arias pour ténor composées par Verdi. Il sortira en 2001 et regroupera non seulement tous les airs que j'ai déjà chantés mais ceux tirés d'opéras de Verdi ne figurant pas à mon répertoire : *Oberto*, *Une Journée de règne*, *Alzira*, *I Masnadieri*, *Il Corsaro*, *Les Deux Foscari*, *Attila*, *Aroldo* et *Falstaff*. »

LUCERO

Garcia Abril, Divinas Palabras

L'opéra de Garcia Abril, intitulé Divinas Palabras, *composé pour l'inauguration du Teatro Real de Madrid, en octobre 1997, fut un grand succès aussi bien pour son auteur que pour Domingo. Le livret complexe, tiré d'une pièce de Ramon Maria del Valle Inclan, situe l'action en Galice, dans un milieu social composé de pauvres gens et de petits escrocs – comme un critique l'a fait pertinemment remarquer, on dirait que ses personnages sortent tout droit des « peintures noires » de Goya. Les décors et les costumes de Francisco Leal ont grandement contribué à illuminer la mise en scène de Carlos Plaza.*

Après avoir éprouvé quelques doutes, Domingo accorda son plein et entier soutien à ce projet et se libéra pendant deux semaines pour assister aux répétitions ; « chose extraordinaire pour un artiste comme lui, à l'apogée de sa carrière. Je ne peux que lui exprimer mes louanges et ma gratitude », déclara le compositeur.

L'œuvre remporta également un remarquable succès auprès du public et de la critique : « Le succès de cette représentation montre que l'amateur d'opéra traditionnel est bien plus réceptif à la nouvelle musique que nous ne l'imaginons, pour autant qu'on lui offre un spectacle beau et convaincant, monté avec sérieux, attention et savoir-faire. Cette performance put être réalisée grâce à Placido

Domingo, mais aussi à Garcia Abril, José Carlos Plaza et au chef d'orchestre Antonio Ros Marba », écrivit El País, *l'équivalent espagnol du* Times, *du* Monde *ou du* Figaro.

ABC ajouta : « L'œuvre que Garcia Abril a créée ici, pour et avec Placido Domingo, est des plus difficiles à jouer et à chanter. Notre grand ténor, arrivé à l'apogée de sa carrière, chante avec une extraordinaire conviction, un timbre et un abandon merveilleux. C'est en outre un superbe acteur. »

« *Divinas Palabras* est le dernier des trois opéras écrits pour moi. Son compositeur, Antonio Garcia Abril, un Espagnol extrêmement talentueux, avait déjà composé quelques fantastiques musiques de films, des comédies musicales, ainsi que des œuvres symphoniques, mais jamais d'opéra. La musique qu'il a produite pour *Divinas Palabras* est très bonne, très puissante. Nous disposions en outre d'un excellent livret. Mais le problème résidait dans l'histoire, l'intrigue. Elle est si sordide et si... brutale que jamais je n'aurai l'idée de la faire venir à Washington ou à Los Angeles.

« C'est l'histoire d'une famille de fermiers qui se disputent un héritage composé d'un attelage appartenant à un garçon handicapé dont la mère est en train de mourir. Après sa mort, une querelle s'élève entre ses deux frères et sa sœur. A qui reviendra l'attelage ? Une fois qu'ils s'en sont emparé, ils emmènent le garçon, âgé d'environ 17 ans, dans une taverne de Galice où ils l'enivrent et le tuent. Ce récit est tellement ignoble qu'il ne peut que vous révolter. Bien sûr, on sait que la vie elle-même est parfois sordide et brutale ; de telles choses existent et il est juste qu'on les connaisse, mais est-il souhaitable de les évoquer dans un opéra ?

« La musique, bien que difficile, était très belle et stimulante. Mon personnage – auquel on attribue divers noms, dont le principal est Lucero – s'avéra également fort stimulant. C'est une sorte de gitan, un vagabond qui vit dans la rue, assez *simpatico*, un peu profiteur, un peu conquistador et, tout compte fait, légèrement déplaisant. J'ai tenté de le faire paraître à son avantage et j'espère y être parvenu. Sa scène la plus difficile est la première, quand il arrive escorté d'un petit chien qui a dû être dressé pour répondre aux questions de son maître. Il levait la queue et la patte pour dire “ oui ”. C'était une scène amusante mais difficile à mener jusqu'au bout.

« Comme je l'ai dit, j'aurais aimé faire tourner cet opéra. Mais dans les théâtres où je possède quelque influence, cette pièce serait conspuée (quant à moi...). A tort ou à raison, ils l'assassineraient. Ils ne toléreraient jamais une telle chose et c'est fort dommage, car du point de vue musical, *Divinas Palabras* est une œuvre très bonne et très forte. »

JEAN DE LEYDEN

Meyerbeer, Le Prophète

Domingo a chanté Jean de Leyden à Vienne en mai/juin 1998, dans une mise en scène de Hans Neuenfels. On sait que Vienne est une ville où les rumeurs vont vite, si bien que tout le monde s'attendait à un grand scandale, une mise en scène fort avancée dont on n'aurait pas fini de parler. On resta sur sa faim. Domingo et Agnes Baltsa qui interprétait l'immense rôle de Fides, offrirent des prestations sensationnelles, hélas gâchées par une mise en scène aussi brouillonne que hideuse.

« Tous les commentaires sur les prestations individuelles, qu'ils soient bons ou mauvais, données lors de cette soirée par ailleurs fort triste, sont hors de propos », écrivit Merker. « La seule question qu'on doive se poser est la suivante : comment a-t-on pu laisser une telle chose se passer? En outre, on ne peut s'empêcher de se demander s'il est bien nécessaire de sortir certaines œuvres de l'oubli. » Le 16 avril 1849, lors de sa première à Paris, Heinrich Heine avait qualifié Le Prophète *d'« œuvre misérable ». De leur côté, Richard Wagner et Hector Berlioz auraient soi-disant été profondément émus et impressionnés par cet opéra.*

Mais quels que soient les mérites ou les défauts musicaux propres à cette œuvre, la mise en scène de Hans Neuenfels ne lui fut certainement pas d'un grand secours. Néanmoins, la partici-

pation de Domingo impressionna tout le monde. Et pourtant, son rôle était interminable. « On aurait dit un Atlas portant tout le spectacle sur ses épaules », nota Agnes Baltsa. « Il est monté sur son chariot et il est parti. Il a chanté avec une voix superbe et a investi la scène en laissant tout le monde derrière lui. » Le critique du Süddeutsche Zeitung *observa avec justesse : « Bien que la mise en scène soit ennuyeuse et confuse, on ne peut s'empêcher d'être fasciné par Placido Domingo, dès le moment où il entre en scène. Il est assez incroyable de constater que la seule présence de cet artiste suffit à améliorer une mise en scène, même la plus sujette à caution. Sa voix à la fois chaude et opulente nous rappelle ses plus grands triomphes. On doit se demander, pourtant, comment un tel artiste peut éprouver un quelconque plaisir à participer à ce genre de désastre ! »*

La réponse, Domingo nous la fournit dans les lignes qui suivent. En fait, il n'a éprouvé aucun plaisir !

« Je me suis intéressé au *Prophète* parce que *L'Africaine* de Meyerbeer ne m'avait laissé que de bons souvenirs. Mais je dois avouer que je fus déçu par la mise en scène du Théâtre national de Vienne. J'aurais aimé qu'elle serve à clarifier l'intrigue relativement insolite de cet opéra – située dans le milieu des anabaptistes au XVIe siècle – au lieu de contribuer à l'obscurcir ! En tout état de cause, la mise en scène de Hans Neuenfels, qui a fait l'objet de nombreuses controverses, l'a rendue encore plus incompréhensible.

« Il existe deux versions du *Prophète*. La version habituelle qui est assez ardue mais chantable, et une version plus haute que Gedda avait coutume de chanter et que tous les ténors légers préfèrent. Inutile de préciser que nous avons opté pour la première. Mais quelle que soit la version, Jean de Leyden est un rôle extrêmement long et exigeant, en dépit du fait que nous l'avons un peu allégé pour la mise en scène de Vienne, en y effectuant de nombreuses coupures. Pourtant, on ne peut nier que Jean comporte quelques très beaux passages : son aria " Sous les vastes arceaux d'un temple magnifique " immédiatement suivie de " Pour Berthe moi je soupire "; deux duos, en particulier celui qu'il chante avec sa mère, Fides ; quelques trios et l'hymne triomphal avec chœur, intitulé " Roi du ciel et des anges ".

« Sur le plan dramaturgique, cette intrigue est tellement extravagante qu'elle en devient presque comique. Pourtant, le fait que Jean soit considéré comme un dieu par ses disciples me rappelle ces sectes étranges qui semblent jaillir sur tout le territoire des Etats-Unis, de nos jours. Une intrigue comme celle-là nécessite un travail considérable de la part du metteur en scène. Quand je suis arrivé à Vienne pour les répétitions, j'ai clairement déclaré à Neuenfels que je me plierais à ses exigences mais que je craignais que son travail ne soulève des controverses inutiles et qu'on aboutisse à un tollé général. Ne partageant pas mon opinion, il conserva obstinément sa propre vision de cette œuvre qu'il disait aimer. Je n'ai jamais vu metteur en scène travailler autant que lui, s'attardant sur les moindres détails, dirigeant personnellement chaque figurant, chaque choriste. Mais le résultat fut décevant. Pourtant je suis heureux de l'avoir fait. Ce fut une expérience comme une autre et cela m'a permis d'ajouter un nouveau rôle à mon répertoire ! »

GHERMAN

Tchaïkovski, La Dame de Pique

Domingo a interprété pour la première fois ce grand rôle – le premier et, jusqu'à présent, le seul grand rôle russe figurant à son répertoire – dans une mise en scène d'Elijah Moshinsky au Metropolitan Opera, le 18 mars 1999 – après quarante ans de carrière. Les autres rôles principaux, à l'exception de celui de la Comtesse campée par Elizabeth Soderström, étaient tenus par des Russes : Galina Gortchakova était Lisa, Olga Borodina Pauline, Dimitri Hvorostovsky Yeletsky et Vassili Gerello Tomsky. La plupart des rôles secondaires, eux aussi, avaient été attribués à des Russes. A la baguette, nous avions le directeur artistique du Théâtre Mariinsky de Saint-Pétersbourg, Valery Gergiev, le chef d'orchestre-adjoint du Metropolitan Opera.

Domingo accepta d'entreprendre ce rôle en sachant très bien que non seulement il était extrêmement ardu sur les plans vocal et dramaturgique, mais qu'il représentait un formidable défi linguistique pour un non-russophone. Le voir répéter Gherman, jour après jour, pendant plusieurs semaines, permettait de découvrir un nouvel aspect de Placido Domingo : le plus grand acteur-chanteur du monde avait le trac et était aussi tendu et humble qu'un débutant, se demandant avec une certaine angoisse si tout fonctionnerait bien pour la soirée d'ouverture.

« Notre première séance de répétition fut pour moi une révélation », rappelle Yelena Kurdina, la grande répétitrice russe du Met. « Je m'attendais à travailler avec une superstar, un grand chanteur que j'avais toujours admiré, et j'ai découvert... un étudiant ! Un élève totalement ouvert, totalement réceptif, concentré, motivé. Durant nos séances de deux heures, je n'ai pas remarqué de sa part une seule seconde d'inattention ; il ne permettait à personne de nous interrompre et il n'a jamais annulé aucun de nos rendez-vous auxquels il se présentait toujours à l'heure. Nous avons tout pris du début : les notes, les paroles, les respirations, la prononciation, en étudiant les choses l'une après l'autre, phrase après phrase. Quand finalement nous avons commencé à mettre le rôle en forme du point de vue musical, tout sembla jaillir de son âme. Pour lui, la musique est une seconde nature. Il savait d'instinct la manière dont la ligne musicale devait couler. C'est une qualité qui ne s'enseigne pas. On peut apprendre certaines choses ayant trait au style mais pas la musicalité. A mon avis, Domingo est le meilleur Gherman qu'il m'ait été donné de voir, et cela grâce à la manière dont il le jouait et dont il tenait la ligne legato. *C'était un régal d'entendre cet artiste introduire la fabuleuse ligne* legato *italienne dans le chant russe. On ne rencontre jamais cela dans un rôle comme celui-là. »*

Les critiques des deux côtés de l'Atlantique se montrèrent unanimement enthousiastes. Le résultat dépassa toutes leurs attentes : « On aurait dit que Domingo avait trouvé une seconde jeunesse », écrivit le Financial Times. *« Cela fait longtemps que sa voix n'avait pas été aussi fraîche et ses aigus aussi éclatants... Domingo a restitué tout ce que Tchaïkovski avait souhaité mettre dans son œuvre – puissance, intensité, grandeur romantique, attention portée aux détails. Quand on pense qu'il en est à sa 30ᵉ saison au Met ! L'événement fut un grand succès personnel et il a dû travailler dur pour y arriver. »*

Après les sept représentations données au Metropolitan Opera, Domingo chanta de nouveau Gherman quelques mois plus tard, en juin 1999, dans une reprise de la mise en scène de Kurt Hoores à Vienne, cette fois sous la baguette de Seiji Ozawa. (Peu avant que ce dernier ne soit nommé Directeur musical de ce théâtre.) On y retrouva Galina Gortchakova dans le rôle de Lisa; la comtesse fut campée par la mezzo-soprano belge Rita Gorr, Yeletsky par Dimitri Hvorostovsky et Tomsky par Sergei Leiferkus. Dans cette mise en scène rigide et austère, Domingo fournit de nouveau une interprétation saisissante de ce héros – ou plutôt de cet antihéros – obsessionnel et autodestructeur. Elle différait subtilement de celle qu'il avait donnée dans la production plus « russe », plus opulente, du Metropolitan Opera. Il s'en explique dans son analyse du rôle.

« Vous me faites observer que je persiste à rechercher de nouveaux défis à relever, à un stade de ma carrière où je pourrais me contenter de parcourir le monde avec une poignée de rôles " sûrs ". Je vous répondrai que j'ai toujours été en quête de nouveauté. J'aime cela et je considère que c'est mon devoir, à la fois en tant que musicien et acteur-chanteur. C'est la seule manière de grandir. De plus, comment pouvais-je laisser un rôle aussi grand, aussi consistant que celui de Gherman me passer devant le nez sans que je tente d'y goûter ? Bien sûr, je le connaissais et l'appréciais depuis de nombreuses années ; on m'a toujours dit que c'était l'Otello du répertoire russe. Finalement, on m'a convaincu de le chanter, même si je ne parlais pas le russe.

« Evidemment, l'effort qu'il m'a fallu déployer fut considérable. Je n'avais absolument jamais chanté dans cette langue. Mon seul autre rôle tiré du répertoire russe, Lensky, je l'avais interprété au début de ma carrière à Tel-Aviv, avec Marta dans le rôle de Tatiana, et en hébreu ! Apprendre Gherman en russe fut l'une des expériences les plus dures qui m'aient été données de connaître. Non seulement je ne parlais pas un mot de russe, mais je n'avais pas la moindre idée de la sonorité et de la structure de cette langue. J'ai eu la chance de me faire aider par une merveilleuse répétitrice russe du Met, Yelena Kurdina. Il nous a fallu des semaines et des semaines de patience et d'assiduité. Nous avons commencé par travailler la phonétique. Puis, quand les sons se sont mis à revêtir un sens pour moi, j'ai pris la traduction exacte du livret et j'ai commencé à le mêler, mot par mot, aux sons que j'avais appris. Ce n'est qu'à la fin de ce long et lent processus que j'ai commencé à mémoriser le texte. J'aurais pu prendre des raccourcis, mais je ne le voulais pas. Si vous aimez votre métier et votre carrière comme je les aime, vous vous accordez le temps nécessaire. Et je dois dire que cette méthode fut efficace du début à la fin et sur tous les plans : musical, vocal et dramatique, sans parler de la satisfaction personnelle.

« Grâce à Gherman, je me suis trouvé plongé dans un monde musical entièrement nouveau, celui de Tchaïkovski, que j'avais presque oublié après mon premier contact avec lui, au début de ma carrière. Ce monde diffère totalement, par sa musique et son style, de ceux des autres compositeurs peuplant mon répertoire. En fait, nous devrions nous féliciter que Tchaïkovski nous ait laissé un héritage aussi merveilleux en matière d'opéra. Car non seulement c'est l'un des plus grands compositeurs symphoniques de tous les temps – auteur de tant de symphonies, concertos, ballets et suites – mais il fut l'un des très rares à avoir pu composer également de grands opéras. Sa virtuosité musicale apparaît nettement dans ses opéras, véritables chefs-d'œuvre symphoniques qui rassemblent tant de qualités vocales et dramatiques. Leur construction musicale est fantastique. La partition de *La Dame de Pique*, par exemple, comporte de nombreux points communs avec la *Sixième Symphonie* dite *Pathétique*. J'ai eu la chance d'être dirigé par Valery Gergiev qui possède une maîtrise totale de ce répertoire.

« Sur le plan vocal, ce rôle est l'un des plus exigeants du répertoire ténor. Il est très dramatique et requiert non seulement d'énormes réserves de puissance vocale, mais aussi de l'énergie et de l'endurance à revendre. En effet, Gherman ne quitte pas la scène. Pourtant, en même temps, c'est un rôle très *gratifiant*, parce qu'il est fort bien écrit et pensé. Par exemple, dans le final du premier acte, qui frise l'excès par son côté extrêmement dramatique et lourd, l'instrumentation est si bien pensée que la voix flotte librement au-dessus de l'orchestration. En fait, le moment le plus difficile du deuxième acte n'est pas, comme on pourrait le penser, le final de la deuxième scène, mais la fin de la première scène et le duo avec Lisa dans la deuxième scène. L'aria " Ya neveryn chtoby ", le duo du dernier acte (scène 2) et la dernière aria de Gherman sur le point de mourir, sont aussi très difficiles.

« Du point de vue dramatique, Gherman est l'un des personnages les plus intéressants que j'aie jamais joués : comme je l'ai déjà mentionné, j'ai une tendresse particulière pour les héros qui souffrent. Ils sont invariablement plus captivants et attachants, ils vous aspirent littéralement en eux. Gherman est unique dans le sens où, contrairement à tous les autres héros malheureux que j'ai interprétés, il est *presque* entièrement négatif. Chez Pouchkine, il est tout à fait noir. Mais Tchaïkovski, compositeur romantique par essence, a quasiment transformé Gherman en héros romantique et l'a doté d'un minimum de décence. Dans l'opéra, son obsession du jeu est initialement liée à son amour pour Lisa. Il comprend que lui, officier allemand sans un sou vaillant, ne peut espérer conquérir cette femme du monde, alors que dans le roman de Pouchkine, cette obsession est une passion en soi, un engouement fébrile, fanatique. Et pourtant, même dans l'opéra, quand il s'aperçoit que Lisa l'aime vraiment, il ne renonce pas à son vice, oubliant qu'il n'avait voulu s'enrichir que pour la faire sienne. Cette chose est très mystérieuse pour moi... ce glissement de la passion pour une femme à la passion pour les cartes... Chez Pouchkine, tout est plus clair. Gherman déclare cyniquement que, si nécessaire, il séduira la vieille comtesse pour qu'elle lui confie le secret des trois cartes. Tchaïkovski, lui, a supprimé certaines des paroles terribles qu'il profère, et traité en parallèle son amour pour Lisa et son obsession du jeu.

« Quand il apparaît pour la première fois, au début de l'opéra, et que Tomsky lui demande ce qui le tracasse, dans sa première aria " Ya imeni yeyo ne znayu ", Gherman répond qu'il a vu Lisa avant d'ajouter : " Je veux savoir qui elle est et en même temps je ne le veux pas " – il s'agit presque d'une prémonition, à mon avis. Puis il avoue avec fougue l'amour qu'il ressent pour cette inconnue. Et, comme l'intrigue est très bien conçue, Yeletsky arrive à cet instant précis. Nous avons alors le fabuleux duo dans lequel ce dernier clame son bonheur de vivre et célèbre la bonne fortune qui s'attache à ses pas, tandis que Gherman, lui, chante exactement le contraire : son existence lamentable. Sur ces entrefaites, Lisa entre en scène, accompagnée de la vieille comtesse. Et tout le monde entonne un merveilleux quintette. Dès le départ des deux femmes, Tomsky entreprend de raconter l'histoire de la vieille comtesse, autrefois connue sous le sobriquet de " Vénus de Moscou ", etc. Là nous sont livrées les clés de l'intrigue. En effet, Gherman découvre non seulement l'identité de Lisa, mais aussi ses fiançailles avec le prince Yeletsky. Il comprend que leur différence de statut social est telle que lui, officier étranger sans le sou, ne peut espérer la posséder un jour. Par la même occasion, il apprend l'histoire des trois cartes et, dans sa détresse, s'y raccroche désespérément. Son obsession grandit sans cesse, si bien que dans la scène suivante, plus rien d'autre ne compte pour lui...

« A la scène suivante (Acte II, scène 2), celle du grand bal donné en présence de l'impératrice, Lisa est déjà tombée sous le charme de Gherman. Elle lui donne la clé de sa maison pour qu'il lui rende visite le lendemain. Mais il dit non, non, ce soir ! Dans cette scène, il prend réellement conscience du milieu dans lequel elle évolue et du fossé qui sépare ce monde rutilant du sien.

« A mon avis, dans la scène suivante où Gherman rend visite à Lisa chez elle et chante cette magnifique aria " Prosti, prelestnoe sozdanye ", il est tout à fait plausible qu'il en vienne à confesser sa passion et son intention sincère de se suicider. C'est alors que – dans l'opéra du moins – la vieille comtesse apparaît, interrompant l'exposé de sa passion. La vieille dame reproche à Lisa d'être encore debout et de faire du bruit, puis elle se retire dans sa chambre. Gherman reprend alors ce qu'il disait, en répétant les mêmes mots, " Krasavitsa boginya, angel ". J'ai l'impression que sa déclaration sonne creux, comme s'il ne ressentait plus dès lors que le besoin impératif de découvrir le secret des trois cartes, détenu par la vieille comtesse. Certes, il aime Lisa, mais il sait aussi que la clé du secret tant convoité se trouve dans cette maison. Et c'est un tournant dans sa vie. Dès ce moment, son obsession ne cesse de croître.

« Désormais, il est perdu. Il ne pense presque plus à Lisa, et ne cherche qu'à rencontrer la vieille dame. Voilà pourquoi, une fois entré dans la demeure, il se cache et, au lieu de suivre Lisa dans sa chambre, reste jusqu'à ce que tous les serviteurs soient partis se coucher, et que la vieille comtesse reste seule à ressasser ses souvenirs. J'aimerais qu'un jour une mise en scène explicite davantage son comportement. On pourrait le montrer caché derrière la comtesse et le faire réagir à tout ce qu'elle dit. Dans la mise en scène de Vienne, ce passage a été plus nettement rendu que dans celle de New York.

« Puis survient le point culminant de la tragédie, la mort de la comtesse. Je parle de tragédie parce qu'en réalité Gherman n'a ni le souhait ni l'intention de tuer ou même de blesser la vieille dame. Pourtant Tomsky ne lui a pas caché qu'au moment où elle révélera son secret, elle mourra. Il lui dit de ne pas avoir peur, mais comment peut-il croire à toute cette histoire en faisant l'impasse sur son issue fatale ? Pourtant il insiste. Il la supplie, la cajole, fait jouer en elle la fibre maternelle, lui dit qu'à son âge vénérable, ce secret ne peut plus lui servir. Puis il devient méchant, perd tout contrôle et se met à l'insulter en employant des mots qu'on ne devrait pas prononcer devant une dame – surtout une dame qui fut une beauté dans sa lointaine jeunesse. Il veut la blesser. C'est alors qu'elle succombe à une crise cardiaque.

« A l'acte suivant (Acte III, scène 1), nous retrouvons Gherman dans le baraquement où il vit. Il est en proie à des hallucinations. Il voit un cadavre, un enterrement, tout est noir, et il entend, ou pense entendre, une musique funèbre. Puis il croit apercevoir la comtesse qui lui révèle les trois cartes. La scène suivante est traitée de manière différente chez Tchaïkovski et chez Pouchkine. Dans l'opéra, chose incroyable, Lisa lui a pardonné. Elle est prête à lui accorder une deuxième chance. Cela lui fait plaisir, mais sa réaction immédiate consiste à dire : allons-y. Quand elle lui demande où il veut se rendre, il répond : “ Aux tables de jeu. ” Elle a un mouvement de recul : comment pouvez-vous vous comporter de la sorte ? Ce à quoi il rétorque : “ Mais vous ne comprenez pas, elle (la vieille dame) m'a confié le secret des trois cartes. ” Et il se montre tellement cynique et insultant que, dès son départ, Lisa se jette dans la Neva.

« Dans la dernière scène, nous voyons un Gherman très calme. Ses débordements fiévreux et obsessionnels des actes précédents semblent oubliés. Au milieu de l'animation entourant les tables de jeu, il apparaît pour la première fois serein et concentré. Est-ce parce qu'il est sûr de détenir le secret des cartes ou a-t-il autre chose en tête ? Pense-t-il encore à Lisa ? Bien sûr, il ne sait pas qu'elle s'est suicidée. Personnellement, je crois qu'il songe encore à elle. Ou bien cette froideur, ce moment de calme dans ce personnage fébrile, est-il dû à une prémonition de son destin, de sa mort prochaine ? Je ne penche pas pour cette dernière solution, car il semble totalement sûr de gagner. D'ailleurs, ses deux premières cartes sont bonnes. Et quand il abat la troisième, qui devrait être un as, il est encore persuadé d'avoir remporté la mise. Mais hélas, quand il voit qu'il s'agit de la Dame de Pique, il comprend que " l'apparition ", le fantôme de la vieille comtesse, l'a trompé. Il s'écrie : " Que veux-tu d'autre, vieille sorcière ? Ma vie ? Prends-la ! " et il se tue d'un coup de pistolet.

« Tchaïkovski a été beaucoup critiqué pour avoir changé la fin de l'histoire et offert un dénouement ne respectant pas celui de Pouchkine. Chez ce dernier, Gherman, au lieu de se tuer, finit dans un asile de fous. Mais Tchaïkovski pouvait difficilement opter pour cette fin-là. Il devait terminer sur un *coup de théâtre* et il faut avouer qu'il y est parvenu. Dans la mise en scène viennoise, Kurt Horres a modifié cette scène en faisant mourir Gherman d'une sorte d'attaque. Personnellement, je préfère la solution du suicide, telle qu'elle est prévue dans le livret.

« Pourtant, je ne verrais aucun inconvénient à ce qu'on reprenne l'idée de Pouchkine, l'asile de fous, durant l'introduction orchestrale. La mémoire lui revient... Peut-être avait-il tenté de se tuer. N'y arrivant pas, il avait fini dans un asile... Je veux dire par là que je serais ouvert à toute mise en scène novatrice, bien que pour l'heure celle de Moshinsky me convienne parfaitement. Elle était grandiose et m'a donné la possibilité de développer un portrait qui m'a satisfait. Toutefois, à mon avis, l'une des scènes fonctionnait mieux dans la production viennoise : celle des hallucinations, que j'ai trouvée très efficace, plus " folle ", chez Horres. Le décor représentait une église. On procédait aux funérailles de la comtesse dont le fantôme surgissait de partout. Alors que dans la production du Met, il sortait du sol du baraquement. »

RÔLE-TITRE

Massenet, Le Cid

Domingo avait déjà chanté une douzaine de fois le rôle principal du Cid *en concert – l'une au Carnegie Hall en 1976, trois à Hambourg en 1979, une autre au Châtelet à Paris en 1981, deux à Vienne en 1987, deux à Madrid en 1988 et trois à Chicago en 1993 – avant de l'interpréter sur scène au Teatro de la Maestranza à Séville, en mai 1999, dans une production visuellement époustouflante d'Ugo de Ana, aux côtés de la soprano portugaise Elisabete Matos dans le rôle de Chimène et de Ferrucio Furlanetto dans celui de Don Diego, sous la baguette de Garcia Navarro. Le roi et la reine d'Espagne étaient venus en avion de Madrid assister à la première de cet opéra ayant pour thème la vie de leur grand héros national. C'est dire combien cet événement compta pour Domingo.*

Ce fut son quatrième rôle Massenet sur scène. Il avait alors assimilé toutes les particularités stylistiques du grand compositeur français. Il les expose en détail dans son analyse. Sa prestation fut si fougueuse que tout le monde regretta qu'il n'ait pas chanté Le Cid *plus jeune, à l'époque où sa puissance vocale était à son maximum. On imagine ce qu'auraient donné certains des passages héroïques. Pourtant chacun s'accorde à penser que le Domingo d'aujourd'hui est plus à même d'exprimer les aspects intimes et l'énorme solitude de ce héros – de tous les héros, pourrait-on aller jusqu'à dire !*

En novembre 1999, Domingo a donné huit autres représentations du Cid *à l'Opéra de Washington, ce qui porte le nombre de ses interprétations à 24 : douze en concert et douze sur scène.*

« Comme vous le savez, avant de l'incarner sur scène, j'ai plusieurs fois chanté le Rodrigue du *Cid* de Massenet, mais en concert. Or je restais toujours sur ma faim. J'avais envie de le jouer, pas seulement de le chanter. Car je ne doutais pas un seul instant que *Le Cid* fût un opéra *idéal* pour la scène. Cette œuvre possède un énorme potentiel dramatique, si tant est qu'on la monte correctement. Mais en même temps, je n'ignorais pas qu'elle était à la fois onéreuse et très difficile à mettre en scène. Aussi, quand le Teatro de la Maestranza me l'a proposée, ai-je sauté sur l'occasion. Nous avons résolu le premier problème – l'argent – grâce à ma position de Directeur artistique de l'Opéra de Washington. J'ai réussi à convaincre ces deux théâtres de la coproduire. Ensuite, il nous a fallu trouver un metteur en scène capable de rendre justice à cette œuvre.

« *Le Cid* est un opéra " épique " traitant du légendaire héros espagnol du XIIIe siècle qui libéra les régions du Sud de l'Espagne de l'hégémonie arabe. Et comme tous les opéras épiques – tels que *Aïda*, par exemple –, il comporte des scènes de bataille, des scènes de triomphe, etc. qui nécessitent des chœurs immenses. Entrecoupant ces scènes chargées de fanfares, on rencontre des passages intimistes, tendres, " personnels ", dans lesquels les protagonistes donnent libre cours à leurs sentiments. Comme toujours dans les épopées, les opéras monumentaux, les scènes intimistes bénéficient de la plus belle musique. Dans *Le Cid*, le cœur de l'opéra réside dans l'aria de Chimène " Pleurez mes yeux " et dans ma propre aria " O souverain ". Il y a également de très beaux moments dans le duo de Chimène avec l'Infante et dans celui que je chante avec mon père.

« Comme toujours, la musique de Massenet est ici très spéciale. Ce compositeur a pour trait caractéristique de faire précéder les moments les plus importants, les acmés, de récitatifs contenant quelques mots clés qui installent la scène suivante et vous en révèlent l'essence. Personnellement, je qualifie ces scènes d'" oraculaires " parce qu'elles m'apprennent tout ce que j'ai besoin de savoir. Elles me disent l'ambiance, les sentiments, la couleur que je dois instiller dans cette musique. Pour *Manon*, l'oracle se trouve dans la phrase " Je suis seul, seul enfin " qui précède " Ah fuyez douce image ". Dans *Werther*, ce sont les mots " Toute mon âme est là " immédiatement suivis de sa poignante aria " Pourquoi me réveiller ". Dans les deux cas, au moment où l'on entend ces phrases, on sait que quelque chose d'essentiel est en train d'advenir. Dans *Le Cid*, la phrase qui sert d'"oracle" est la suivante : " Ah, tout est fini, tout mon rêve de gloire. " Elle s'apparente davantage à un récitatif qu'à du chant. Il s'agit d'un long monologue qu'on s'attendrait plus à rencontrer dans une pièce de Shakespeare ou chez les classiques français. C'est une particularité de Massenet. Ce compositeur adore également la musique espagnole ; la chose semble évidente dans les scènes de danse. Notons en outre que *Le Cid* fut composé dix ans après *Carmen* de Bizet, qu'il est chronologiquement très proche de *Manon* (il fut donné pour la première fois un an après ce dernier opéra) et qu'il combine donc les deux styles, classique et vériste. En fait, c'est du vérisme français.

« Dans l'ensemble, je pense que Massenet est un compositeur sous-estimé. (Et je suis fier d'avoir interprété cinq de ses grands rôles : Rodrigue, Des Grieux dans *Manon*, le rôle-titre de *Werther*, Jean Baptiste dans *Hérodiade* et Araquil dans *La Navarraise*.) Mais je sens qu'avec cette mise en scène du *Cid,* nous avons redoré son blason. Ce compositeur était tout à fait capable d'écrire un grand opéra dans le style de Meyerbeer – qui, on le sait, faisait fureur à cette époque.

« En tant qu'Espagnol, le fait d'interpréter un rôle qui me donne l'occasion de chanter la grandeur, la magnificence, la liberté et la gloire de l'Espagne et de son roi, me ravit positivement. Si vous avez vous-même la fibre patriotique, c'est facile à comprendre. »

DON JUAN

Chapi, Margarita la Tornera

Domingo termina le XXe siècle dans le rôle de Don Juan et débuta le XXIe avec lui. Pour effectuer ce passage historique, on pouvait difficilement imaginer personnage plus éblouissant. Ce héros espagnol par excellence, symbole de la virilité et de la joie de vivre, apparaît, dans l'opéra composé par l'Espagnol Chapi, sous les traits d'un homme âgé vivant sa dernière aventure, son ultime folie : séduire une religieuse.

Domingo chanta ce rôle au Teatro Real de Madrid en décembre 1999 et en janvier 2000 avec Elisabete Matos dans le rôle-titre, la religieuse dont la conquête représente l'apogée de la carrière donjuanesque ! La musique est agréable – et parfois très difficile à chanter, mais il est indéniable que la postérité se souviendra de Chapi comme d'un célèbre compositeur de zarzuelas et non pour son incursion dans l'« opéra seria ».

« *Margarita la Tornera* est l'œuvre de Chapi, l'un des compositeurs de zarzuelas les plus fameux d'Espagne. L'histoire fut écrite par José Zorilla, le créateur de Don Juan Tenorio, le personnage qui inspira la légende de Don Juan. Le livret n'est pas exceptionnel mais l'opéra possède quelques airs aussi beaux que difficiles à chanter. Tous les rôles, que ce soit celui de Don Juan ou celui de Margarita, sont très ardus, de même que ceux de l'autre soprano et de la basse. Mais je mets un point d'honneur à soutenir la musique et les œuvres espagnoles qui ont été négligées par le passé. Aussi ai-je pensé que je me devais de faire revivre cet opéra qui n'avait pas été joué depuis 1909. La même année, j'ai également enregistré *La Dolores*, le magnifique opéra de Breton, et *Merlin* d'Albeniz, l'un des plus grands compositeurs espagnols. Je fais tout ce que je peux pour populariser la musique espagnole et, dans ce but, je recherche toujours des œuvres de bonne qualité.

« Quels sont les points communs entre le Don Juan apparaissant dans cet opéra, le Don Juan de la littérature, et le Don Giovanni que nous connaissons tous ? A la base, c'est le même genre d'homme, un séducteur professionnel pour lequel conquérir une religieuse représente le couronnement d'une carrière finissante. Il déclare à son valet, l'équivalent de Leporello, que pour un séducteur comme lui, cette dernière conquête représente l'ultime extase.

« Je dois dire qu'en dépit de son livret assez faible, j'ai trouvé cet opéra très agréable à interpréter. Le premier acte n'est pas facile du tout du point de vue vocal, le deuxième possède un ensemble ressemblant à du Donizetti, tandis que le troisième, très dramatique, recèle quelques très très beaux passages. Il est également fort agréable à jouer. En effet, contrairement au Don Giovanni de Mozart, ce Don Juan se repent sincèrement ; il exprime d'ailleurs ses regrets sur un air qu'il chante avec Margarita. Il aime vraiment cette femme et déplore sa vie dissolue. Aussi, au lieu de brûler en enfer, voit-il la lumière, métaphoriquement parlant. Je pense que notre mise en scène a très bien illustré cela. A mon avis, un détail a servi à clarifier la signification de l'œuvre tout entière : au premier acte, une petite fille traverse la scène en tenant une bougie allumée. Grâce à cette vision surnaturelle, l'âme de Don Juan s'ouvre à la dimension mystique. Quel en est le sens ? Y a-t-il un message caché ? Au troisième acte, quand Margarita rentre au couvent, la même enfant reparaît avec sa bougie. Elle la tend à Don Juan qui la lui prend des mains. Symboliquement, cela signifie que son âme est sauvée. C'est en cela que cette œuvre, que je suis fier d'avoir sortie de l'oubli, est du point de vue spirituel l'absolu contraire du *Don Giovanni* de Mozart. »

ANNEXE

Rôles mineurs

Borsa *(Rigoletto,* 23-9-1959, Mexico)
Chaplain *(Les Dialogues des Carmélites,* 21-10-1959, Mexico)
Camille de Roussillon *(La Veuve joyeuse,* 1960, Mexico)
Altoum *(Turandot,* 11-9-1960, Monterrey)
Pang *(Turandot,* 1-10-1960, Monterrey)
Normanno *(Lucia di Lammermoor,* 5-10-1960, Monterrey)
Gastone *(La Traviata,* 8-10-1960, Monterrey)
Remendado *(Carmen,* 15-10-1960 Monterrey, Mexico)
Cassio *(Otello,* 17-10-1960, Monterrey)

Baron
Desiré } *(Fedora,* 2-7-1961, Mexico)
Rouvel

Shuisky } *(Boris Godounov,* 8-8-1961, Mexico)
Simpleton

Abbé *(Andrea Chénier,* 15-8-1961, Mexico)
Incroyable *(Andrea Chénier,* 15-8-1961, Mexico)
Spoletta *(Tosca,* 21-8-1961, Mexico)
Goro *(Madame Butterfly,* 15-9-1961, Mexico)
Arturo *(Lucia di Lammermoor,* 28-10-1961, Guadalajara)

Rôles interprétés uniquement en concert

Lord Percy dans *Anna Bolena* de Donizetti, 15-11-1966, New York
Viscardo dans *Il Giuramento* de Mercadante, 9-9-1979, Vienne
Arrigo dans *La Battaglia Di Legnano* de Verdi, 30-6 et 3-7-2000, Londres

DISCOGRAPHIE

BEETHOVEN

Fidelio
TELDEC 3984-25249-2
Domingo, Meier, Struckmann, Pape ; dir : Barenboim

BELLINI

Norma
RCA GD 96502
Caballé, Cossotto, Domingo, Raimondi ; dir : Cillario

BERLIOZ

Béatrice et Bénédicte
DG 449 577-2
Minton, Domingo, Cotrubas, Fischer-Dieskau ; dir : Barenboim

La damnation de Faust
DG 270 908-7
Minton, Cotrubas, Fischer-Dieskau, Domingo ; dir : Barenboim

Les Troyens
PIONEER PC 94-048
Norman, Domingo, Troyanos, Monk ; dir : Levine (Met 1983)

BIZET

Carmen
DECCA 414 489-2 ; 458 204-2 (extraits)
Troyanos, Te Kanawa, Domingo, Van Dam ; dir : Solti
DG 419 636-2; 445 462-2 (extraits)
Berganza, Cotrubas, Domingo, Milnes ; dir : Abbado

ERATO 2292-45207-2 ; 2292-45209-2 (extraits)
Migenes, Esham, Domingo, Raimondi ; dir : Maazel

RCA CVI 10530
Migenes, Esham, Domingo, Raimondi ; dir : Maazel

BOITO

Mefistofele
EMI CM 56650 I
Treigle, Caballé, Domingo, Ligi Allen ; dir : Rudel

SONY 52K 44983
Ramey, Marton, Domingo, Takacs ; dir : Patané

CHARPENTIER

Louise
SONY S3K 46429
Cotrubas, Domingo, Berbié, Bacquier, Sénéchal ; dir : Prêtre

CILEA

Adrienne Lecouvreur
SONY M2K 79310
Scotto, Obraztsova, Domingo, Milnes ; dir : Levine

DONIZETTI

L'elisir d'amore
SONY M2K 79210
Cotrubas, Domingo, Evans, Wixell
Watson ; dir : Pritchart

Lucia di Lammermoor
DG 435 309-2
Studer, Domingo, Pons, de la Mora
Ramey ; dir : Marin

GARCIA ABRIL

Divinas palabras
LOH 545
Domingo, Egido, Pierotti,
Baquerizo ; dir : Ros Marbà

GIORDANO

Andrea Chénier
RCA 74321394992
Domingo, Scotto, Milnes, Ewing ;
dir : Levine
NVC Arts TXT 9034464
Domingo, Tomowa-Sintow,
Zancanaro ; dir : Rudel

GOMES

Il Guarany
SONY S2K 66273
Tian, Villaroel, Domingo, Haddock,
Alvarez ; dir : Neschling

GOUNOD

Faust
EMI CDS 747493 8;
CDM 763090 2 (extraits)
Freni, Domingo, Ghiaourov ; dir : Prêtre

Roméo et Juliette
DG 270 908-7
Domingo, Swenson, Miles,
Ollmann, Graham ; dir : Slatkin

LEIGH

L'homme de la Manche
SONY SK 46436
Domingo, Migenes, Patinkin,
Ramey, Hadley ; dir : Gemignani

LEONCAVALLO

Paillasse
PHILIPS CD 411 484-2
Domingo, Stratas, Pons, Rinaldi,
Andreolli ; dir : Prêtre

RCA 74321501682
Caballé, Domingo, Milnes,
McDaniel ; dir : Santi

PHILIPS VHS 070 104-3
Domingo, Stratas, Pons ; dir : Prêtre
(Zeffirelli-Production)

MASCAGNI

Cavalleria rusticana
DG 429 568-2
Baltsa, Domingo, Baniewicz, Pons,
Mentzer ; dir : Sinopoli

PHILIPS CD 416 137-2
Obraztsova, Domingo, Bruson ;
dir : Prêtre

RCA 74321395002
Scotto, Domingo, Elvira, Jones ;
dir : Levine

PHILIPS VHS 070 103-3
Domingo, Obraztsova, Bruson ;
dir : Prêtre (Zeffirelli-Production)

Iris
SONY M2K 45526
Domingo, Tokody, Pons, Giaiotti ;
dir : Patané

MASSENET

Hérodiade
SONY S2K 66847; SK
6 1965 (extraits)
Domingo, Fleming, Zajick, Pons ;
dir : Gergiev

La Navarraise
RCA7432 150167
Horne, Milnes, Domingo, Zaccaria, Bacquier ; dir : H. Lewis

Le Cid
SONY M2K 79300
Domingo, Bumbry, Plishka, Bergquist ; dir : Queler

Werther
ORFEO C4649821
Fassbaender, Domingo, Seibel, Nöcker ; dir : Lopez Cobos

DG 413 304-2
Domingo, Grundheber, Moll, Obraztsova ; dir : Chailly

MEYERBEER

L'Africaine
CV 2801
Domingo, Verrett, Diaz (San Francisco 1988)

MONTEMEZZI

L'amore di tre re
RCA 74321501662
Moffo, Domingo, Elvira, Siepi, Davies ; dir : Santi

MOZART

Idoménée
DG447737-2
Domingo, Bartoli, Vaness, Hampson, Terfel ; dir : Levine

OFFENBACH

Les contes d'Hoffmann
DECCA CD 417 363-2
Sutherland, Domingo, Bacquier, Tourangeau ; dir : Bonynge

DG 427 682-2 ; DG 429 788-2 (extraits)
Domingo, Gruberova, Eder, Bacquier, Diaz ; dir : Ozawa

NVC Arts 0630-193923
Domingo, Baltsa, Cotrubas, Serra dir : Prêtre (Covent Garden (1981)

PONCHIELLI

La Gioconda
CV 2812
Domingo, Marton, Semtschuk ; Manuguerra (Vienne 1986)

PUCCINI

Gianni Schicchi
SONY M3K 79312
Cotrubas, Scotto, Horne, Domingo, Gobbi, Wixell ; dir : Maazel

Il Tabarro
RCA GD60865
Caballé, Domingo, Milnes, Price ; dir : Santi

SONY M3K 79312
Cotrubas, Scotto, Horne, Domingo, Gobbi, Wixell ; dir : Maazel

DG 072 448-3
Domingo, Stratas, Pons ; dir : Levine

La Bohème
RCA 74321394962
Domingo, Caballé, Milnes, Raimondi ; dir : Solti

La Fille du Far West
DG 419 640-2
Neblett, Domingo, Milnes, Egerton, Lloyd ; dir : Mehta

SONY S2K 47189
Zampieri, Domingo, Pons ; dir : Maazel

DG 072 433-3
Domingo, Daniels, Milnes ;
dir : Slatkin (Met 1992)

CGVL
Domingo, Neblett, Carroli ;
dir : Santi
(Covent Garden)

La Rondine
SONY M2K 37852
Te Kanawa, Domingo, Nicolesco,
Rendall ; dir : Maazel

Le Villi
SONY MK 76890
Scotto, Domingo, Nucci, Gobbi ;
dir : Maazel

Madame Butterfly
SONY M2K 35181
Scotto, Domingo, Wixell, Knight,
Andreolli ; dir : Maazel

DECCA VHS 071-404-3
Domingo, Freni, Kerns ;
dir : Karajan (Film)

Manon Lescaut
DG 413 893-2 ; DG 445
466-2 (extraits)
Freni, Domingo, Bruson, Rydl,
Gambill ; dir : Sinopoli

EMI CM 764852 2
Caballé, Domingo, Tear, Van Allan,
dir : Bartoletti

ARTS D604105
Domingo, Te Kanawa, Allen ;
dir : Sinopoli (Covent Garden 1983)

Tosca
DG 431 775-2 ; DG 437
547-2 (extraits)
Freni, Domingo, Ramey, Terfel,
Laciura, Veccia ; dir : Sinopoli

EMI CM 566504-2 ;
EMI CDR 569827 2 (extraits)
Scotto, Domingo, Bruson ; dir : Levine

RCA 7432139503 2
Price, Domingo, Milnes, Plishka,
Grant ; dir : Mehta

TELDEC 0630-12372-2 ; TELDEC
0630-17367-2 (extraits)
Domingo, Malfitano, Raimondi,
Grant ; dir : Mehta

TELDEC 4509-90212-3
Domingo, Malfitano, Raimondi,
Grant ; dir : Mehta (filmé sur les lieux
mêmes, à Rome)

DG 072 426-3
Domingo, Behrens, MacNeil ;
dir : Sinopoli (Met 1985)

Turandot
DG 423 855-2, DG 410
465-2 (extraits)
Ricciarelli, Domingo, Hendricks,
Raimondi ; dir : Von Karajan

DG 072 410-3
Domingo, Marton, Mitchell ;
dir : Levine (Met 1988)

ROSSINI

Le Barbier de Séville
DG 435 763-2 ; DG 437
841-2 (extraits)
Battle, Domingo, Raimondi,
Lopardo, Gallo ; dir : Abbado

SAINT-SAËNS

Samson et Dalila
DG 413 297-2
Obraztsova, Domingo, Thau,
Bruson, Lloyd ; dir : Barenboim

FMI CDS 754470 2
Domingo, Meier, Ramey, Fondary ,
dir : Chung

CV 2820
Domingo, Verrett, Brendel ;
dir : Rudel (San Francisco)

STRAUSS, J.

La Chauve-souris
FMI CDS 747480-8;
EMI CDR 569839 2 (extraits)
Popp, Baltsa, Lind, Domingo ;
dir : Domingo

NVC Arts 4509-992116-3
Te Kanawa, Prey ; dir : Domingo
(Covent Garden)

STRAUSS, R.

Le Chevalier à la rose
SONY M3K 42564
Ludwig, Jones, Popp, Berry,
Gutstein, Domingo ; dir : Bernstein

La Femme sans ombre
DECCA CD 436 243-2
Varady, Behrens, Runkel, Domingo,
van Dam ; dir : Solti

VERDI

Aïda
DG 410 092-2 ; 415
286-2 (extraits)
Ricciarelli, Domingo, Obraztsova,
Nucci ; dir : Abbado

EMI CDS 556246-2 ;
CDM 565572-2 (extraits)
Caballé, Domingo, Cossotto,
Ghiaourov, Cappucilli ; dir : Muti

RCA 74321394982
Price, Bumbry, Domingo, Milnes,
Raimondi ; dir : Leinsdorf

SONY S3K 45973 ; SMK
53506 (extraits)
Millo, Domingo, Zajick, Morris,
Ramey ; dir : Levine

DG 072 416-3
Domingo, Millo, Zajick, Milnes ;
dir : Levine (Met 1989)

Don Carlos
DG 415 316-2 ; 415
981-2 (extraits)
Domingo, Ricciarelli, Valentini
Terrani, Raimondi ; dir : Abbado

EMI CDS 747701 8 ;
CDM 763089 2 (extraits)
Domingo, Caballé, Raimondi,
Verrett, Milnes ; dir : Giulini

Ernani
EMI CDS 747083 8
Domingo, Freni, Bruson, Ghiaourov
dir : Muti

WARNER 450999213-3
Domingo, Freni, Bruson, Ghiaourov
dir : Muti (Scala 1982)

Giovanna d'Arco
FMI CM 763226 2
Caballé, Domingo, Milnes ;
dir : Levine

I Lombardi
PHILIPS CD 422 420-2
Deutekom, Domingo, Raimondi, Lo
Monaco ; dir : Gardelli

Le Trouvère
DG 423 858-2 ; 415
285-2 (extraits)
Domingo, Plowright, Fassbaender,
Zancanaro ; dir : Giulini

RCA 74321395042
Price, Domingo, Milnes, Cossotto ;
dir : Mehta

SONY S2K 48070
Domingo, Millo, Chernov, Zajick,
Morris ; dir : Levine

RCA 7432161951-2
Cappucilli, Kabaiwanska, Cossotto,
Domingo, van Dam ; dir : Karajan
(Vienne 1978)

Les Vêpres siciliennes
RCA RD80370
Arroyo, Domingo, Milnes,
Raimondi ; dir : Levine

La Force du destin
FMI CDS 747485 8 ;
CDC 754326 2 (extraits)
Freni, Zajick, Domingo, Surian, Zancanaro ; dir : Muti

RCA 74321395022
Price, Domingo, Milnes, Cossotto, Giaiotti ; dir : Levine

La Traviata
DG 415 132-2 ; 445
469-2 (extraits)
Cotrubas, Domingo, Milnes, Malagû, Jungwirth ; dir : Kleiber

DG 073 120-3
Domingo, Stratas, MacNeill ; dir : Levine (Film)

Luisa Miller
DG 423 144-2
Howell, Domingo, Obraztsova, Bruson, Ricciarelli ; dir : Maazel

SONY S2K 48073 ; SMK
53508 (extraits)
Millo, Domingo, Chernov, Quivar, Plishka ; dir : Levine

Macbeth
DG449732-2
Verrett, Cappucilli, Domingo, Ghiaourov, Malagû ; dir : Abbado

Nabucco
DG 410 512-2 ; 413
321-2 (extraits)
Cappucilli, Domingo, Nesterenko, Dimitrova ; dir : Sinopoli

Otello
DG 439 805-2 ; 445
867-2 (extraits)
Domingo, Studer, Leiferkus, Vargas, Schade ; dir : Chung

EMI CDS 747450 8 ;
CDR 572105 2 (extraits)
Domingo, Ricciarelli, Diaz ; dir : Maazel

RCA 74321395012
Domingo, Scotto, Milnes, Plishka, Little ; dir : Levine

VMP 5300
Domingo, Ricciarelli, Diaz ; dir : Maazel (Film)

CGVL 007
Domingo, Te Kanawa, Leiferkus ; dir : Solti (Covent Garden 1992)

Rigoletto
DG 415 288-2 ; 423 14-2 (extraits)
Cappucilli, Cotrubas, Domingo, Obraztsova ; dir : Giulini

Simon Boccanegra
RCA RD70729
Cappucilli, Domingo, Ricciarelli, Raimondi ; dir : Gavazzeni

DG 072 445-3
Domingo, Te Kanawa, Chernov ; dir : Levine (Met 1995)

Stiffelio
DG 073 116-3
Domingo, Sweet, Chernov ; dir : Levine (Met 1993)

Un Bal masqué
DG 453 148-2 ; 445
468-2 (extraits)
Domingo, Ricciarelli, Bruson, Obraztsova, Gruberova ; dir : Abbado

DG 427 635-2
Domingo, Barstow, Nucci, Quivar ; dir : Von Karajan

CGVL 024
Domingo, Ricciarelli, Grist, Cappucilli ; dir : Abbado (1975)

WAGNER

Le Vaisseau fantôme
DG437778-2
Weikl, Studer, Domingo, Sotin, Priew, Seiffert ; dir : Sinopoli

Les Maîtres chanteurs de Nuremberg
DG 415 278-2
Fischer-Dieskau, Ligendza, Ludwig, Domingo ; dir : Jochum

La Walkyrie
TFLDEC 3984-23294-2 (Act J)
Domingo, Polaski, Tomlinson ; dir : Barenboim

Lohengrin
DECCA CD 421 053-2 ;
CD 425 530-2 (extraits)
Domingo, Norman, Sotin, Randova ; dir : Solti

RMA RTS VL 064
Domingo, Studer, Welker ; dir : Abbado (Vienne 1990)

Parsifal
DG 437 501-2 ; 445
868-2 (extraits)
Domingo, Norman, Moll, Morris, Wlaschiha ; dir : Levine

Tannhaüser
DG 427 625-2 ; 429
789-2 (extraits)
Domingo, Studer, Baltsa, Salminen, A. Schmidt ; dir : Sinopoli

Weber, von Oberon
DG 419 038-2
Domingo, Nilsson, Hamari, Prey, Grobe ; dir : Kubelik

ZANDONAI

Francesca da Rimini
PA 87-180

Domingo, Scotto, MacNeil ; dir : Levine (Met 1984)

ANTHOLOGIES

Battle & Domingo live
DG 419 038-2
En public àTokyo 1988 avec Kathleen Battle

Bravissimo Domingo
RCA 07863570202
Arias et duos avec Price, Milnes, Kraft, Davies

Bravo Domingo
DG 459 352-2
Arias (2 CDs)

Concert for planet Earth
SONY SK 52570
En public à Rio de Janeiro 1992 avec Winston Marsalis u.a.

Covent Garden gala
EMI CDC 7498112
En public à Londres 1988 ; Studer, Randova, Allen u.a.

The young Domingo
RCA 74321533412
Arias Vol. 1-5, Box

The unknown Puccini
SONY SK 44981
Piano et orgue ; Domingo, Diaz, Rudel

Domingo – The women in my life
DG4IS 120-2
Arias

Domingo at the Philharmonic
SONY MK 44942
En public à New York 1988

Domingo favourites
DG415 120-2
Arias

Domingo live in Seoul
KOCH 365682P14
En public à Seoul 1995

Domingo sings & conducts Tchaïkovski
EMI CDC 555018-2

Domingo!
SONY MK 74022
Arias et duos avec
Scotto, Bumbry, Wixell

Gold & Silver gala
EMI CDC 556337-2
En public au Covent Garden 1996 avec Alagna, Gheorghiu, Vaduva, Ramey Morris, Eaglen, Gortchakova

Granada
DG445777-2
Les plus grands succès de Domingo

Great love scenes
SONY MK 39030
Duos avec Cotrubas, Te Kanawa, Scotto

Leontyne Price & Placido Domingo
RCA 09026616342
Duos de Verdi et Puccini

Metropolitan Opera
GALA
DG 2530 260
En public au Met 1972 avec Arroyo, Caballé, Corelli, Price, Tucker u.a.

Mozart arias
EMI CDC 754329-2

Nessun Dorma (Celeste Aida)
TELDEC 0630 13401-2
Arias

Opera classics
EMI CDC 555017-2
Arias

Opera duets
RCA 09026625952
Duos avec Milnes, Ricciarelli

Opera gala
EMI CDC 555554-2
Arias et duos avec
Swenson, Hampson

Opera heroes
EMI CDC 555554-2
Arias ; enregistré
1970–85 avec Freni, Scotto, Irwin, Milnes

Placido Domingo-bayerische staatsoper
ORFFO C471971B
En public à Munich 1976-81 avec Rysanek, Stratas, Brendel u.a.

Placido Domingo con amore
RCA GD84265
Arias et chansons

Placido Domingo sings Caruso
RCA 09026613562
Arias

Prelude to a kiss
DFCCA 460 793-2
En public à Chicago 1998 avec Renée Fleming

Puccini
SONY SB2K 63278
Arias et chansons d'amour

Rodrigo : concierto de Aranjuez
FMI 72435561752
Placido Domingo chante et dirige avec Manuel Barrueco, Gitarre

Sempre belcanto
TELDEC 3984-23292-2
Arias

Discographie

The best of Domingo
DG 415 366-2
Arias et scènes

The Domingo collection
SONY S2K 63027
Arias et chansons populaires

The great voice of Placido Domingo
DECCA 458 222-2
Arias

Together! Placido Domingo & Itzhak Perlman
FMI CDC 754266-2
Duos pour ténor et violons avec Itzhak Perlman

Verdi heroes
RCA 09026684462
Arias de Verdi

Vienne, city of my dreams
FMI CDC 747398-2
Opérettes

Les rôles d'opéras

Opéra	Rôle	Dates et lieux de représentations
Adrienne Lecouvreur	**Maurizio**	Mexico 1962 ; New York 1968, 1969, 1983 ; Caracas 1972 ; Newark 1973 ; Paris 1975 ; Miami 1978 ; Munich 1985, 1989 ; Barcelone 1989
L'Africaine	**Vasco da Gama**	San Francisco 1972, 1988 ; Barcelone 1977 ; Londres 1978
Aïda	**Radamès**	Hambourg 1967, 1970, 1971, 1973, 1974 ; Fort Worth 1967 ; Mexico 1970 ; New York 1971, 1976, 1988, 1989 ; San Juan, PR 1971 ; Miami 1972 ; Milan 1972 ; Munich 1972, 1979 ; Vienne 1973, 1974 ; Barcelone 1973, 1974 ; Londres 1974, 1977 ; Vérone 1974, 1976 ; Madrid 1977 ; Newark 1980 ; Monte-Carlo 1981 ; Budapest 1987 ; Luxor 1987 ; Houston 1987
Amelia goes to the Ball	**L'amant**	Mexico 1961 ; Monterrey 1962
Andrea Chénier	**Chénier**	Cincinnatti 1967 ; Santiago du Chili 1967 ; New York 1970, 1971, 1977 ; Madrid 1971 ; Mexico 1971 ; Barcelone 1973 ; Turin 1974 ; Saragosse 1975 ; San Francisco 1975 ; Bilbao 1977 ; Oviedo 1977 ; San Juan, PR 1978 ; Chicago 1979 ; Vienne 1981, 1982 ; 1986 ; Miami 1983 ; Londres 1985 ; Versailles 1989
Andrea Chénier	**Abbé, Incredibile**	Mexico 1961
Un bal masqué	**Riccardo**	Berlin 1967 ; Chicago 1967 ; Miami 1968 ; Fort Worth 1970 ; Nouvelle-Orléans 1970 ; NewYork 1970, 1971, 1972, 1980, 1981 ; Vienne 1971, 1987 ; Mantoue 1972 ; Milan 1972, 1973 ; Barcelone 1972 ; 1973 ; Hambourg 1974, 1975, 1977, 1981 ; Londres 1975 ; Caracas 1975 ; Cologne 1981 ; Salzbourg 1989, 1990 ; Séville 1992 ; Yokohama 1993 ; Tokyo 1993 ; Los Angeles 1993
Le Barbier de Séville	**Le comte Almaviva**	Guadalajara 1966

La Bohème	**Parpignol**	Monterrey 1960
La Bohème	**Rodolfo**	Mexico 1962 ; Tel-Aviv 1962, 1963 ; Boston 1966 ; New York 1967, 1977, 1982, 1983 ; 1989, 1990, 1991 ; Hambourg 1967, 1968, 1969, 1970, 1971, 1975, 1980, 1985 ; Hambourg 1989 ; San Francisco 1969 ; Fort Worth 1971 ; 1971 ; Milan 1971 ; Munich 1972, 1977, 1980, 1984 ; Memphis 1972 ; Détroit 1972 ; Vienne 1973, 1983, 1987, 1988 ; Londres 1974, 1987 ; Stuttgart 1974 ; Barcelone 1975, 1982 ; Valence 1975 ; Saragosse 1976 ; Elda 1976 ; Paris 1977, 1980 ; Denver 1983 ; Madrid 1986 ; Los Angeles 1987
Boris Godounov	**Shuisky, Simpleton**	Mexico 1961
Madame Butterfly	**Goro**	Mexico 1961 ; Puebla 1961 ; Monterrey 1961
	Pinkerton	Torreon 1962 ; Tampa 1962 ; Tel-Aviv 1963, 1964 ; Beersheba 1963 ; Binghampton 1965 ; New York 1965, 1966, 1967, 1968, 1969, 1991 ; Puebla 1965 ; Marseille 1965 ; Fort Worth 1966 ; Los Angeles 1967, 1991 ; Hambourg 1969, 1972
Carmen	**Remendado**	Monterrey 1960 ; Mexico 1961 ; Guadalajara 1961
	Don José	Tel-Aviv 1963, 1964, 1965, 1969 ; Haifa 1964 ; Kiryat Bialik 1964 ; Washington 1965 ; New York 1965, 1966, 1967, 1968, 1971, 1974, 1975, 1976, 1986, 1996, 1997 ; Fort Worth 1965 ; Cincinnatti 1966, 1968 ; Santiago 1967 ; Saratoga Spring 1968 ; Vienne 1969, 1973 ; Mexico 1967, 1978, 1980, 1982, 1984, 1992 ; San Francisco 1970, 1981 ; Nouvelle-Orléans 1971 ; Londres 1973 ; Barcelone 1974, 1978 ; Edimbourg 1977 ; Las Palmas 1979 ; Monterrey 1979 ; Guadalajara 1979 ; Paris 1980 ; Hambourg 1980 ; Berlin 1981 ; San Juan, PR 1982 ; Chicago 1984 ; Milan 1984 ; Rio de Janeiro 1990 ; Los Angeles 1992, 1998 ; Londres 1994 ; Zurich 1996 ; Munich 1996
Cavalleria Rusticana	**Turiddu**	Tel-Aviv 1965 ; Haifa 1965 ; Jérusalem 1965 ; Kfar Atta 1965 ; Cincinnatti 1966 ; NewYork 1966, 1968, 1970, 1978 ; Nouvelle-Orléans 1968 ; Hambourg 1970, 1972,

		1973, 1975, 1988 ; Atlanta 1970 ; Newark 1973 ; Hartford 1973 ; Vienne 1973, 1977 ; Barcelone 1976 ; Londres 1976 ; Tokyo 1976 ; San Francisco 1976 ; Vérone 1977 ; Munich 1978, 1979 ; Milan 1981
Cosi Fan Tutte	**Ferrando**	Mexico 1962 ; Puebla 1962
Dialogues des Carmélites	**Chaplain**	Mexico 1959
Divinas Palabras	**Lucero**	Madrid 1997
Don Carlos	**Carlos**	Vienne 1967, 1968, 1970, 1972, 1992 ; Houston 1969 ; Vérone 1969 ; Milan 1970, 1978 ; New York 1971, 1983 ; Hambourg 1974, 1975 ; Salzbourg 1975, 1977 ; Los Angeles 1990
Don Giovanni	**Don Ottavio**	Tel-Aviv 1963, 1964 ; Haifa 1963 ; Jérusalem 1963 ; New York 1966
Don Rodrigo	**Don Rodrigo**	New York 1966, 1967 ; Los Angeles 1967
El Gato Montes	**Rafael Ruiz**	Séville 1992 ; Orange County 1994 ; Los Angeles 1994
El Poeta	**José de Espronceda**	Madrid 1980
Ernani	**Ernani**	Milan 1969, 1982 ; New York 1971 ; Amsterdam 1972
Eugène Onéguine	**Lensky**	Tel-Aviv 1964, 1965 ; Haifa 1964
La fille du Far West	**Dick Johnson**	Turin 1974 ; Miami 1977 ; Londres 1977, 1978, 1982 ; Vienne 1979, 1988 ; Buenos Aires 1979 ; San Francisco 1979 ; Madrid 1983 ; Barcelone 1984 ; Berlin 1989 ; Chicago 1990 ; Milan 1991 ; Costa Mesa 1991 ; Los Angeles 1991 ; New York 1991, 1992 ; Bonn 1995
Faust	**Faust**	Tel-Aviv 1963, 1964, 1965 ; Beersheba 1963 ; San Diego 1966 ; Houston 1967 ; Orlando 1968 ; Vienne 1968 ; New York 1971, 1972 ; Boston 1972 ; Cleveland 1972 ; Atlanta 1972 ; Nouvelle-Orléans 1972 ; Minneapolis 1972 ; Detroit 1972
Fedora	**Désiré, Baron**	Mexico 1961
Fedora	**Loris Ipanov**	Barcelone 1977, 1988 ; Madrid 1989 ; Milan

		1993, 1996 ; Zurich 1994, 1998 ; Chicago 1994 ; Modena 1995 ; Vienne 1995, 1997, 1999 ; Londres 1995 ; New York 1996, 1997 ; Los Angeles 1997 ; Buenos Aires 1998 ; Washington 1998 ; Mexico 1999 ; Rome 1999
La Force du Destin	**Alvaro**	Hambourg 1969, 1970, 1971, 1972, 1974, 1975 ; Vienne 1971 ; NewYork 1971, 1977, 1996 ; Buenos Aires 1972 ; Valence 1974 ; Francfort 1974 ; Paris 1975
Francesca da Rimini	**Paolo**	New York 1973, 1984 ; Washington 1984 ; Atlanta 1984 ; Memphis 1984 ; Minneapolis 1984 ; Detroit 1984 ; Toronto 1984 ; Cleveland 1984
Giuramento	**Viscardo**	Vienne 1979
Goya	**Goya**	Washington 1986
Hérodiade	**Jean**	San Francisco 1994 ; Vienne 1995
Hippolyte et Aricie	**Hippolyte**	Boston 1966
Idoménée	**Idomeneo**	New York 1994, 1995 ; Francfort 1996 ; Vienne 1997 ; Chicago 1997
Il Guarany	**Pery**	Bonn 1994 ; Washington 1996
La Gioconda	**Enzo**	Madrid 1970 ; Berlin 1981 ; New York 1982, 1983 ; Vienne 1986
Le Cid	**Rodrigue**	New York 1976 ; Hambourg 1979, Paris 1981 ; Vienne 1987 ; Madrid 1988 ; Chicago 1983 ; Séville 1999 ; Washington 1999
Les Troyens	**Aenas**	New York 1983
Lohengrin	**Lohengrin**	Hambourg 1968, New York 1984, 1985 ; Vienne 1985, 1990 ; New York 1985
Lucia di Lammermoor	**Arturo**	Guadalajara 1961 ; Dallas 1961 ; Nouvelle-Orléans 1962
Lucia di Lammermoor	**Edgardo**	Fort Worth 1962 ; Guadalajara 1966 ; Nouvelle-Orléans 1966 ; Détroit 1970 ; New York 1970 ; Hambourg 1971
		Plaisance 1972 ; Vienne 1979 ; Madrid 1981 ; Chicago 1986
Luisa Miller	**Rodolfo**	New York 1971, 1979 ; Londres 1979 ; Hambourg 1982

Luna		Valence 1998
Manon	**Des Grieux**	New York 1969 ; Vancouver 1969
Manon Lescaut	**Des Grieux**	Hartford 1968 ; Fort Worth 1986 ; Vérone 1970 ; Naples 1971 ; Barcelone 1971 ; Madrid 1978 ; Milan 1978 ; Hambourg 1979 ; New York 1980 ; Munich 1981 ; Londres 1983
Margarita la Tornera	**Don Juan de Alarcon**	Madrid 1999, 2000
La Veuve Joyeuse	**Comte Danilo**	New York 2000
Norma	**Pollione**	New York 1981, 1982
Otello	**Cassio**	Monterrey 1960 ; Mexico 1962 ; Hartford 1962
Otello	**Otello**	Hambourg 1975, 1976, 1977, 1985, 1988, 1992 ; Madrid 1976, 1985, 1991 ; Paris 1976, 1978, 1990, 1992 ; Milan 1976, 1980, 1982, 1987 ; Barcelone 1977, 1985 ; Munich 1978 ; Vienne 1982, 1987, 1989, 1991, 1992, 1997 ; St Petersbourg 1992 ; San Francisco 1978, 1983 ; New York 1979, 1985, 1987, 1988, 1990, 1991, 1994, 1995, 1999 ; Vérone 1994 ; Monte-Carlo 1980 ; Londres 1980, 1983, 1987, 1990, 1992 ; Houston 1989 ; Lisbonne 1989 ; Bonn 1993 ; Salzbourg 1996 ; Mexico 1981 ; Buenos Aires 1981 ; Bregenz 1981 ; Tokyo 1981 ; Chicago 1985 ; Los Angeles 1986, 1989, 1995 ; Berlin 1986 ; San Juan, PR 1990 ; Bilbao 1990 ; Stuttgart 1988 ; Santander 1991 ; Perelada 1991 ; Reggio Emilia 1992
Paillasse	**Canio**	New York 1966, 1967, 1968, 1978, 1993, 1999 ; Pasadena 1967 ; Vienne 1968 1970, 1973, 1977, 1985, 1987, 1993, 1994 ; Hambourg 1970, 1972, 1973, 1974, 1975, 1988 ; Philadelphie 1972 ; Barcelone 1976 ; Londres 1976 ; Francfort 1976 ; Tokyo 1976, 1997, San Francisco 1976 ; Vérone 1977, 1993 ; Munich 1978, 1979 ; San Juan, PR 1979 ; Madrid 1979 ; Milan 1981 ; Berne 1982 ; Guadalajara 1982 ; Monte-Carlo 1996 ; Los Angeles 1996 ; Nagoya 1997 ; Yokohama 1997 ; Washington 1997 ; Zürich 1998 ; Ravenna 1998
Parsifal	**Parsifal**	New York 1991, 1995 ; Vienne 1991 ; Milan

		1991 ; Bayreuth 1992, 1993, 1995 ; Ravello 1997 ; Londres 1998 ; Rome 1998 ; Salzbourg 1998
Les Pêcheurs de Perles	**Nadir**	Tel-Aviv 1964 ; Haifa 1964 ; Kfar Atta 1964 ; Jérusalem 1964
La Dame de Pique	**Hermann**	New York 1999 ; Vienne 1999
Le Prophète	**Jean**	Vienne 1998
Rigoletto	**Borsa**	Mexico 1959, 1961. ; Guadalajara 1961
Rigoletto	**Duca**	Hambourg 1969, 1970 ; San Antonio 1972 ; Vienne 1973 ; New York 1977
Roberto Devereux	**Roberto**	New York 1970 ; Los Angeles 1970
Roméo et Juliette	**Roméo**	New York 1974
Samson et Dalila	**Samson**	Chautauqua 1965 ; Milwaukee 1965 ; Binghampton 1966 ; Fort Worth 1967 ; Londres 1973, 1985, 1992 ; Orange County 1978 ; San Francisco 1980 ; Monterrey 1980 ; Madrid 1982, 1999 ; Nice 1985 ; Barcelone 1989 ; Chicago 1989 ; NewYork 1990, 1998 ; Vienne 1990, 1991 ; San Juan, PR 1991 ; Ravinia 1992 ; Hambourg 1996 ; Zürich 1997 ; Buenos Aires 1997 ; Mexico 1998 ; Washington 1998 ; Los Angeles 1999
Samson et Dalila, II	**Samson**	Baden-Baden 1999
Samson II, Parsifal II		Berlin 1995
Simon Boccanegra	**Gabriele Adorno**	NewYork 1995, 1999 ; Londres 1997
Stiffelio	**Stiffelio**	New York 1993, 1994, 1998 ; Madrid 1995 ; Londres 1995 ; Los Angeles 1995 ; Vienne 1997
Il Tabarro	**Luigi**	NewYork 1967, 1968, 1989, 1994 ; Nouvelle-Orléans 1968 ; Philadelphie 1972 ; Newark 1973 ; Hartford 1973 ; Madrid 1979 ; Vienne 1993
Les Contes d'Hoffmann	**Hoffmann**	Mexico 1965, 1967 ; Philadelphie 1965 ; NewYork 1966, 1973, 1982, 1988, 1992, 1993 ; Baltimore 1967 ; Shreveport 1968 ; San Antonio 1968 ; Cincinnatti 1968 ; Chicago 1976 ; Newark 1977 ; Salzbourg 1980, 1981, 1982 ; Cologne 1980 ; Londres 1980, 1981, 1982 ; San Francisco 1987 ; Tokyo 1988 ; Nagoya 1988 ; Osaka 1988 ; Los Angeles 1988 ; Vienne 1993, 1994

La Tosca	**Spoletta**	Mexico 1960
La Tosca	**Cavaradossi**	Mexico 1962, 1965, 1984 ; Tel-Aviv 1964, 1965 ; Nahariyya 1964 ; Tolède, Ohio 1966 ; Dayton 1966 ; Nouvelle-Orléans 1966 ; New York 1966, 1967, 1968, 1969, 1970, 1971, 1977, 1978, 1979, 1981, 1985, 1986, 1987, 1993 ; Hambourg 1967, 1968, 1969, 1970, 1971, 1972, 1974, 1975 ; San Diego 1967 ; Vancouver 1968 ; Cleveland 1970 ; Minneapolis 1970 ; San Francisco 1970, 1972 ; Vienne 1971, 1972, 1973, 1974, 1976, 1977, 1980, 1984, 1989, 1991 ; Londres 1971, 1972, 1981, 1991 ; Turin 1972 ; Rome 1992 ; Séville 1991 ; San Juan, PR 1972, 1985 ; Budapest 1973 ; Paris 1974, 1994, 1995 ; Milan 1974, 1975 ; Saragosse 1974 ; Moscou 1974 ; Vérone 1974 ; Torre del Lago 1974 ; Barcelone 1975, 1983 ; Madrid 1975, 1984 ; Francfort 1975 ; Newark 1975 ; Oslo 1989 ; Stuttgart 1976, 1990 ; Belgrade 1987 ; Munich 1976, 1977 ; Berlin 1977, 1985, 1987 ; Valence 1977 ; Los Angeles 1985, 1992 ; Bilbao 1977 ; Toronto 1984 ; Oviedo 1977 ; Dallas 1984 ; Las Palmas 1978 ; Washington 1984, 1988 ; Monterrey 1978 ; Houston 1984 ; Cologne 1979 ; Newcastle 1983 ; Macerata 1979 ; Chicago 1982 ; Manila 1979 ; Buenos Aires 1982 ; Naples 1981 ; Guadalajara 1981
La Traviata	**Gastone**	Monterrey 1960 ; Mexico 1961
La Traviata	**Alfredo**	Monterrey 1961 ; Guadalajara 1962 ; Tel-Aviv 1963, 1964, 1965 ; Haifa 1963 ; Jérusalem 1963 ; New York 1966, 1967, 1970, 1973, 1981 ; Cincinnatti 1967 ; Los Angeles 1967, 1971 ; Cleveland 1972 ; Hambourg 1976, 1989, 1990
Le Trouvère	**Manrico**	Nouvelle-Orléans 1968 ; Hambourg 1968, 1970, 1971, 1978 ; Vienne 1968, 1969, 1971, 1978 ; NewYork 1969, 1973 ; Fort Worth 1973 ; Philadelphie 1970 ; San Francisco 1971 ; Paris 1973, 1975 ; Madrid 1973 ; Munich 1973 ; Zürich 1979 ; Francfort 1979 ; Londres 1989
Turandot	**Altoum**	Mexico 1960
Turandot	**Pang**	Monterrey 1960
Turandot	**Calaf**	Vérone 1969, 1975 ; New York 1970, 1987 ;

Mes rôles d'opéra

		Florence 1971 ; Madrid 1972 ; Newark 1974 ; Barcelone 1975, 1976 ;
		Cologne 1981 ; Milan 1983 ; Los Angeles 1984 ; Londres 1984
Ultimo Sueno	**Enrique**	Mexico 1961
Les Vêpres siciliennes	**Arrigo**	Paris 1974 ; Hambourg 1974 ; New York 1974 ; Barcelone 1974, 1975
La Walkyrie	**Siegmund**	Vienne 1992, 1993, 1996 ; New York 1993, 1996, 1997 ; Berlin 1993, 1996 ; Milan 1994 ; Salzbourg 1995 ; Madrid 1996 ; Londres 1996 ; Munich
La Walkyrie I	**Siegmund**	Londres 1999
La Walkyrie I, Parsifal II		Francfort 1995 ; St Petersbourg 1998
La Walkyrie I, Samson II		Paris 1998
Weber-Requiem	**Tenor**	Londres 1985
Werther	**Werther**	Munich 1977, 1978, 1979 ; New York 1978

REMERCIEMENTS

Avant tout, je voudrais remercier Placido Domingo d'avoir accepté de participer à la création de ce livre, et consacré une grande partie de son temps si précieux à nos nombreux entretiens. En outre, sans l'aide inestimable et le ferme soutien de Madame Marta Domingo, cet ouvrage n'aurait peut-être pas vu le jour. Je lui suis profondément reconnaissante de m'avoir si chaleureusement accueillie l'été de 1999 dans leur maison d'Acapulco. J'y ai passé des journées inoubliables ; j'avais vraiment l'impression de faire partie de la famille ! Ce souvenir restera toujours cher à mon cœur...

Je voudrais exprimer toute ma gratitude à la fidèle équipe qui entoure Placido Domingo :

M. Paul Garner, pour les agréables après-midi que nous avons passés à faire des recherches dans le bureau de New York,

Me Peter Hoffstötter, qui a fourni l'ensemble des dates et des chiffres apparaissant dans les lignes qui suivent,

Mme Petra Weiss,

Mme Michelle Krisel : assistante de M. Domingo à l'Opéra de Washington,

Mme Suzanne Stevens : attachée de presse de l'Opéra de Washington,

M. Edgar Vincent, agent de presse de M. Domingo à New York,

M. François Giuliani, chef du bureau de presse,

M. Peter Clark : directeur du service de presse du Metropolitan Opera,

M. Jonathan Tichler : assistant au service de presse du Metropolitan Opera,

M. Thomas Lehmkuhl : assistant administratif au service de presse du Metropolitan Opera,

M. Christopher Millard : directeur du service de presse du Royal Opera, Covent Garden,

Mme Ann Richards : attachée de presse du Royal Opera, Covent Garden,

Mme Rita Grudgeon : assistante au service de presse du Royal Opera, Covent Garden,

Mme Hélène Sapera : représentante de la Grèce auprès de la Société internationale Placido Domingo, qui sans ménager sa peine m'a fourni tous les éléments dont j'avais besoin,

Tony et Sally Gibbons : représentants du Royaume-Uni auprès de la Société internationale Placido Domingo, qui ont abondamment et rapidement répondu à mes fort nombreux SOS,

Mme Lilo Schoppelt de la société Placido Domingo, à Vienne,

Lourdes Morgades : critique musicale à *El País* (bureau de Barcelone) pour m'avoir fourni des documents d'une valeur inestimable, et à une allure folle !

Dr Phryni-Aroni Karayanni et Mme Angeliki Rosolatou : membres enthousiastes de la Société Placido Domingo à Athènes.

J'aimerais également remercier les nombreux artistes qui ont bien voulu me faire part de leurs remarques au sujet de Placido Domingo : Renata Tebaldi, Birgit Nilsson, Grace Bumbry, Agnes Baltsa, Renée Fleming, Veronica Villaroel, Sherrill Milnes, Costas Paskalis, ainsi que les metteurs en scène Piero Faggioni et Elijah Moshinsky.

L'ambassadeur et Mme Enrique Mahon pour leur gentille hospitalité à Madrid.

Mes chers amis M. et Mme Willam Lere.

Mme Katherine Brush et M. Michel Mousson pour leur gentille hospitalité à New York.

M. Alexis Gregory pour sa gentille hospitalité à Paris.

Mon éditeur (qu'il me pardonne les souffrances qu'il a endurées à cause de moi) et ami Alan Samson, directeur éditorial chez Little, Brown, qui a cru en ce livre depuis le début et s'est totalement investi dans chacune de ses étapes ; ses assistants toujours si dévoués, Becky Quintavalle et Joanna Macnamara ; et Alison Lindsay de Little, Brown.

Mon agent et ami, Gillon Aitken, qui a passé un temps considérable à élaborer l'idée originale de ce livre ; mon amie Maria Hadzinassios dont les conseils m'ont permis de mieux formuler mon approche.

H. M.

TABLE

LES RÔLES

premières représentations

Impression réalisée sur CAMERON par

BUSSIÈRE CAMEDAN IMPRIMERIES

GROUPE CPI

à Saint-Amand-Montrond (Cher)
pour le compte des Éditions Grasset
en février 2001

Nº d'édition : 11842 — Nº d'impression : 010840/4.
Dépôt légal : février 2001.

Imprimé en France

ISBN 2-246-61561-5

N° d'édition : L.01… — N° d'impression : …
Dépôt légal : février 2001.

Imprimé en France

ISBN 2-246-61…